香中别有韵

董秀梅 编著

中国出版集团
東方出版中心

图书在版编目(CIP)数据

香中别有韵/董秀梅编著. —上海：东方出版中心，2016.2

ISBN 978-7-5473-0913-1

Ⅰ.①香… Ⅱ.①董… Ⅲ.①中学语文课-教学参考资料 Ⅳ.①G633.303

中国版本图书馆CIP数据核字(2015)第302603号

香中别有韵

出版发行：东方出版中心
地　　址：上海市仙霞路345号
电　　话：62417400
邮政编码：200336
经　　销：全国新华书店
印　　刷：昆山市亭林印刷有限责任公司
开　　本：889×1194毫米　1/32
字　　数：244千
印　　张：10.875
版　　次：2016年2月第1版第1次印刷
ISBN 978-7-5473-0913-1
定　　价：37.50元

东方出版中心邮购部　电话：021-52069798

序
古城绽清梅　幽香荡心怀

“古城绽清梅，幽香荡心怀”，这是这部古城中学师生练笔作品带给我最强烈的感受。阅读中，似有一株株清梅在眼前绽放，那一篇篇或轻盈或厚重的文章，带我走进了董老师和她的学生们的心灵世界，读来幽香满口，品之幽香满怀。

师之文如梅，暗香袭人。董老师的文字，或与学生共同抒写读书所思所感，或描摹忙碌日常生活中的动人时刻，或思考教学过程中的得失原因，或记录研修学习的丰富收获，思悟评感，无不真切朴直，让我看到一位热爱教学、充满理想、不断尝试的可敬语文老师的追求。热诚的董老师用自己的文字熏陶、引导着学生，梅香悠远。

生之文如梅，清香四溢。董老师的学生们，风采各异，笔触或稚嫩，或老到，或华丽，或素朴，共同记录下他们阅读、学习、生活中的鲜活思考，让我看到这些富有朝气的孩子乐读善思的喜人成果，更让我看到董老师在着意引导学生读书、开展专题学习方面的智慧与魄力。可爱的孩子们用真诚的文字回报着老师，点染着青春，梅香扑鼻。

作为一位教研员，得以见证这令人感动的师生作品诞生的过程，重温师生间心灵交流的温暖，感受一篇篇文章中如梅般清香动人的情思，幸何如之。感谢董老师和她的学生们！我也相信，古城中学师生共读、共写、共同成长的脚步不会停止，古城清梅绽放，将幽香绵长……

高中语文研修员、北京市骨干教师　**南海涛**

2015年6月1日

目录

辑一

胜日寻芳翰墨中——悦读悦写

阅读的意义有很多。

行走在翰墨中，我们会遇到圣人，也会遇到故人；我们可以仰望那仪态万方的美丽，也可以坐下来喝一杯清茶。阅读，使我们心灵丰盈。

教师指导学生吸收教材营养，带着学生走近优秀文学家，开展系列阅读课程实践，拓宽学生生活空间，营造表达和交流的平台，在潜移默化中，在言传身教中，引导学生认识并发现生活的多姿多彩，而作文就是掬起生活中一滴灵动的水。

与书同行

张格格

翻开一页页散发着墨香的书篇，纸张上清晰的字迹映入眼帘。我珍惜地抚摸过一页页柔软的纸，心灵同书本上的字迹一同跳动……

不同时期的人创作出不同的文学篇章。

例如，十一岁时伴我枕边的《安徒生童话》，是和平年间作者幻化出的美好景象。十三岁进入鲁迅的《朝花夕拾》，这是他战乱时期为救国写下的不朽名篇。

不同时期的人会依据自己的兴趣爱好选择不同的书籍。

十四岁，鲍鹏山的《寂寞圣哲》打开了我对老庄思想追寻的大门。老子的清静无为，庄子的持竿不顾，都深深影响着我对春秋战国时期的认识，对道家思想的认识。也正是这本书，解答了我多年的疑惑：曾以为，没有信仰的人是可怕的，今再看，只要我们以善心待人，秉持着善良而进取的心灵做事，足矣。

十五岁，正值青春岁月的我难免喜欢新锐作家的笔风。他是北漂，他叫刘同。《你的孤独，虽败犹荣》想必是我读过的他的作品中最具代表性的一部。书中不同情节的小故事讲述了他三十五年来的冷暖。你可以在这本书中找到自己的影子，也可能会爱上这本书中任何一个人物。他就是那么有魅力。

从书中我能看到为人处事的方式和面对青春悸动的忍耐。如庄子有唯一挚友惠施，虽然只有一个朋友，但我羡慕他，他有一个可以交流的知己，直截了当指出他的错误……又如刘同对青春的描述，“行走在青春中的两个人就像两条孤独的平行线，就怕耐不住寂寞，深深拥抱在一点，随后如两条相交线走开”。逐渐，阅读的多了，看清的也就多了，能放下的也就多了。读书，就是一种修炼的过程。

有人曾说，要么读书，要么旅行，精神和身体总有一个要在路上。既然暂且没有时间旅行到外地，那就行走在书中吧。

同学点评： 这篇小文章里写出了诸多与书相关的故事，可见作者爱书至深。书，是世界的恩赐，与书同行，一生都不会孤独。

（安　获）

思想的洗礼

——读《培根随笔》有感

崔明明

他生于豪门，聪颖早慧，从剑桥大学毕业时年仅 15 岁；他说过知识就是力量；他被马克思称为“英国唯物主义和整个现代实验科学的真正始祖”。带着对弗兰西斯·培根的崇敬，我翻开了渴盼已久的《培根随笔》。

开篇就被他富有哲理、生动形象的语言深深地震撼了。他谈学问，既表达了自己对学问的深深热爱，又阐述了自己对学问独到的见解，也批评那些“假学问”的等闲之辈。“天生的才能也需要学习才能完美，就像天然的植物一样需要阳光和雨露的滋润……而学问本身如果不联系实际经验，在指导实践方面就会显得十分空泛。”培根就像一个智慧的长者，跳出了薄薄的书页，进行着慷慨激昂的演讲。

放下书，细细品味培根的话，想起自己不也是不会实际运用知识吗？根据物理知识，加热后的油遇到水，水会瞬间沸腾，然后水油混合物会溅出来。可烂熟于心的物理知识只有等到自己被油锅中飞溅出来的油烫伤了之后才会想起应该提前预防。

培根教会了我怎样做一个合格的学生。

这个幼年时父亲病故，从小独立谋生，债务缠身，饱尝世态炎凉的小男孩辗转在政坛之中，几经沉浮才成为国家重臣，最后却又因一桩至今仍众说纷纭的受贿案被国会弹劾。他留恋着浑浑噩噩的官场，但又不是贪恋权势，只是一心想要报答自己的祖国。他在一系列著作中批判了欧洲中古经院哲学和唯心主义，认为经院哲学与生活实践隔绝，被教条和权威束缚，他倡导通过实验揭示自然的奥秘并身体力行从事科学实验。

这就是培根，这个启蒙运动中的先驱人物，读他的散文，几乎可以一眼就看出他毫不隐瞒的贵族立场、男权视角和某些近乎市侩哲学的功利主义思想。但不可否认，他是那个时代先进思想的代表。

没有任何一个人可以创造一段历史、书写一段历史，但却有人能够在这滚滚长江般的历史中屹立不倒，就像培根那样。或许并非所有人都知道他的名字，也许再过几百年、几千年，培根这个名字就会被时间遗忘，但那句“知识就是力量”和他那智者的美德、直指苍穹的豪言壮语却会永远被人们铭记。

弗兰西斯·培根，在他老练锐利、哲理深刻的文字中，我接受着思想的洗礼……

同学点评：培根是一位对后世影响极其深远的思想家，痛苦磨难交织着他的一生。作者文笔流畅，写出了培根思想对自己的影响，又能反观自身，经历了一次很有价值的思想洗礼。

（杨蕙宁）

我看上世纪初知识分子的心路历程

杨蕙宁

读完《范爱农》，我为他的一生感到惋惜；看完《在酒楼上》，我为吕纬甫的平凡结局唏嘘不已；品完《孤独者》，我为魏连殳碌碌的一生感到悲哀。三篇文章中的主人公，都是读过书的知识分子，有文化，有抱负，却还是敌不过那时强大的封建势力。他们的才华无人赏识，他们的言论被认为是异类……

就这样，他们炽热的革命之心被泼了一盆又一盆冷水，有的竟连生活都难以维持。

《范爱农》中的范爱农，因希望破灭加上沉闷已久又难以平静的心最终选择了自杀；《在酒楼上》中的吕纬甫，本是读 ABCD 的西学人才，却又迫于生计教起了“子曰诗云”，本是反封建的他被生活所迫不得不去教授封建主义的东西；《孤独者》中的魏连殳，是个典型的孤独者，没有什么人理解他，在失去工作后，一向嗜书如命的他把珍藏已久的书卖了，最后还不得不向“我”乞讨一份工作，一个自尊心极强的知识分子竟落到了这步田地！

这是几个人的悲哀,亦是那个时代人的悲哀……

从希望到失望,从失望到绝望,我想这应是上世纪初部分知识分子的心路历程吧……

同学点评: 看你的文章就是一种天大的享受。从你的文章中我好像看到了你在桌前认真读书的身影。你读书读得很细,从你写的文章中就能体现出来,你对书的主要内容了解得很透彻,感悟也很到位。

(赵 寒)

我看上世纪初知识分子的心路历程

刘晓晓

上世纪初,有着这样一批知识分子。他们拥有真才实学,拥有坚毅品格,拥有不屈精神,但在现实的压制下,他们有的被打击得体无完肤,逐渐走向了一条“不归路”。

《在酒楼上》里的吕纬甫原本是一个激进青年,但多年后作者与他再次重逢时,他却早已不是原先的他了。他一直在宣扬自己的“敷敷衍衍,模模胡胡”,不论是迁小弟的坟,随意送花还是教《孟子》《女儿经》,他都是抱着一种“随随便便”的态度。他放弃了自己,却又感到伤心和悔恨,矛盾的心理使他备受折磨。

《孤独者》中的魏连殳在别人眼中是异样的,是一个可怕的“新党”。他有着进步的思想,但却对经济上的困难无可奈何。当他被生活折磨得山穷水尽时,终于向现实屈服了,当了杜师长的顾问。他已经做了他先前所憎恶、所反对的一切，拒绝先前所崇仰、所主张的一切了。这样的生活，虽没有了经济上的苦难，却让他生不如死，最终走向了灭亡。

上世纪初的知识分子在旧革命的高潮时，有理想也有作为，但当革命高潮消退，封建黑暗势力依旧压迫着人们时，有些人退却了，妥协了，自甘沉沦。他们有着改变现状的激情，但面对现实的挫折，激情渐渐消弭不见。是那个黑暗的年代困住了他们，局限了他们，使得他们“无所作为”。

同学点评：你看清了他们内心的渴望与现实的矛盾，看到了他们无法摆脱的妥协性，也看到了民国时代人们真实的内心世界；文章概括性很强，理解到位，继续保持！

（赵　寒）

我看上世纪初知识分子的心路历程

汪晓宇

上世纪初，是一个分裂的年代。不只是国家的支离破碎，更是人和思想的四分五裂。

知识分子，代表的自然是先进的思想理念，但他们所处的却是一个封闭落后的社会。对于掌权的官府，他们的进步是威胁；对于平民百姓，他们是古怪的另类；对于假意的“革命者”，他们是攀爬或搞垮的对象。他们被挤在这样一个死角，在摧残中奋起，在黑暗中前进。他们像是火炬，熊熊燃烧着他们的理想抱负，那燃烧在黑暗中的火炬，不断被阴风扑过，但它仍艰难地燃烧，相信星星之火可以燎原，但火势的蔓延，是如此漫长。

知识分子也是人，他们清楚地意识到自己的麻木，却又无可奈何；对他们至亲的亲人，无法尽孝只能送终；他们被人一步步逼上绝路，却无力还击。他们过去求活，现在求死，因为他们已经死了，只拖着僵硬的躯壳在虚伪与势利中穿行，这是一种无奈的心酸与痛楚。

他们的心路是扭曲的，生命是被扼住的，但那一个个倒下的生命背后又是一个个站起的生命。

同学点评：语言精炼，令我印象最深的是最后一句“但那一个个倒下的生命背后又是一个个站起的生命”，把当时知识分子心灵的强大与无奈表现了出来。

（杨蕙宁）

我眼中的勾践

安　获

“苦心人，天不负，卧薪尝胆，三千越甲可吞吴。”每每读到此处，心里就颇为震撼。同时，我也好奇，一个当初被吴王打得体无完肤的越国，究竟是怎样保住疆土的？又怎样做到三千越甲可吞吴的呢？

读完《勾践灭吴》，我心中五味杂陈，顿时陷入一片困顿之中，我到底该如何评价勾践？有人说他深得人心，忍辱负重，自强不息。不错,他推出种种政策,的确很得民心,战败后,他勇于承担责任,不加罪于任何人,并且自己从来不过奢靡的生活,卧薪尝胆,这些便都是他可以一举歼灭吴国的原因。

但也有人说他是一个"伪人"、有城府、擅长表演。其实这也不假,他与吴国结仇,却还甘当吴王的马前卒。战胜后杀死了与他共同谋划的大夫文种。但这也并不是不好,如果只有忍辱负重,他又怎能求得自身的一时安稳?若不是擅长表演,吴王又怎会对他放松警惕?他若不杀死文种,可能文种就是他以后最大的威胁。所以,他必须狠心。只有除掉文种,才能消除这个威胁,他才能安心地称王。

不管是正面的还是反面的评价,我都认为勾践是优秀的,因为他具备了一个优秀的政治家应有的品质。

同学点评: 看完后真的不知道该说什么了,这么好的文章怎能让我来点评?!安荻同学从正反两个角度看勾践,有客观的分析,但也不缺少自己主观的评论。总之一句话:"妙哉妙哉!"

(赵　寒)

在那 19 世纪

——读《莫泊桑小说》有感

汪晓宇

那真真假假、是是非非、美丑善恶交织混杂的 19 世纪,在战争的洪流下拨弄着众生的命运,巴黎的浮华喧嚣令世人疯狂。

在这万恶的黑暗里，一支支蜡烛在燃起，宣扬自由与博爱的斗士投身革命之中……

莫泊桑就是这样一位作家。

他用一组组的生活画向我们展示：在那 19 世纪，妓女未必低贱，她纯洁的心灵能比过晶莹剔透的钻石；在那 19 世纪，钻石的光芒会蒙蔽多少少妇的双眼，分辨不出真与假；在那 19 世纪，门第与金钱是如何扭曲了爱情与婚姻，演出了一幕幕人间悲剧和令人发指的丑剧。

这就是法国的 19 世纪，会有丑恶，但也会有美。

莫泊桑也是一个向往爱情与幸福的人。他让一个对妇女、爱情极度歧视的神父，在如画的月夜里，被纯真的爱情感动得无比羞愧；他促成了一对冲破门户之见的青年获得幸福；他仍相信在纸醉金迷的世界里依然存在高尚的爱情故事。还是在那 19 世纪，动人的故事也在上演。我们无须痛斥现实的黑暗，因为它阻挡不了追求爱与幸福的心。

在这样的 19 世纪，他始终保持着愤怒。用文字的皮鞭鞭挞法国绅士的自私、伪善、无情；毫不留情地去揭露普鲁士军队的暴行；讽刺那些毫无斗志而又谎报军功的法国军官的无耻行径。

在那个随处可见乞丐、妓女的 19 世纪，他饱含着同情去描述他们的苦难。《瞎子》和《乞丐》，两个苦命人忍冻挨饿，死在大雪纷飞的原野，死在狱栏旁冰冷的地上；《衣橱》里的儿子，在母亲接客时只能坐着睡，睡香了便会狠狠跌下；还有那《港口》里的女孩儿啊，家破人亡沦为妓女，而嫖客却是亲哥哥。莫泊桑为我们又描绘了一个悲惨世界。人情冷暖，世态炎凉……

19 世纪已经远去，而他——莫泊桑却为我们留下这幅 19 世纪的浮世绘画。

你说，19 世纪冷吗？

不冷，舞宴连连，硝烟漫天；但是，心冷。

你说，19 世纪惨吗？

太惨，山河破碎，民不聊生；但是，爱没有离开。

命运，有起有落；时代，有喜有悲。

同学点评： 那个世纪太冷太惨，可是爱却一直没有离开。正如文章里写到的向往幸福和爱情的神父，有着钻石般纯洁心灵的羊脂球，他们都是那个悲惨世纪中微弱的善良和温暖。在那 19 世纪，纵使世态炎凉，纵使人情冷漠，但是爱从未离开。

（刘晓晓）

月光诗人莫泊桑

刘晓晓

他是一个文学大家，他是一位批判现实主义作家，他更是一代短篇小说巨匠。他是莫泊桑，一位了不起的月光诗人。

莫泊桑的作品大多数是批判现实、讽刺权贵者的，而在他的短篇小说中，《月光》却别具一格。这是一首赞美诗，不同于莫泊桑其他小说的风格，使人读起来感到一种淡淡的温情。

小说的主人公是一个瘦长而笃信宗教的教士——马里尼昂长老。他自信自己是主的仆人，对于自然，总想找到一个理由来解释它们的存在。他痛恨所有的女人，这是无由来的，但唯独对他的外甥女保留着宽容。

可是有一天,有人告诉他,他的外甥女有了一个情人。这使他感到惊慌和愤怒。晚上,他出门准备一探究竟。但是却被月光下的田野深深地震撼了,那是他从未见过的风景。当他的外甥女和情人出现在月光下,两人之间的温情混着柔和的月光使他深深地感动了。他终于在这样的画面中退却了。上帝用月夜来掩饰人类的爱情,这是他看到的,却与他一直坚信着的观念相悖。他无助地彷徨着:他一直坚信着的是否是错的?他也不知道。

这篇小说看上去似乎是最平淡、不起波澜的,但却让我印象格外深刻。莫泊桑用散文的笔法写出的这一篇抒情小说留给人的是深刻的思考和浓浓的温情。《月光》中,柔和的月光净化了一个腐朽的灵魂,而这个腐朽的灵魂内心充满着矛盾。莫泊桑的笔就写出了这样一个饱满的角色。尤其是结尾,耐人寻味。马里尼昂长老慌张地逃走,是醒悟,是羞愧,更是一种对爱情的认同。

有人说,莫泊桑是一位月光诗人。他好似很偏爱月光,在许多小说中都以月光为背景,勾勒出一幅幅动人的图画。月光、少女,这是他的笔所触到的。在月光下,少女的美与柔情总能很好地显现出来,他的笔将月光与少女合二为一。对于他来说,月光拥有非同一般的意义,那是一个充满魔力的圆球,带给他无限的遐想。

莫泊桑其他的小说也很耐人寻味。《珠宝》中郎丹对金钱的欲望,使他出卖了自己的人格、名誉,而他也由于卖掉了珠宝,获得了一大笔法郎,过上了富足的生活。尽管小说中没有正面描写郎丹夫人的珠宝是从何而来,可是大多数人都认为那是郎丹夫人出卖肉体得到的。我好奇地到网上寻求真相,发现还是有一部分人不赞同这个答案,认为也许那是郎丹夫人通过其他途径得来的。我个人比较偏好这种说法。只能说,是莫泊桑的手法太高明,让人一直在琢磨、在思考。

莫泊桑的小说意味深长，还需细细研究。我相信，我能从中收获到许多……

同学点评： 这是对月光诗人的赞美，更是对生命、青春和爱情的赞美。一轮明月挂在幽静的田野之上，那样祥和，那样平静，那样让人充满无尽的遐想……

（许奕璋）

《项链》续写

何　琦

“你不会是在和我开玩笑吧。”玛蒂尔德脸上的血色渐渐褪去，艰难地吐出了这几个字。“我也不愿相信这是真的，你那时还给我的项链和原来的一模一样，我也没有仔细看……”玛蒂尔德根本什么也没有听进去，招呼也没打一下就跑回了她那早已破旧不堪的阁楼。她一个人一言不发地坐在椅子上，空洞的双眼呆呆地望着前方。几分钟前，玛蒂尔德还因那条项链、那些钱和一切的一切都还清了而感到满足。而现在，她才发现，原来是一切都失去了。

玛蒂尔德小心地将那条十年间都未触摸的裙子从箱底捧了出来，站在镜子前，镜中的她是那样的苍老，一双通红的手和粗糙黝黑的皮肤与裙子美丽的颜色产生了鲜明的对比，显得极不相配。她使劲地摇了摇头，青春已经逝去，不可能再回来，过好现在的生活才是最后的选择。想到这，她熟练地叠起那条裙子，塞进箱子中，忽然当的一声，玛蒂尔德仔细一看，认出掉在地上的，正是那条价值五百法郎的项链。

同学点评： 很有想象力的一篇文章，与原文衔接流畅，说明有思考，值得表扬。结尾处画龙点睛，有欧·亨利式结尾的意蕴。

（杨蕙宁）

古 战 场

刘晓晓

天，阴沉沉的，仿佛要压下来了。一阵寒风呼啸而过，卷起漫天黄沙。

两军对战，皆是身穿犀皮甲，手里拿着武器，死死地盯住对方，仿佛一声令下，便会如箭般射出去。战旗呼呼作响，战鼓声声激昂。

领头的将军一声令下——“杀！”身后的士兵们前仆后继地往上冲，不顾生死，与敌军刀剑厮杀。如雨般的箭矢划过天际，带走了一条条战士的生命。战马嘶鸣，不幸被敌人砍伤了双腿，不堪重负倒地了。战士们抛头颅，洒热血。满腔爱国之情，只为守护身后的这个国家，宁死不屈！

灰烟弥漫，刀光剑影，不知有多少人倒下了，亦不知又有多少人拼命地往前冲……

尘埃落定，已是黄昏时分。尸横遍野，血流成河，到死，他们都未曾放下手中的武器，死死地握住，似要再去拼杀一番。

原本灰蒙蒙的天，忽然射入了一缕阳光，那是夕阳的最后一点光芒，洒在这些为国家而牺牲的战士们的脸上，为他们带去最后一丝温暖。

为国捐躯的好儿郎们啊，你们即便是成了鬼，那也是鬼中豪杰。生作人杰，死亦鬼雄！

同学点评：作者有很强的想象力，并对诗歌进行了解读，细致的环境描写，更能体现出你细腻的内心。

（杨蕙宁）

战·争

杨蕙宁

恐怖的气息已弥漫了数日，中原地区相比平时显得异常安静。老百姓们开始囤积粮食，收拾行李，因为大家已察觉到——战争，一触即发！

两边硝烟四起，笔直的军旗赫然屹立在队伍当中，显得格外刺眼。战，为了国家而战；争，为了荣誉而争。领头的将军正了正帽盔，扬鞭使劲一拍马后，大喊“冲啊！”瞬间，硝烟弥漫，战鼓雷鸣，万马奔腾。顿时，天昏地暗，只有兵器互相击打发出的刺耳声音。一拨士兵倒下，又有新的一拨士兵奋起，再倒下，再奋起……将军怒了，高呼着：“兄弟们，为了我楚国的子孙百姓，都杀啊！”

接着，更多的士兵怒吼，刀剑之下，人仰马翻，鲜血染红了盔甲，浸湿了大地，映红了天空。箭如雨下，两方的士兵已难分敌我。马失控了，不顾一切地乱冲；车失控了，不顾一切地乱撞；人失控了，不顾一切地厮杀！

脑海里浮现出了妻子娇美的容颜，儿女稚嫩的面庞，父母佝偻的身躯……他们企盼着自己能平安归来，为国家争光。可是，古来征战几人回？为国家而死，为子孙后代而死，值得！冰冷的剑刺进了骨肉，鲜红炽热的血液喷涌而出，可感不到痛，还在激战，还在争取最后的胜利。

渐渐的，思想已支撑不住沉重的身躯，脑海里只想着：兄弟们，你们，冲啊……又一把剑刺了进来，却再也支撑不住，在死的最后一瞬，他高喊：生为楚国人，死为楚国魂！这声音，传遍了神州大地……

耳边响起：身既死兮神以灵，子魂魄兮为鬼雄！

同学点评：佩服你超强的想象力，能把古战场描写得淋漓尽致又有气魄，很好，说明你有着强大的内心啊！结尾点题，升华文章。

（赵　寒）

望眼难穿

汪晓宇

"烽火连三月，家书抵万金"，拼打厮杀的战场，被血泪淹没；冒死送回的家信，印上了斑驳涕泪。这样的战争里，我感觉不到沸腾的热血，只有撕心裂肺的悲恸。

我不敢想象，那样的岁月里，究竟还有怎样的生命、怎样的眼神。荒坡的草屋里，是老人妇孺颤抖地攥着看不懂的信，泪四溢在布满沧桑的脸上，就连那孩童也失去了天真与灿烂的笑容。

他们的心里只有前线、前线……可它，却又给人多少绝望。

我凝神观望他们凄厉的眼神——这些眼神在翻滚，在随着历史的浪潮翻滚。

一代又一代的人，又何尝不是在不同的时空里分享着同样的凄苦悲痛。这一句“家书抵万金”，又何尝不是呼唤出了一代又一代人的共同心声。

几千年前，纷飞的战火中，是盼望来信的家眷；几千年后，更猛烈的枪林弹雨里，依旧是苦苦等待的身影。那些深邃的眼神直指刀光剑影的沙场。

这所有的眼神，所有的浮影都收在了那双困顿在城中的眼里，杜甫将他眼中寻到的一切都倾注在了那两个字中——春望。

一望，望尽了人间疾苦，望过了千年宿命。

同学点评： 战争，留给人民的只有深深的苦难。这篇文章语句凝练，但却十分传神，尤其最后一句，写出了对战争的无奈与人民的痛苦。

（张　眸）

诉　离　殇

安　荻

景色未变，你心中是否依旧还有我。

与你分别已不知多少个年头，如今，我想独自游沈园，来寻求一丝慰藉。可谁曾想,我们又在这里相遇了。你挽着赵士程,脸上的笑颜却如此僵硬,人也清瘦了许多,我的婉儿,我们分离后,你到底经历了些什么,你又为何如此憔悴?呵,我知道我无能,未能说服母亲将你留下,你现在这样出现在我面前,是在怨我吗?

少焉,你与你的丈夫为我设宴。席间,尴尬的气氛便蔓延开来。我不想多言,我实在不知道该说什么,为何说,怎样说?我只是默默地看着你准备的一桌佳肴,想着……

想着当年,你的红酥手捧着我爱喝的黄縢酒。可现在呢?你便像宫墙中的春柳,即便春柳寻常,但在宫闱之中,于我来说就是遥不可及了。

风啊,你为何这样,为何把我们之间的欢情吹得如此稀薄?为何让我们经受这般的折磨。斟满一杯酒,这酒清冽醇香,可我却饮不下去。这满满的一杯酒,正如我的愁绪,一别就是数年啊!这,究竟是你错、我错还是缘错,罢了……

春如旧,人却消瘦许多,只是因为这一段没有结果的姻缘,只是因为这无端的思念。你如此憔悴,你的泪确乎湿了衣衫了吧。既知无果,你又何苦呢?

春日的最后几朵桃花,也随风落下,仿佛在宣告春的结束,又仿佛在昭示夏的开始,我们又为何不能有自己新的开始呢?如今,我们当初的誓言还在,但音信却很难再得到了。罢了!罢了……既知无果,也应放下了。

不错,我是醉了,但醉得痛快,醉得高兴。你们走后,我便把刚才的所思所想全都写了出来,我想让后人看到我的坚贞,看到我最后的虽然是徒劳的努力。写罢,扔掉笔,仰天大笑三声,便自此放下了,不再提了……

从此，我便不再念那段情，不再诉那段殇。

同学点评： 以陆游为第一人称，更具真实感。那段情、那段殇，是词人的痛楚，你能准确把握住，可见你的写作水平已处在很高的位置！

（杨蕙宁）

给杜甫的一封信

董秀梅

尊敬的杜公：

您好！

我知道您不会收到这封信，更不会看到这封信，但是，我还是执意要拿起笔写下晦涩的话，不为别的，只因我的愧疚，愧对您——千秋第一诗圣！

我是一名语文教师，说起来很惭愧，细细品读您的诗也仅仅局限在课本中需要教会学生的那几首，应该是《春夜喜雨》、《春望》、《望岳》、《兵车行》、《石壕吏》、《客至》、《茅屋为秋风所破歌》、《闻官军收河南河北》、《登高》、《登岳阳楼》、《旅夜书怀》等诗歌。

而每次教给学生的都是感受您感时伤世的爱国情怀，掌握您沉郁顿挫的艺术风格，理解您孤老病愁的一腔愁绪。在一遍遍教学循环中，我对您的身世与遭遇麻木了，忘却了您“致君尧舜上，再使风俗淳”的抱负，习惯您的“穷年忧黎元，叹息肠内热”

的古道情怀，在经验教学和功利教学中，我把“诗圣”的桂冠远远地抛到脑后，教给学生的只是些走捷径的东西。

人一旦世故了，就少了生活的激情与浪漫，而语文老师一旦“柴米油盐酱醋茶”了，就缺少了发现美的眼睛和高洁的心灵。杜公，面对您的诗作，我真是愧对啊！

其实，我知道，您写诗不是为了赢得身后千秋名，您只是在游历祖国河山，登泰山时看到“造化钟神秀，阴阳割昏晓”的景致，抒发了“会当凌绝顶，一览众山小”的勇攀人生高峰的雄心壮志；您只是在困守长安十年中，过着“朝叩富儿门，暮随肥马尘”的屈辱生活时，发出了“君不见，青海头，古来白骨无人收”的叹惜；您只是在安史之乱爆发时，在和老百姓一起逃亡的路上，如实记下“国破山河在，城春草木深”的凄凉惨景。

更难得的是，您无论生活上怎样苦，也不论漂泊到什么地方，总是心系着国家的安危和人民的疾苦。秋天登高，您看到“无边落木萧萧下，不尽长江滚滚来”时感慨“艰难苦恨繁霜鬓，潦倒新停浊酒杯”；登上岳阳楼，您想到“戎马关山北”就“凭轩涕泗流”。您不管穷达都要兼善天下，当自己的茅屋为秋风所破时，您却想到天下的寒士们，并发出“安得广厦千万间，大庇天下寒士俱欢颜”的宏愿；看到劳动人民创造的物质财富养活了达官显贵，您一针见血地指出“朱门酒肉臭，路有冻死骨”。

杜公啊，您的沉郁顿挫是与国家命运相连，您饱含泪水的双眼俯视着黎民苍生，您的每一首诗歌都是为人民而泣而歌，在语不惊人死不休的顿挫中，一个伟大而高贵的灵魂升起来！

您不是为写诗而写诗，您是用生命给后人再现那段历史。面对历史，我们该如何做？

想到此处，我汗颜！

所以，痛定思痛，我一改往日教学套路，让学生学完您的诗歌后，还得跟您说说话，深入一步走进您的内心世界，感受唐朝由盛而衰的气象，您说这样，能让学生像您一样心怀天下，进而思接千载，精骛八极吗？

与圣人为伴，做朗月清风！谨以此文作为教学的尝试吧！

此致

敬礼！

行走在迷雾中的人

看世纪前的英雄

张格格

春秋战国正是战乱之时，人心惶惶。井田制的崩溃、王室的衰微、“士”阶层的兴起、学术下移等诸多原因，使得当时出现了百家争鸣的盛况。拨开迷雾缭绕的云烟，群星中最暗淡无光的，是道家，用心体会，最璀璨耀眼的，也是道家。

他的头颅中不知有多少智慧，他的著作《道德经》不知有多负盛名——没错，他就是道家的首创者，老子。

“道常无名，朴。虽小，天下莫能臣。”如他的思想一般，朴素而心怀宇宙。又如“道法自然”，“无为而治”，是他内心中一直坚持着的思想，是他在乱世之中守住的一片净土，至少让后人能看到：那时的人思想也很纯净。他生出了这种思想，却没有君侯选用，看透了社会的他悲哀无望，隐去行踪。

而后又有一位独特的人后来居上。他可爱，他魅力四射，根本让人无法移开眼。他是道家的集大成者——庄子。为何是集大成者？原因是他吸取《老子》中的经典，并提出内心的观点："万物互相依存转化。"

"钓于濮水"的故事，让我们看到庄子在名利的诱惑下"持竿不顾"的态度。他明白天下的乱、人心的坏。他宁愿"吾将曳尾于涂中"，也不愿牺牲性命换来权贵名利。因为，他看透了。他隐居，换来了几分宁静，没有世间的纷扰。我羡慕他，他有着看透世界甚至生死的思想，活得超脱自然，活得悠闲。我嫉妒他，他还有一位朋友——惠施。我恨他，他没有在惠施活着的时候和他拜把子，还以恶言相告。我心疼他，他在惠施死后哭倒在惠施墓前。原来，看透生死的他，也怕寂寞。但是他不得不做，也必须做——在晚风吹动之时，成为一棵树，守着那月亮，守住那片净土。

回过头来，我对庄子报以太多的感情，就像我在现实中受情感而摆动，受七情六欲所控制一样，根本无法成为老庄一样的圣人英雄，然而，当我读到"翼翼归鸟，晨去于林"，"日夕气清，悠然其怀"，"孟夏草木长，绕屋树扶疏"时，看到的是一只自由自在的归鸟伸展翅膀在天空中翱翔，是发自它弱小的身躯内真正的喜悦。他是有遗憾没错，但他马上将天地万物装进内心，用这美好的自然慢慢说服了自己，慢慢向融合自然走去。陶渊明归隐后寄情于山水的悠闲畅怀，他将老庄的道家思想学来，遇到生活中的困难、问题，就用这"顺应天地万物规律活着"的思想来提醒自己。东晋的诗人陶渊明为我开启了一道通往清灵世界的大门，让我能够随时在对人生的领悟、与自然融合中，解脱烦恼，平衡苦乐，从而使我的心灵得到安宁。

对于博大精深的道家思想，我现在所理解的已经给我不小的震撼，我还在慢慢探寻，翻回历史的页码，体悟那种美好而智慧的思想……

教师点评： 什么是英雄？世纪前的英雄又是怎样的形象？格格同学在文中写出英雄新的内涵。小作者能结合公元前老子、庄子，以及后世陶渊明的作品娓娓道来，在理解老庄陶潜作品时也写出了心中的英雄形象，感情丰富，引领我们随着作者一起去认识体会道家思想，也随着作者一起感喟！

（董秀梅）

品味陶渊明

赵小寒

"采菊东篱下，悠然见南山。"

提起陶渊明，跃然于我眼前的，便是这句诗与一画像。

读过陶渊明许许多多的田园诗，长年累月，陶渊明在我心中，就好像这画中人一般：一老叟袭一身青衣，盘夫子发髻，半长胡须，头发并无全部花白；肩上挑一担清淡菊花茶，悠然自得穿行于市集、乡野之间。

不知为何陶渊明会在我心中留下这一形象。现在想来，怕是因为他透过诗文所表达的、发自内心对自然恬静的赞美，太过深入人心了。这溢于言表的赞美，藏于他一首一首的田园诗中。在"暧暧远人村，依依墟里烟"间所展现的，是他对清雅自然、无声胜有声的热爱。《归园田居》，是陶渊明的一首山水田园诗作，表现了他脱离尘世官场苦恼，享受田园风光的放松怡情。这种生活，又怎能让他弃之错之？

陶渊明的诗没有大多数人所偏爱的华丽辞藻，就好似他爱菊而不爱牡丹，骨子里有的是淡泊与宁静。

世人多称赞陶渊明的不为五斗米折腰，作为才子的清烈傲骨与不屈不挠的气魄便可从中窥得一二。一个人空有满腹才情与淡泊性子是远远不够的，不为权贵所屈服的气节，坚持本心的无畏胆识，方是做人的根本。

有才情雅兴的并不仅仅是陶渊明，有豪壮气节的也不单单是陶渊明。将自己寄情于山水，满腹才华，不低眉于富贵豪强的，才是陶渊明，独一无二的陶渊明。

做到真正的归隐，保持心中气节，诗中的陶渊明，披蓑戴笠，踮着步子，正一摇一晃走向他心中的山水乐园。

同学点评：菊，象征了陶渊明；陶渊明，也赋予了菊气节。两者相融，便流传了千年；而你，也同他一起畅游在那片精神的山水田园。

（汪晓宇）

人言可畏，红颜薄命

——读《墙有茨》有感

王文欣

《墙有茨》是《诗经》中我不太喜欢的诗之一，卫国宫闱丑事妇孺皆知，此诗作者却故弄玄虚，宣称宫中秘闻“不可道也”，随后却故露口风“言之丑也”，以不言为言，比直叙更意味深长。

在我看来，这种自命道德高尚的人，明明八卦，却一本正经，把别人骂得体无完肤，自己却未必心如赤子。

此诗的主角宣姜死于何年，没有记载，对史家来说，她是个不淑的女子，无足轻重，死了正好，从此少一妖姬。

可宣姜，不是不淑，只是遇人不淑，薄命的女子，一生被人摆布，如果她能选择，她又会怎样生活呢？谁也不知道，所以谁也不能断言她的好坏。

这让我想起同是春秋时期，另一位名动天下的美人——息妫，因美色而亡三国，传说后来与息侯出逃，可惜不成功，便自尽了，息妫血溅之地，长满桃花。

史册上的红颜薄命又何止她二人？当所有荣华富贵都成过往云烟，命运公布最终答案，也许她们都宁愿没有娇媚容颜，只要能免去当世的苦楚、后世的嘲弄。

可惜，谁是先知？谁能在开始的时候，就能冷静地预见这一生？

当荣光尽褪，她们终于能够寂静地飘散在风尘中，不再受任何流言蜚语的侵扰。

爱，并非所爱；恨，身不由己。

同学点评：作者纵览历史烟云，拨开迷雾探寻灵魂的深处：那些红颜深陷命运的泥潭，却无法自拔，只留得后世的无限感叹……

（汪晓宇）

爱 北 平

张格格

假若说起北平，印象中那是一段旧时代北京的一个称谓。迟到了近半个世纪的时间，我品味了冰心、郁达夫、老舍等人对北平的印象。

这是一个沉静的城市。它作为中国的一部分，沉淀着几千年的文化，美得令人震撼。北平人的生活，那叫一个闲适。先不说下了火车就有车夫接送，也不说那每天晚饭后座无虚席的北海边的茶座，就说说那北平图书馆里的书，那是在全国数一数二的。一本书，一杯香片茶……那真是北平文化人的代表。

也有很多人写江南。郁达夫选择了江南与北平进行比较。秦岭—淮河是我国重要的地理分界线，但一个秦淮以南，一个秦淮以北，有什么可比较的呢？冬季，江南没有北平的寒风刺骨磨炼人的意志；夏季，江南太潮湿，虽然适合女子的生长发芽，但是男子汉的阳刚之气就少了一点。还有秋雨哩，北方的秋雨，也似乎比南方下得奇，下得有味，下得更像样。

北平的小吃，那是真不少。“花多菜多果子多”“旧北京只早点一项，就有说不清的花样”……抓人心要先抓住人的胃。北平的淳朴，就从那些北平人弄吃食的方式中体现出来。半个世纪前的那些学者，身为北平人，那真是自豪与骄傲！“哼，美国的橙子包着纸；遇到北平的带霜儿的玉李，还不愧杀！”

他们，生活在乱世里，对北平的爱由衷地从内心中释放出来，笔尖嘶嘶扫过，那爱意便铺满了整张卷纸。恋上北平，也是件无法自拔的事，要落泪了，言语是不够表达我的心情的。

同学点评：原有老舍之《想北平》，今有格格之《爱北平》。其言也真，其情也真，叫人读罢不禁泪满春衫袖，吾甚喜之，亦感欣慰。仿而写之，临而摹之，终有一日可自成一家之言，望再接再厉早登高峰。

（刘晓晓）

“粗中有细”的北京生活

安　获

我真爱北京。

我其实对北京也是不大了解，它总是有着自己的秘密，而我今天所写，正如老舍先生当初一样，只是“我的北京”而已。

在我看来，北京，不是旅游胜地，不是经济繁荣的大都市，亦不是偌大个中国的政治中心。在我心里，北京，就是家，给我温暖、让我踏实的家。

北京的生活是粗中有细的。我们先来看看北京生活的“粗”。

清晨起来，院子里就不消停。准备上班的大人们和要去上学的孩子们便是一大早就要起来的，这一折腾，就是一早上。走之前，都会与院子里的邻居们打声招呼，问个早安，就这么匆匆离去了。这时，巷子里，便会见到几位遛鸟儿的老人，听着收音机,提着鸟笼,好不自在。等这院子里消停下来,几位老人也已起床,洗漱完毕,坐在院子里,晒晒太阳,喝喝茶,享受完这清晨的阳光,便吃早饭去了。

吃完早饭,这一天的生活,也算是开始了。

有的人会选择在屋里看书,而有的人则会出去逛逛。北京的公园,当真是多,而我,喜欢去北海。初秋的北海,甚是美丽,丝毫不见荒凉之色。撑一只小船,在湖上静静地划着,抬头便是蓝天白云,低头便是湖面倒映的白塔,四周则是绿树红墙了,在平常日子,这里大抵是没有人的,你也可以得个安静清闲。

最主要的是,秋天,在北海,你可以一睹燕京八景中的“太液秋波”,微风拂过,用“浮光跃金”这四个字形容最恰当不过。柳荫下,一汪池水闪着金光,那景,真是很美。

如果你喜欢热闹,大可以去天桥看看。那时候,北京的天桥是整座城市最热闹的所在。有街头杂耍的艺人,也有戏楼里唱戏的小生,还有相声界的“名嘴”在此可以博您一笑。不管您是看杂耍也好,喝茶听戏也好,总之,这里是百姓聚集的地方,人头攒动,好不热闹。

这一上午也算是过去了。中午,不管是一碗炸酱面,还是一份炒肝儿包子,都是最为实惠的吃食,也都是大多百姓所钟爱的。

下午,有的人选择去逛逛商店,去稻香村买几包点心,给孩子们买点一毛钱八块儿的糖,再给他们买几瓶一毛五的北冰洋,走到巷口儿,拎几斤菜回去,就要开始准备晚饭了。

晚上,一家人坐在院子里,吃着饭,聊着一天的工作或是学习,有时候还会碎叨几句闲话。晚饭过后,孩子去做功课,老人不久就睡下了，而那些大人则在为明天的工作做着准备。一轮明月挂在天空，院子里的灯，也都熄了。

这就是北京人一天的生活，当然，这也是我从祖辈和父辈们的聊天中听来的，即使那时日子苦，但也很快乐，他们每每谈到，脸上都会露出幸福的表情。而我，也曾试图找回旧时的生活，但也只剩些残片了。不过，有些骨子里的东西是不会变的。至今，我仍旧觉得，北京人的生活有些懒散，但倒也自在，北京人喜欢享受生活，也总会给自己找点乐子。

在外人看来，北京人的生活似乎有些“大大咧咧”的，但其实不然，北京人的生活，实际上是非常讲究的。

用的东西“细”。

早上老人遛鸟用的鸟笼，是上好的木材制成的，鸟笼也是分等级的，不同的鸟，笼子的大小、木材、纹样都是不一样的。人们都说北京人喜欢喝茶。家里，喝茶用的器具是相当全的。盖碗儿、杯子都是名窑烧出来的，小泥壶也多半出自名家之手，什么茶用什么壶，水几分热，什么时节喝什么茶，样样可都是极为讲究的。

装饰“细”。

无论是大街上还是公园里，或者是巷子里，只要你细看，每一面墙，每一条长廊，每一个亭子的装饰都是精雕细琢出来的。皇家行宫内的装饰更是不含糊，廊顶的每一块砖上都有画，无论是画工还是用色都极为精细。这种入微的建筑装饰，除了北京，应该是很难见到了罢。

规矩“细”。

中国自古长幼尊卑分明，古代君王为尊，依次排列，礼制划分严明。见面后的一切动作、用词，都有严格的规定，不得冒犯。

如今，虽无君王，但家中尊卑依旧严明，不得无礼。之前过年时，晚辈也是要向长辈磕头的。无论是饭桌上还是日常说话，都是不允许长幼颠倒的。

这就是“我的北京”，这就是我的北京生活。无论是当初的古城旧都也好，现在的繁华都市也好，这里永远是我爱的北京，我疲倦之后的唯一一处歇脚之地，我的家。

同学点评： 安荻的这篇文章模仿老舍先生《想北平》，恰到好处。身为一个北京人，她把对北京的爱融入字里行间，写出了一个粗中有细的北京，通过对一天早中晚的描写，既带领大家游览了一个“粗”的北京，又使我们在“细”中领略了北京人的生活与传统。

（马晓薇）

读你千遍味百转

——读《短歌行》感怀

董秀梅

第一次读你，是在大学课堂上，不谙世事的我，模糊的印象中更多的是讲魏晋文学的老师那慷慨激昂的声音和形象，是三国时代群雄逐鹿中原的硝烟和火光，建安风骨像碎片一样凌乱而迷茫。只是每每感到光阴荏苒，便觉吟咏“对酒当歌，人生几何”，“譬如朝露，去日苦多”这样的诗句特能解愁而已。

那时的我，在那雨季花季的浪漫岁月里，初次解读曹操，哪能体会到他的雄才大略和诗歌中的慷慨多气呀！只能与你——《短歌行》擦肩而过！

第二次读你，是在写学位论文时，也许是冥冥之中的召唤，在研究曹植的五言诗时，我再次与曹操见面。捧读他的《蒿里行》、《龟虽寿》、《观沧海》、《短歌行》，我不仅被诗人渴望建功立业而不得所发出人生苦短的忧叹所震撼，而且被诗人有着“山不厌高，海不厌深”的胸怀所折服。只是即将离开大学校园，也来不及细细咀嚼，就怀着对美好岁月的留恋和对未来的憧憬，带着你——《短歌行》匆匆上路了。

那时的我，在那如梭如织的岁月里，匆匆邂逅曹操，哪里深解他的求贤之心永无止境，犹如大海不辞涓流，高山不弃土石一样的心情啊！

第三次读你，是在工作后，《三国演义》热播，当看到曹操在《横槊赋诗》这一集中吟诵《短歌行》时，不知道为什么，听到杨洪基那纯厚的歌声，再次拜读你——《短歌行》，我的心中涌起一种莫名的感动。谁说他是“治世之能臣，乱世之奸雄”？唯有强烈的渴求贤才者才会有这般殷切的心情，才能写出“青青子衿，悠悠我心”，“但为君故，沉吟至今”这样的诗句；唯有博大坦荡的胸怀，才能说出“山不厌高，海不厌深”，“周公吐哺，天下归心”这样的心声。而这种诗句，也只有像曹操这样一位有雄才大略、感情豪放的人才能吟咏得出来。他不仅是一位杰出的军政领袖，还是一位慷慨的诗人和忧患的哲人。

那时的我，初为人师，又在举目无亲的他乡异地，渴望有所作为而又无方向，夜深人静的时候，我咀嚼着你——《短歌行》，也咀嚼出人生的诸多酸甜苦辣！

再次读你，是在第一次教高二学生时，课前我一边听着唱歌录音，一边感受着诗歌意境，不知不觉中潸然泪下。诗言志，歌咏怀，大战前夕，是什么样的忧愁令这位有着雄才大略的政治家、军事家和诗人一唱三叹呢？

是"人生苦短"。他深感奋斗的艰难和时光流逝的无情，"譬如朝露，去日苦多"，人生的短促感、焦灼感使他不由发出"人生几何"的感慨。

是"求贤不得"。孙权有周瑜、鲁肃、张昭等，刘备有诸葛亮、关羽、张飞等，曹操虽然拥有诸多的谋士猛将，但为了完成统一天下的宏伟功业，他希望天下所有的人才都聚集在他这里。因而他发出热烈的求贤声"青青子衿，悠悠我心。但为君故，沉吟至今"，真是"忧从中来，不可断绝"。

是"功业未就"。一统天下是曹操毕生的奋斗目标。而眼前，赤壁之战前景未卜，作为一个深谋远虑、渴望建功立业的将领，他能不产生这样的忧思吗？愿学大海纳百川，愿学周公"一沐三握发，一饭三吐哺"，还不是为了实现心中的宏愿？而这一宏愿还未变成真正的现实，"功业未就"的苦闷依然萦绕心头。

那时的我，刚刚走过教师生涯中的六个春秋，可依然是在黑暗中摸索，看看周边的老师们，在"三年成熟，五年成才"的理念指导下脱颖而出，我不禁悲从中来，"一吟双泪流"！

读你——读你——

如今，再次捧读，你带给我的又是另一番感受。你的"忧"，是曹操站在国家的高度、英雄的角度之上的"忧"，你让我们从另一个侧面看到曹操作为一代政治家的英雄本色：他有爱才、礼贤的坦荡胸襟；他有统一天下的宏大志愿；他有开创新局面的进取精神。而我现在担任一所改制校的教学主任，也是一名语文教师，在双重工作中更深切地感受到曹操的一唱三叹中是舍弃了“小我”，留下了“大我”。我们在教改中是不是也该留下点什么呢——像你，《短歌行》？

读你，思接千载；读你，荡气回肠……

读你千遍味百转，百转千回解其味。

莫为浮云遮望眼，风物长宜放眼量

——读《杜拉拉升职记》《浮沉》所想

董秀梅

考试一结束，我就向同事借来《杜拉拉升职记》，带着好奇的眼光如饥似渴地看身外的世界。紧接着，我又借阅《浮沉》两部，再一次囫囵吞枣，狂吃海塞般填充自己干瘪的身躯。

三本书看完了，我对商海，尤其是外企的世界有了一斑见全豹的认识，并且，推而广之，对我的职业也有了更深的认识。

杜拉拉为什么能从一个默默无闻的小职员上升到销售区的执行总裁？一是她的勤奋与善良，二是她的职业追求和耐挫力，三是她的聪明和美丽。如果说，聪明和美丽是与生俱来的，那么，勤奋和追求及耐挫力却是我们面对职业应练就的优秀品质。商场如战场，充满了尔虞我诈，到处是陷阱，而富有一颗纯洁善良的心却是笑拈人生的至宝。杜拉拉因为具备这些，从而一升再升，直至她理想的位置。然而爬上光耀的位置，却并不是鲜花与掌声铺就的，生活中需要的是我们面对困难抑或梦想难以实现时的良好心态和姿态，所以，我认为《浮沉》是继《杜拉拉升职记》后的又一部展现商场恢弘气势的力作。它不仅教给我们职业生活的常识，还激励我们不放弃理想，做生活的主宰者！

掩卷之余，不由得想到我的职业转型。当了六年的教学主任，更多的体会是主任位置上有许多不为人知的酸楚和无奈。在许多老师的眼中，教学主任应是拥有权力和执行力的人，负责招生、课程安排、职称考核、岗位安排、教学管理等等！然而，老师们只知其一，却不知这其中的微妙之处。一言难尽！

曾经试图挣扎着，走出这团泥淖，然而一次次，刚刚迈出的脚步又缩回了。老校长挽留的情面你得给，新来校长寄予的厚望你得珍惜！本性好强的我又不愿就这样背离自己的初衷——竞聘上岗，施展才华，大有作为！

或许是天意独怜幽草，就在我身体和精神染上沉疴的时候，上苍给我校送来了新鲜血液。而随着新领导的到来，学校遍布改革的春风，在春风阵阵、绿意连连中，我的教学主任苦旅终于结束。

我惊叹新领导的睿智，做老师和学生的思想工作，引经据典，古文中的思想经他们的演绎通俗易懂。我欣赏他们天生的幽默感和亲和力，能让同事们的怨气和疲惫烟消云散。我仰慕他们高天流云般的心胸与人格魅力，跟他们交流，不仅仅学到高尚的思想，还会徜徉在快乐的暖流中。我佩服他们对工作不竭的热情和忘我的投入，虽然不再年轻，但举手投足间散发着青春的朝气……

然而，越是更深地认识他们，我越是感觉到自己的不足，以前是怨天尤人，现在得从自身找原因了。就在我总结自己的过失时，《浮沉》一书让我豁然开朗，正如书中所说：要打胜仗，无论是老板，还是作为员工的你，都需要整个团队的力量，没有好兵的将军，打不了胜仗，没有好将军的小兵，再逞能也把握不了全局。

书中还指出成为好销售的必要条件：团结周围一切力量；对人和事有着明晰的判断；能够事事顾全大局，站在一定的高度去想问题。

是啊！教学处其实是一个团队，而我一直以语文教师身份自居，很多时候没有真正融进团队里，故而，见到教学处的不足之处，更多的是抱怨，而埋怨别人只能说明自己无能，做管理工作就得要有大心胸。既然教学处是一个团队，那么我们每一个人的行为举动，就不是代表一个人，而是代表教学处的整体形象，教学处里的某一名成员遇到的问题，也应是我们整体遇到的问题。帮助了一个人，就是帮助了整个团队！

看商场小说，反思自己的职业生涯，如芒在背！

幸好有两位校长的关心、指点和帮助，我及时调整自己，明确了方向，重整旗鼓，投入新的战斗！我又回到语文组里，再一次带领组员们共同迎战新教学模式的教学改革。我会提炼《浮沉》培养团队的方法，带领好语文组的老师们，并时刻提醒自己：要有大局观念，要换位思考，把自己放在别人的处境上多想想。

遇到老师不合作的时候，我会安慰自己：有些事情，大家都是身不由己，不要太计较，今天这个人可能对你不利，明天也许会有利，一两件事情不算什么，只要能朝着目标迈进就是好的。

我还要告诫自己：要注意和同事之间的关系，能够最大限度地利用身边的资源，建立自己在单位、在社会上的人脉，不要事事争强。

我还要学会善于发现别人的长处，不吝惜夸奖别人。

我更要通晓人情世故，要能体会别人的心理，切忌太自我。

在与教学主任作别的日子里，欢笑与忧思同行！

而新领导和《杜拉拉升职记》《浮沉》两部书是作别的日子里收获到的最丰厚的礼物！

莫为浮云遮望眼，风物长宜放眼量！

走进一座圣殿

——读《为师与师承》札记

董秀梅

第一次读《为师与师承》是在青年教师拜师会后。

因为第一次带徒弟——一个硕士、一个博士，正苦于没有带徒弟的经验与方法之际，看到“为师”“师承”字眼，我如同抓到了救命稻草，一口气读完书的第一篇“站稳讲台”(1—76 页)。我边读边画关键语句，如“用问题牵引讲述”“有意识地每天在班里讲一个故事，最好讲发生在学生之间的故事”“让学生讲出来，画出来，做出来”“诊断的途径是课堂问题，批改作业，试卷分析，甚至和学生在一起”“有自己的创造的教学才有力度”“我希望，我的老师不随波逐流，他站着教我，他教我站着”，等等，我一边读着凝结心血与智慧的语句，一边回忆王老师往日教我们“小一班”“小二班”，乃至面对面地教我们进行教学设计的情景。在品读中我如同走进一座圣殿，每一句话都是珍宝，每一个教学实例都闪耀着光辉，每一次师生对话都是智慧……

第二次读《为师与师承》是在指导徒弟做展示课前。

第一次指导徒弟做展示课，情急之中我再次走进《为师与师承》，在这座圣殿里，我找到答案：新教师站稳讲台得练好讲的本事；新教师得背下讲稿；与新教师一起切磋，确定讲述的问题链和关键点；千方百计帮他们成功。

第三次读《为师与师承》是在一次教研活动后。

记得那次教研活动中，语文组张信老师传达新的课程标准精神，于是，我们谈到如何解读课程标准。带着老师们的困惑，我又一次走进《为师与师承》，在这座圣殿里，我看到曹彦彦校长以两堂地理课的实例解读《课程标准》，从而指出“课标”是教学的基本标准，她告诉我们：学习“课标”的教研活动要从具体入手，即用自己的话概括大段文字，用具体事例支撑抽象内容，用课堂教学实例解读基本理念，从细节入手把握标准条目的具体内容。

每一次读《为师与师承》，收获不一样，但每一次的感觉是相同的：在圣殿里遨游，是让人不得不深思的静默！

虽然不是很系统地品读，但每一句话都很实用，哪怕书中所记的授课老师的感悟或反思都对我有启发，在只言片语中，我都能有所收获。

遨游圣殿，我庆幸自己曾经跟随一批批年轻教师参加王老师的教师培训班，与青年教师一起进行站稳讲台的实操训练，我还很庆幸自己曾经在王老师的指导下进行课堂教学实践，“千篇一律与千变万化”的教学设计让我获益匪浅，我更庆幸自己就在王老师的亲授弟子曹彦彦校长的带领下进行课堂教学的实践和研究，我们进行诊断式教学，我们研究导学案的教学模式，在曹彦彦亲力亲为中，我看到教育大家秉承教育大师的精神扎扎实实地搞研究，实实在在地干实事，而进行的这一切都能从《为师与师承》中找到答案——去华就实，薪火相传！

王老师用心地做好自己的专业，在平凡的岗位中做出不平凡的事，他在专业追求中淡泊、执着、坚韧的精神正是我们每一个教师应该学习并且应该具备的优秀品质。

我想，读《为师与师承》，如同走进一座圣殿，它不仅教会我们如何做一名好教师，而且教会我们更要做一个有灵魂的教师！

目送，生命的姿态

——读《目送》有感

董秀梅

父亲离开我们已整整二十四年了，每次我们兄弟姐妹团聚时，谈论最多的还是父亲。高大、俊朗、清癯的父亲随着母亲的讲述走进我们的生活，音容笑貌越来越清晰。

每次，母亲回忆父亲，都好像是在谈一位刚刚出差的老朋友，安静、自然。

我不理解母亲七十二高龄了，只要弟弟一个电话，她就会马上准备衣物，置办弟弟一家爱吃的湖北特产，买车票，一夜长途奔向江苏。

几乎，母亲每年都要如此——湖北与江苏，来来往往。

直到翻开龙应台的《目送》，在淡淡的感伤中，我读懂了母亲：母亲对父亲的眷念，是经年的行道树，纵然沧海桑田，依然会树影婆娑,守住清风明月;母亲对儿女的爱,是涓涓清泉,哪怕泉眼无声,仍然是丝丝浸润,浇灌桃李花开……

正像《目送》中所述:时光,是停留是不停留?记忆,是长的是短的?一条河里的水,是新的是旧的?每一片繁花似锦,轮回过几次?

母亲和父亲的相识很偶然,也富有戏剧性。

那年秋天,勤劳大方俏丽的母亲作为妇女队长到县城开"劳模"大会,高大英俊腼腆的父亲作为年轻大学生也到会接受贫下中农再教育,特定年代使得不同身份不同地域的年轻人意外相遇,也开始了一段目送的爱的旅程。

秋风习习,母亲目送在提亲时遭到外祖父拒绝的父亲沮丧的背影。

芳草萋萋,母亲目送在新婚后每天往返县城与乡下的父亲宽阔的背影。

雷声隆隆,母亲目送被乡亲们抬上了灵柩车的父亲……

父亲走得很意外,直到今天,我仍然认为是被庸医不负责任地杀害了。虽然那时我很小,不懂事,但是,父亲早上离开家时,我分明看见他对我说话时的眼神和频频回头的身影,我还清晰地记得他临出门时的嘱咐。我以为,父亲只是像往常一样,高血压发作到医院看看就会回来的。谁承想,高高大大的父亲竟然紧阖双眼躺在担架上,在一片哭声一片车鸣声一片雷声中深夜回来。

风雨夜归人,归来的父亲双手还是温的、柔和的!我不相信!

听姐姐说,父亲弥留之际,紧紧拉着母亲的手,无语泪流。

听姐姐说,父亲走时,家里的债才刚刚还完。

那一年，父亲四十八岁，母亲与他同龄。

我不知道母亲在送走父亲最后一刻时的肝肠寸断，但，我确信，我的父母在深深地凝望中——在泪雨中，一定相约：不必追！

因为，母亲目送父亲的逝去，是在他们双方的母亲还健在时，是在他们的小儿子尚未离怀时，是在几个女儿还在读书求学时。

母亲只能和着眼泪吞咽下对父亲的眷念，在艰难的生活中用往日的浪漫与美好渡过一道道关，蹚过一条条河，把我们几个儿女抚养成人，并培养出三个大学生。

有些关，只能一个人过，有些路啊，只能一个人走。

母亲目送姐姐只身一人远嫁他乡。

母亲又目送着我和弟弟异地求学。

母亲还目送着我们一个个远走他乡——

目送我们的母亲，用眼睛跟着我们的背影一寸一寸往前挪，而在转身的刹那，在青山秀水间，用她的青丝种下一片思念的茂林……

记得那年，我第一次探亲回家，仅仅一年半时间，母亲的身子变小了，声音也轻了，她一路呼唤我的乳名而来。在寒风中，我们相拥，我这才发觉，一次次目送使得母亲腰肢不再挺拔，白发斑斑。

时间稍纵即逝，正如《目送》中所说："我们看不见沙漏里的沙究竟有多少，也听不见那沙漏里的速度有多快，但是，可以百分之百确定的是，那沙漏在不停地漏，不停地漏，不停地漏……"我们在母亲的一次次目送中由不谙世事的孩子长大成人，而今也为人妻、为人母、为人父了。

不知从何时起，我也像母亲一样，每天早上目送我的先生和我的儿子，目送他们：出门，下楼，上车，关车门，驶出小院——

在一天天目送父子的背影中，我深味母亲的无奈和辛酸，更懂得了幸福的真正内涵，那就是——

寻常的日子依旧，寻常的人儿依旧。

也许，这就是生命的姿态——目送。

后记：

去年暑假，读完龙应台的《目送》，我百感交集。在忙碌与浮躁的年代，尤其是一天的劳碌后，在儿子奋笔挥写作业时，我借着微忽的台灯灯光，一杯清茶在手，在浅浅的阅读中，一天的疲惫随之荡尽，萦绕在心的是感动与温暖。

《目送》的七十四篇散文，写父亲的逝、母亲的老、儿子的离、朋友的牵挂、兄弟的携手共行，写失败和脆弱、失落和放手，写缠绵不舍和决然的虚无。她写尽了幽微，如烛光冷照山壁，是一本极具亲情、感人至深的文集。正如作者所说：“我慢慢地、慢慢地了解到，所谓父女母子一场，只不过意味着，你和他的缘分就是今生今世不断地在目送他的背影渐行渐远。你站在小路的这一端，看着他逐渐消失在小路转弯的地方，而且，他用背影默默地告诉你，不用追。”

这是一本生死笔记，是龙应台思考“生死大问”的最强之作，深邃，忧伤，美丽。花枝春满，悲欣交集，每一篇散文或是让你感悟亲情，或是让你感慨人生。

跨三代共读的人生之书，是21世纪的《背影》。

读罢低眉处，暗香盈我怀。

前方是什么

——读《中国新教育风暴》有感

董秀梅

这是我第二次捧读它了。

时隔四年之久，如同见到久违的朋友一样，在打量它面貌变化的同时，我更多的惊喜是咀嚼出质朴文字后的深意。

比如书中第三章《保护天赋 · 中文系女生》中，一句“从此她就是他心中的一盏灯，他觉得自己一定要好好教学，才对得起她”，写出了谢丽英老师在那段岁月中，用勇敢、真实、淳朴的爱给了王能智老师生活的信心与整个世界。

爱的力量是无穷的！因为有爱，才有了“能力”的阳光照耀一切学科的事迹，才出现学生走上去，教师走下来的奇迹，才创造了一个变教师为导师的时代。

读《中国新教育风暴》，我了解了异域的教育动态，知道了国内教育试验区的课改，更多的是解读到王能智老师不平凡的教育探索之路，看到我身边的年轻校长曹彦彦带着一群年轻人在京源学校书写的精彩。

时间在流逝，路在前方。未知的世界在我们前面已经开启一扇门，我们该如何行走？

回想我短暂的教师生涯，送走一拨又接手一拨高三毕业生，岁月在我的忙碌中匆匆溜走。一晃，我在讲坛上度过了又一个春夏。拿起年轮的筛子，筛来漉去，留给我的是一张张发黄和鲜亮的照片。

拾起一张泛黄的照片,小小的三寸的黑白照片中,一位小姑娘,扎着两个齐耳"小刷子",浓浓的刘海齐刷刷地遮盖着脑门,虽然没有现在大彩照那么鲜亮,那么生动,但从依稀的笑容中,透着顽皮,闪着灵气。真得感谢当时敢于下海的"摄影爱好者",他们走乡串户,背着沉重的相匣子,在人们的惊异中,在乡邻的羡慕中,给小姑娘留下青涩的身影和一段美好的记忆。照片中的我背着当时流行的黄军包,站在草皮操场中央,背后是一排排略显破旧的砖房校舍,前面是一片开阔的草场,我看着前方,自信、乐观、纯真……

记得当时,我刚从中考考场走出,自我感觉发挥正常,喜上眉梢,正当我背着书包走回宿舍时,好朋友喊住了我,爱臭美的我禁不住几句好话,便摆一个姿势,一个光彩的瞬间就定格在三寸黑白照中。

也许,命运给我开了一个玩笑,记忆中的同龄人,初中毕业后,大都回到家里,重复着母亲走过的路,演绎着女性不变的故事,操持家务,相夫教子……而我,背着黄军包,上高中,上大学,考研,一路走来,风雨兼程,改变的是容颜,不变的是那份自信、乐观、纯真……

路的前方是什么? 前方是自信、乐观、纯真编织的求学梦啊!

放下一段记忆,我不经意间又拿起一张照片,五寸大的彩照,照片中的小姑娘已长大了,她站在石甬路的尽头,背后是荡漾着碧波的春水。她穿着红红的宽大的蝙蝠衫,越发显出窈窕和青春活力。小姑娘眉眼轮廓变大了,自信、乐观、纯真的脸庞多了一份坚毅。看到我即将离开大学校园的照片,我不禁回想那如歌的岁月——

大学四年的主旋律是鲜花和欢笑。汗水与泪水写满1460个日日夜夜,即将摘取丰收的果实时,我遇到棘手的问题:留校读研还是北上当老师?带着困惑,我请教了老师,请教了智者,与他们畅谈后,我毅然踏上北上的列车,去打拼全新的世界。

埋骨何须桑梓地,人生何处不青山!

作别母校,带走母校的一湖春水,带走曲径通幽的石径。水,给了我宽容的性格;路,培养了我上下求索的韧性。这张照片,是母校留给我最丰厚的礼物,带着它,上路吧!

路的前方是什么?前方是憧憬、坚毅、梦想奏响的交响乐。

现在的一切凝结在手中的照片——一张六寸大彩照上,照片中的我掩在一群学生后面,很不起眼,但是,自豪的微笑足以传递给每一个关注照片的人。

这是我与高三学生一起在北京风景胜地——神堂峪春游时拍的。我们一行沿着曲折的山路、循着小溪的踪迹搜奇探宝,虽然满眼都是奇形怪状的石头,但没有疲劳,只有新奇;没有抱怨,只有笑语。山谷因为这群风华正茂的学生而愈发苍翠,坚硬的石头也变得风情万种。在嬉闹中,“一杯清茶”小龙同志突发奇想:合张影吧!稳重的小谢一拍即合,心灵手巧的新月赶紧呼朋引伴,“爱完美”的馨儿立刻选地点,找角度。随着“阿福”一声“茄子”,神堂峪记下了我们的青春足迹,留下了我们的师生情谊。我在那崎岖蜿蜒、怪石嶙峋的小路上放飞了理想,唱响了人生中最高亢的篇章——恰同学少年,风华正茂,指点江山!

路在我的脚下延伸——前方是什么?前方是奉献,前方是耐心,前方是爱心谱写的心灵之歌!

人生如登山,山路十八弯,前方的山峰越高,走的路就越远!

路的前方永远是你心灵的呼唤！
——读《中国新教育风暴》！

一曲天河南北情

刘晓晓

上善若水，水善利万物而不争。

水，乃是生命之源。人类文明多发源于河流流域，中华文明发源地便是长江、黄河。而我们依靠水资源赖以生存，在当代中国，水资源不可谓不是一样稀缺之物。

善治国者，必重水利。从秦王政修筑郑国渠，再到汉武帝治理黄河，兴建龙首渠，清康熙皇帝更是把黄河的治理作为施政的头等大事来抓，可以说水利工程贯穿了中国的历史。

大禹治水，三过家门而不入，其功无量其德高远；今有南水北调，水利人全力以赴，功在当代利在千秋。而南水北调中线工程更是重中之重，引丹江水到北京，总干渠全长 1 277 千米，其难度不言而喻。

南水北调工程，见得最多的便是在地理课本上，要求记的便是对输入地、输出地的影响，而对于建设工程中的艰辛只是一笔带过，直到《天河》的出现，才带我们领略了在这恢宏的工程下，那不为人知的一点一滴。

爱情、亲情、师徒情、人狗情，国家、社会、个人，小家、大家构成了这样一部情感饱满的反映现实的电影。多少次潸然泪下，为这些最普通最平凡的情感；多少次掩面而泣，为这些造就不平凡的平凡人。

董望川和周晓丹，一个是工程副指挥，一个是丹阳副市长，一个致力于工程建设，一个倾注于移民调解。两个人，一对夫妻，聚少离多，都在自己的岗位上为水利建设呕心沥血。敬业，水利人的天性。周晓丹为工作压下自己心脏病的事情，董望川为了工作，在妻子做心脏搭桥手术时，纵万分不舍，依旧坚定地走向工作岗位。两个人，矛盾不断，争吵不断，但为了南水北调都在做着自己的努力，释然、理解、包容，也是南水北调让他们的感情更加坚固。

董望川的父亲和他的狗也是一大亮点。人狗情，更来得真挚，这是真正的没有利益牵绊的感情，人与狗之间，付出与回报，相守与不离，这样的感情世界，纯粹、美好。移民迁村的路上，董父一直望着窗外，心心念念着他的狗，而在车后，狗一直追赶着主人。没有人知道其中的辛苦与艰难，但是它来了，来到了它的主人身边，当人与狗相拥的那一刻，天地永恒。

一曲天河连接的是南北的情，一座水利贯穿的是几十年的心血。南水北调工程的落成是对中国梦的诠释，而一个个平凡的人组成了这个中国梦。清澈倒映两岸花，迷醉彩蝶水中落，丹江的美也会顺着水流淌到我们心间。

丹江水，心忆南北情。

同学点评：晓晓的文章给人清新大气之感，以水为主题，表达了对《天河》的情感。水乃生命之源，文章用水诠释了中国梦，用水连接了南北情，丹江的水将中华民族儿女的心牵系在一起。

（马晓薇）

饮 水 思 源

——观电影《天河》有感

杨蕙宁

当我们早上醒来,我们和水的一天就开始了。打开水龙头,清凉的自来水瞬间就流了出来;我们为了健康,隔夜的白开水随手就倒进了下水道;晚上,我们劳累了一天后,开着花洒让水尽情沐浴着我们的身体,高唱着歌曲让水为我们伴奏。但,我们可曾想过,我们的北京,是个极度缺水的城市,我们的水,已经难以满足这个城市日益膨胀的需求。

南水北调中线工程就是为了解决这个问题的。

毛主席曾在几十年前设想过:我们的国家,南方水多而北方水少,我们可不可以将南方的水调到北方?于是,南水北调工程应运而生。南水北调东线工程历经几年早已完成,而中线工程因为工程量大难度高一直处于建设中,预计2014年贯通。我对南水北调工程初步的认识,还是在高中的地理课上,那时对我来说,中线工程只是卷子纸上一条粗细均匀的黑线——从湖北省一直到华北平原,跨越了山地与平原。看完电影后,我才知道,这条简单的黑线,仅建设就经历了十一年的时光,包含了无数人的努力。

电影带我们俯瞰了中线工程建设完成的美景,这条水利大动脉,蜿蜒盘旋,跨越崇山峻岭来到北京。为了建设这条水蛇,工程师设计师等技术人员要经过反复的测量、实地勘探,然后还要和政府反复磋商，各级政府还要不厌其烦地和沿线居民协商搬迁事宜，政府要投入大量的资金，工人要付出超乎常人的体力劳动，而且还要时时经受生命的考验。不光参与建设的人员要饱受磨难，他们的家人也一样，他们时时刻刻担忧着家人的安危，他们时时刻刻期盼着工程早日完成，好和家人团聚，这种付出同样值得尊敬。

当我们坐在家里写作业，可曾想过我们的脚底下没准就流着丹江的水？丹江口水库是亚洲最大的人工淡水湖，是国家一级水源保护区，它为华北平原的亿万居民带来生命的保障。当我再打开水龙头，会不由自主地想起这水曾走过的路程。

这堪比天河的巨大工程，唤起了我的节水意识。刷牙洗脸时，我不会再放任这水自在地流走；当隔夜的水不能喝时，我会把它倒进盆里用它冲马桶；当我洗澡时，也不再把水泼得到处都是。

因为我懂得了饮水思源，这北京的每一滴水，实在都来之不易……

同学点评：知恩图报，饮水思源。为了满足我们的用水需求，许多人投入到了南水北调的工程中，经过许多困难之后，最终完成了中线工程的伟大事业。所以我们要珍惜水源，毕竟每一滴水都包含着他们的辛苦，每一滴水，都来之不易。

（赵　寒）

我们的幸福

——《天河》观后感

汪晓宇

影片看过后，大多数人都被那舍家爱国的大爱精神感动不已。我也一样，眼泪几度决堤，但同时，我也关注到了其中一直讨论的矛盾——小家与大家。

自古中国便有“忠孝难两全”的说法，延伸到当今社会，忠与孝都有了更广的含义，这就是现在讨论的“小家与大家”。

先来看看影片中的“小家”。江浩是一个海归高才生，他愿为国家出力而参与了南水北调工程，也正因如此，他的女儿迫不得已只能在农村念书，与爷爷两人相依为命，这对江浩来讲，本身就是一种巨大的愧疚。后来在工程的重要阶段，父亲病重，令他陷入了困难的抉择中，而他只能默默承受。另一个重要人物董望川，是工程的一线负责人，因为工作，长时间与家人两地相隔，在家也总是谈论工作，不是在工地就是在去工地的路上，他与妻子的婚姻也是危机重重。

这些都是我们平常生活中会面对的问题，也是关乎个人幸福生活的根本，我们不可能忽视这些，因为和谐社会的前提就是个人幸福，没有个人、家庭生活的幸福就谈不上和谐社会。

令我们最感动的就是影片中的“大家”情怀，也是我们中华民族引以为豪的民族精神。它体现在小人物与国家的关系处理上，江浩作为海归，没有选择更能赚钱的行业，而是认准了南水北调这一利益少、投入大但为百姓谋福祉的工程。也体现在家庭与国家利益的轻重先后上，董望川把他大半的时间花在了这项工程上，牺牲了与家人共处的时间，他对丈人的崇敬更能体现这点。还体现在师生的情谊上，当董望川得知学生江浩要为利益退出这项工程时，他毅然决然地断绝了师生关系，而当他看到江浩只是进企业参与工程时，他便坦然放下了责怪。这种“大家”情怀在影片中还有很多体现，不一一赘述，但中国人正是靠这种精神，创造了众多世界第一的奇迹。

这部影片是喜剧的，原因在于它成功地结合了小家与大家的联系。现在人们越来越趋于共赢的时代追求，于是小家与大家的结合也就成了至关重要的一步，这也要求人们要处理好小家与大家的关系。这便联系到了我们所说的中国梦，从个人到社会到国家，这既是层层递进，也是密不可分的，下一级是上一级的目标，上一级是下一级的基础，而国家富强说到底也是为了人民生活幸福，它们就这样环环相扣起来。

毋庸置疑，中国梦成了我们这一代人的追求目标，我们的职业观与价值观也因此形成。较之于上个世纪，在国家发展的同时，我们也关注到了个人的幸福，这是社会进步的体现，也是人性的完美呈现，这将带着我们向更大的幸福前进。

同学点评：《天河》这部影片感动了很多人，晓宇在这篇文章中探讨了影片中关于“家”的话题。我们现在所拥有的幸福，其背后有着很多为“大家”而牺牲“小家”的伟大之人，在国家发展的同时，我们的幸福不只来源于“小家”的和谐，更来自“大家”的强大。

（马晓薇）

英雄谁属

——观《天河》有感

董秀梅

在那一刻，我深深地被震撼，眼泪不禁夺眶而出！

一条大河，沿着丹江北上，一路逶迤，经河南穿河北到北京！

碧波荡漾，一条清水长廊；两岸欢腾，一条绿色长廊！

这是影片《天河》带给我的最强烈的感受。南水北调，是一项关系到中华民族福祉的战略性工程。为了此项事关人民生存与发展大计的伟大工程，无数工程建设者和沿线移民用实际行动谱写了一曲感天动地的奉献之歌。董望川是南水北调中线工程的副总指挥，他与妻子周晓丹为工程忙于各自工作，聚少离多，原本稳固的感情渐渐暴露出问题。在技术攻坚阶段，董望川的学生也是最得力的助手江浩竟然离他而去，跳槽到一家高薪企业。同时住在库区的亲属坚决反对移民搬迁。种种压力纷至沓来。为了确保工程如期保质完成，董望川亲自坐镇一线，并推荐妻子周晓丹负责移民工作。在最关键的穿黄工程中，大型盾构机突然出现严重故障。当众人一筹莫展之时，江浩挺身而出，化险为夷。北京五棵松地铁站下，一场世界水利工程史上的奇迹被创造。通水日期即将到来，所有人都在为工程的顺利竣工做着最后的努力……

这是一个是英雄的传说！英雄谁属？

英雄谁属？是像董望川、江浩那样千千万万为南水北调工程付出无数心血的水利人。当年大禹治水为了泄洪，改堵为疏，使万千民众免于洪水灾害，而今南水北调的“大禹”们同样为了万千民众饮水，日日夜夜奋战在水利工地上，有家不能回。他们舍小家为大家的大爱精神使得南水北调工程如期竣工。我们不会忘记电影中江浩冒着生命危险修复大型盾构机的勇气与智慧，我们会记得董望川在妻子周晓丹仍在手术室时，他因为要坚守工程阵地愧疚而无奈离去的坚定的背影。

英雄谁属？是像周晓丹那样为了做好搬迁移民工作，面临村民的刁难、亲人的指责与工作的压力，仍然带病坚持工作的人民公仆。他们从做好自己亲戚的工作开始，以理服人，以爱暖人，以情动人，搬迁移民工作生动再现党民鱼水之情，官民船水之爱。周晓丹在滂沱大雨中的一跪，跪的是答谢黎民的恩情，跪的是人间大爱的至情！

英雄谁属？是千千万万为了国家利益，为了千秋万代而舍弃故土，牺牲个人利益的老百姓。不管是企业家还是普通老百姓，虽然一度不理解，甚至以各种理由刁难，但是，在大是大非面前，他们还是牺牲个人利益，停办工厂，离开故土。“老百姓是山，老百姓是海，老百姓是共产党生命的源泉。”没有老百姓的舍小家为大家，就不会有工程的顺利开展。老百姓对土地的浓情，对烈士的深情，爱感苍天，情涌大河。

电影《天河》中通过水的流动变化和工程竣工的雄伟姿态，来衬托工程背后那些大公无私、为祖国奉献、“为人民服务”之人。其实，“饮水思源”下的镜像世界，是一个有爱的世界，是一个大公无私的世界，是一个人性的世界，正如老子所说：“上善若水。水善利万物而不争，处众人之所恶，故几于道。”

爱感苍天，情涌大河，英雄谁属，属于每一个为国家作贡献的黎民苍生。不信，请听：

今天我要对你说
地上有条年轻的河
清澈倒映两岸花
迷醉彩蝶水中落
天上的河
地上的河
天地大爱谁懂得
大爱谁懂得
一个是神仙神仙的故事
一个是英雄的传说
……

"浪淘尽"的壮阔与"清风徐来"的安静
——《念奴娇·赤壁怀古》与前《赤壁赋》的感情变化

安　荻

"桂棹兮兰桨，击空明兮溯流光，渺渺兮于予怀，望美人兮天一方……"这便是苏轼在游黄州赤壁时写下的诗句，画面是那么的安静和谐。这看起来似乎没有什么不对的地方，但是，再往下看，你会发现苏轼心中的一些秘密。

1082 年 7 月中旬，因"乌台诗案"获罪被贬黄州的苏轼正驾着一叶扁舟游览赤壁。微风拂过，水面荡起涟漪，举起酒杯来吟诗，眼前的景色壮阔优美，他，还在幻想着自己脱离了人世，升入了仙境。多么舒适惬意的生活呀！但是，一个身怀抱负却无处施展的人，此时此刻就真的能如此洒脱吗？他的心里究竟是怎样想的呢？

客人开始吹箫，这箫声如怨如慕，如泣如诉。他问客人箫声为何如此悲凉，客人觉得自己太渺小，生命又太短暂，做不了自己想做的事情，羡慕长江的水无穷尽，所以只能把这些悲凉融在箫声中了。

苏轼却认为，天地万物都在变化，没有什么是一成不变的。从不变的角度看，万物和我们一样都是永恒的，又有什么羡慕的呢？我们不如赏赏这景色，看到了，就是自己的了。

客人笑了，再次饮酒，酒酣睡去，天已经快亮了……这便是前《赤壁赋》。全文采用主客问答的形式，有人说，其实文中的这个“客”就是苏轼自己，全文便是他自己的一个心理斗争。先由景色写出心中欣赏美景之乐，用箫声引出自己心中怀才不遇的苦闷，把自己的无奈与哀伤写得淋漓尽致。读罢不禁让人心中生悲。但到最后，笔锋一转，安慰自己道：天地万物瞬息万变，而它们却又都是永恒的，何必羡慕滔滔不绝的江水呢？不如让自己过得闲适一些啊！

他的心里从喜到悲再到喜，让人读着不觉心酸。有人评价他是个“乐天派”，依我来看，谁会在人生遭受这么大的挫折后依旧随性洒脱呢？苏轼只不过是很会调整自己的心情，让自己在如此艰苦的环境下过得舒适一点罢了。

同样也是被贬后游赤壁，心里，确是另外一种想法。这就不得不说他的一首词《念奴娇・赤壁怀古》了。开篇一句“大江东去浪淘尽，千古风流人物”，一幅壮丽的景象便呈现在眼前。诗人的心境，也不复前《赤壁赋》中“清风徐来，水波不兴”的安静了。下面的“乱石穿空，惊涛拍岸，卷起千堆雪”更是何等的壮观，苏轼这个旷世奇才用他的笔，写出了他心中的豪迈与洒脱。

词的下阕便是“怀古”了。周瑜，年少有为。羽扇纶巾，谈笑间，便可让敌人的船只灰飞烟灭。可是苏轼呢？遭人陷害，被贬黄州，满腔的热血和抱负无处施展。所以，他的一点愁思，一丝怒气，便都在这词中了。

在词的最后，一句“人生如梦，一尊还酹江月”让人读着不觉有些哀伤，但是，这丝毫不影响这首词的豪迈之气。他广阔的胸襟在他的笔下展现了出来。

对比这两首诗文，前《赤壁赋》中，诗人从安静又有些淡淡哀伤的心境转为释然，让人读起来平静又有些感伤。而《念奴娇》词风豪迈，前面的语句丝毫看不出伤感，给人一种站在山巅傲视一切的感觉，让人读起来不觉振奋。

豪迈也好，哀伤也罢，苏轼总有一个属于他自己的世界，是别人无法涉足的一片乐土。无奈他频频被人陷害，一贬再贬，让这位才子饱受折磨，令人不觉心酸啊！

一朝风雨，满地残红，湿了花香，几许悲凉，奈何世间无常……

同学点评：豪迈是他，婉约是他；豁达是他，悲观也是他。世事的无常造就了他复杂的心理，而苏轼将这种复杂的情感寄托在了他的文章中，也许这才是他文章的精华之所在。

（刘晓晓）

我看黄州时期的苏轼

张　晔

竹杖芒鞋轻胜马，谁怕？一蓑烟雨任平生。

——题记

最后的最后，情愿相信东坡的释然。面对莫须有的罪名，被贬黄州。情愿相信黄州的美景足以使他沉醉，忘记那些心酸，着手创作诗文，也许那一段时光，从某种意义上来讲，是他最风光的时期，最起码对于现代的读者来说，他的诗歌从那时起最为鼎盛。

许是苏轼站在赤壁之上，遥望江水拍打着赤壁那红色的岩石，历史的风浪滚滚而来，此情此景，使他想起了周瑜，赤壁之战，周瑜在谈笑之间，便使曹操的战船灰飞烟灭，周瑜英姿勃发，从容指挥战争的样子更加重了苏轼怀才不遇的苦闷，于是将酒洒下江中，祭奠明月，也是祭奠自己怀才不遇的那颗心吧。

苏轼与客泛舟于赤壁之下，此时的江水已不再是“惊涛拍岸”而是“清风徐来，水波不兴”。如此静谧的夜与几个故人在水中荡漾，真是十分惬意。不知不觉，传来幽怨的箫声。苏轼便忧伤起来，当他再次经过曹操被周瑜打败的地方时，没有了往日怀才不遇的忧伤，也没有了曾经郁结在心中的苦闷，而是引发思索，如此一代名将，也早已不复存在，何况如今的自己，像是沧海一粟，与鱼虾麋鹿作伴，何必还要苦苦纠缠于怀才不遇呢，将所有的一切释放到大自然中，当一个真真正正的农民，即使日子过得艰苦，但轻松，岂不快哉？世间万物都在不断地发生变化，何苦执着于本不属于自己的东西呢？

此时的苏轼，真的愿意寄情于山水，“无丝竹之乱耳，无案牍之劳形”了。乌台诗案的过错也一样会随着时间渐渐淡去，一切也终究会成为历史。

还记得周瑜说过这样一句话：与其车尘马足，高官厚禄，不如乘轻舟，赏垂柳，笑看人生，一世风流。是啊，三千繁华，弹指刹那，百年过后，不过一捧黄沙。我更喜欢说苏轼先创作了《念奴娇·赤壁怀古》再创作了前《赤壁赋》，他的内心从郁结愤怒逐渐趋于平静，对也好，错也罢，一切都会随着时间消逝在历史的长河中。我们能做的，只有依靠时间，抚平伤口。芸芸众生，一切都需放下。

同学点评：“一点浩然气，千里快哉风”啊！张晔同学对苏轼黄州时期诗文的深入解读，让我有一种醍醐灌顶之感。题目虽简单，但是写得很详细。正文部分结合苏轼的文章写出了他从苦闷到放下的过程，很是精彩。但是，苏轼是否真的放下了呢？即使他多次劝过自己，但是他真的能摆脱世俗，过自在的生活吗？值得思考哦。

（安　获）

苏轼黄州时期的心路历程

王文欣

失意苦闷

二十二岁登进士科，二十七岁登制科头，得皇帝赏识，才华出众，可谓是旷世之才，未来充满辉煌，一切正春风得意。然而纵观中国历史，太多优秀的人总是被驱逐，正义使他面对政治的弊端时选择直言不讳，自然会得罪损害一些人的利益，就这样遭人妒恨，背负着“文字毁谤君相”的罪名，带着官场与文坛泼给他的脏水走向了这个肮脏贫苦的黄州小镇。

平静旷达

到黄州，昔日风光不再，取而代之的是艰苦的生活环境。体味了人生的大落之后，苏轼虽觉得人生虚幻，但并未因此沉沦，而是在积极探索，逐渐化为超然旷达之态。“回首向来萧瑟处，归去，也无风雨也无晴。”自然界中的风雨既属寻常，那自己的荣辱得失又何足挂齿？这是在经历了人生沉浮，千帆过尽后归于平静的淡然。

了悟释然

黄州的经历给苏轼带来的绝不止流传千古的佳作，他开始沉思自己的个性，自我剖析反省，把儒家的浩然之气，道家的虚无、看穿顺逆的思想结合起来，形成了一种达观的人生哲学。

同学点评：本文写苏轼黄州期间的心路历程，层次清晰，从被贬的原因到他最后的释然，作者用最精炼的文字写了出来。不难看出作者的文学功底和积累。最后的“了悟释然”写出了苏轼从心里的挣扎中解脱出来，形成了自己独有的价值观。整篇文章叙事清楚，文字清新，不失为一篇佳作。

（安　获）

三个小标题，概括了苏轼的心路历程。简洁明了的语句，却将他的经历和情感描述了出来，可谓字字精妙。

（刘晓晓）

论苏轼黄州时期的心态变化

汪晓宇

苏轼的一生坎坷波折，有得意也有失意，有无上的辉煌也有抹不尽的辛酸泪，而黄州时期正是他人生第一个巨大的低谷。

从苏轼在黄州不同时期的诗作里可以窥见他的心态变化：

> 故国神游，多情应笑我，早生华发。人生如梦，一尊还酹江月。（《念奴娇·赤壁怀古》）

此时的苏轼还无法彻底接受如此的人生落差，对大起大落的人生境遇只能发出“人生如梦”的感叹。他不住地拿中年被贬的自己与年轻有为的周瑜作比较,心中满是怀才不遇的愤懑,但也只能发出“笑我”的悲痛。

前《赤壁赋》中,则是他内心不住的挣扎:

> 知不可乎骤得,托遗响于悲风……造物者之无尽藏也,而吾与子之所共适。

他在理与情之间徘徊,他放不下仕途但只能屈于当下。“不知东方之既白”是他的挣扎、茫然。苏轼在用理来安慰自己,排遣心中的抑郁;但这恰恰证明,他无法真正释怀。理,是指点他方向的明灯。

经过不断的思想斗争,他终于放下了:

> 时夜将半,四顾寂寥。适有孤鹤,横江东来……开户视之,不见其处。(后《赤壁赋》)

这首赋里,景象恐怕添了些凄怖,但当仙鹤飞来,所有的阴郁恐怖都没了,仿佛豁然开朗起来。而这只鹤是道家的象征,表现了苏轼心中避世的心态:化作一只仙鹤,翩跹飞去,高蹈于世外。但梦过,“不知其处”的迷茫,表现了儒与道的双重影响,他渐渐放开了,但思想还在不断左右他。

直到元丰七年,也是苏轼在黄州的最后一年,他回望过去,留下了无比释然的千古一叹:

> 回首向来萧瑟处,归去,也无风雨也无晴。(《定风波·莫听穿林打叶声》)

人生的沉浮在他心中已毫无忧乐可言,醉醒全无,胜败两忘。这已达到了哲学的最高境界。他的人生就是一场修行,在情感的凌乱、挣扎、矛盾中寻找最终的平静。

黄州是苏轼真正成长的地方,黄州让他饱尝了人世的辛酸,让他对人生有了大彻大悟,也让他的诗文得到了一次升华。因为黄州,苏轼与他的诗,跨越了千年!

同学点评: 同样是论苏轼的心理变化,同样是解读诗句然后作分析,但晓宇眼中的又是另一个苏轼,她仿佛与苏轼一同经历了一切,现在只是把这一切写下来而已,非常具体可感,让我们跟着苏轼和晓宇一起来体会黄州生活的酸甜苦辣,让我们找到心理矛盾的焦点最后又释然。非常精彩。

(安　获)

对四句有代表性的诗句进行深度解析,在理解了诗意的情况下,又加入了自己独特的见解。"人生就是一场修行"这句话我很认同,而且这句话也很能代表苏轼的经历,他所经历的每一场磨难都是一次修行,而苏轼最终超然物外,回归平静。

(刘晓晓)

《念奴娇·赤壁怀古》与前《赤壁赋》中苏轼感情上的变化

原　玺

通过学习和了解苏轼在黄州时期所创作的诗文后,我不得不承认,他是一个天才,文学天才。

但是我们只能够赞叹,感叹他的才华。

身为一个旷世奇才却有如此凄苦的命运,或许这不是偶然,而是必然。

一身的才华无法施展还被贬到了黄州。他孤独，于是他以书信的方式与他以前的朋友沟通，却无人理解他。或许那时他真的只有诗词了。

黄州时期，他的人生、他的思想因此得到了改变。

我喜欢他的那首《念奴娇·赤壁怀古》。词的开头就颇为豪迈："大江东去，浪淘尽，千古风流人物。"词中还写了周瑜的年轻有为，以衬托自己命运的坎坷与无奈，为自己一身才华无法施展而愤懑不已。尤其是那句"人生如梦，一尊还酹江月"：人的一生就像做了一场大梦，还是把一杯酒献给江上的明月，和我同饮共醉吧！

在我看来，不为朝廷所重用的苏轼希望这只是一场梦。他或许是带着希望醒来之后一切都恢复到被贬以前的心情而"一尊还酹江月"，但他深知现在的一切都不是梦，他无法改变。

时间总是可以改变一个人的内心世界。慢慢地，他放下了他远大的抱负。什么功名利禄，他仿佛都已看得淡然如水。或许，他就是在这样的心情下写出了对后世影响深远的前《赤壁赋》。

写作的风格与以往相比也有了很大的变化。尽管都是借景抒情，但此文中的景色描写非常优美、婉转，就像是随风飘舞的丝带一样，又轻松又自在："少焉，月出于东山之上，徘徊于斗牛之间。白露横江，水光接天。纵一苇之所如，凌万顷之茫然。浩浩乎如冯虚御风，而不知其所止；飘飘乎如遗世独立，羽化而登仙。"从此句看来，苏轼好像很享受这一美景，与《念奴娇·赤壁怀古》中"大江东去，浪淘尽，千古风流人物"形成了鲜明的对比。

前《赤壁赋》中作者由喜到悲再到喜，思想感情在不断地变化，从简单到复杂，由疑惑到超脱。最让我佩服的是他这种豁达超然的胸襟：“盖将自其变者而观之，则天地曾不能以一瞬；自其不变者而观之，则物与我皆无尽也，而又何羡乎！且夫天地之间，物各有主，苟非吾之所有，虽一毫而莫取。惟江上之清风，与山间之明月，耳得之而为声，目遇之而成色，取之无禁，用之不竭。是造物者之无尽藏也，而吾与子之所共适。”

可见，从事物易变的一面来看，那么天地间万事万物时刻在变动；而从事物不变的一面来看，万物对于我来说是无穷无尽的，又有什么可羡慕的呢？何况天地之间，万物各有主宰者，若不是自己应该拥有的，即使一分一毫也不能求取。只有江上的清风，以及山间的明月，听到便成了声音，进入眼帘便绘出形色，取得这些不会有人阻止，感受这些也不会有无尽的忧虑。这是大自然没有穷尽的宝藏，你我尽可以一起享用。

苏轼从两方面上看清了自己人生的价值——从事物易变的一面以及从事物不变的一面，人应该享受大自然所珍藏的一切，何必为了功名利禄而劳累呢？

从情感上来说，《念奴娇·赤壁怀古》又与前《赤壁赋》形成了一个鲜明的对比。从愤懑到豁达，这中间一定还有很多复杂的感情变化不为人们所知。

同学点评：这篇文章，只对比了《念奴娇·赤壁怀古》和前《赤壁赋》两篇文章，却分析得很到位，对于苏轼的感情变化深有见解。但是引用诗词时，不能仅仅只是作简单的翻译，还要有自己独到的理解。

（刘晓晓）

苏东坡前后《赤壁赋》对比

赵小寒

两篇《赤壁赋》均为苏轼写于被贬黄州后，其中前赋写于七月而后赋写于十月。短短三月间，苏轼两次游于赤壁，其心路、思想的变换，从两赋对比中便可见一斑。

两赋中最明显的不同，在前赋中，苏轼其实是用了大篇的笔墨来讲述佛、道、儒的境界，而后赋多是表达对江边无与伦比的景色的感受。

景

前后《赤壁赋》在景色的描写上其实并没有太大的不同。都是写山、写水、写月。前赋的“清风徐来，水波不兴”，描绘了赤壁秋夜清静幽然的优美景色及夜月泛舟的雅然兴致。后赋的“山高月小，水落石出”，则渲染出了冬夜江岸寂寥幽静的气氛。前者是与客游湖泛舟而后者则是在岸边对酒当歌。不同的行为，也体现出了不同的情感。但是，两篇赋都是在游玩时所作，出发点都在于借感受如画江山来排解心情的忧苦。

情

苏轼为一代文豪，却因自己的才华而遭嫉恨。对于古代的文人墨客，尤其是希望可以报效国家的人来说，下狱贬官罢职是最让人感到愤慨的，从前赋所表达出来的对比古时哪怕如曹孟德之类的英雄人物如今也尽归尘土的少许凄凉与一点“贬”，和后赋所展现的得人明示化解心中郁结与一点“扬”中便可见一斑。两次游景虽只隔三月，但所抒发的感情却有所不同，前者愁苦中带有少许解脱，后者寂寥中放下心结。前赋与后赋相比，仍有一点对被贬官陷害的悲恨与对自己命运的唏嘘，并且感叹着人生短暂、壮志难酬，表现出想要纵情山水、及时行乐的态度。而后赋与前赋相比，却多出了一份想要超脱世俗的“出世”情怀。

理

苏轼遭遇贬官后，虽然与大部分的友人断了来往，但他仍在少许的知心朋友的影响下，有了更深层次的探索。

在我个人看来，苏轼受到的道家影响算是颇深的。

前赋里，苏轼用“变与不变”来劝慰客人，指出一切应顺其自然而不可强求，也是从侧面表现出了他自己的“看破”。后赋中，苏轼末尾写到见“一道人幻化仙鹤”后的因果使自己心绪开阔，表现自己已经能够旷然豁达地面对这些是是非非，做到了所谓的“出世”。但有志者，哪个不想着为国效力、为百姓谋福祉？也更可以看出苏轼急于有机会“出世”的心情。

两赋虽均为仕途中受打击后所写，但却无一不体现出苏轼心里的那份旷达与乐观之情。

同学点评：作者从景、情、理三个角度对比前后《赤壁赋》，多方面探究，且探究得较为深刻，也为读者打开了一个新的思路，尤其是“理”的这一部分，常常被人们所忽视，作者能够探究到这一点很不容易。

（刘晓晓）

洗尽铅华也从容

——看苏轼黄州时期的心路历程

刘晓晓

提起苏轼，便不由想到他的号——东坡居士，世称“苏东坡”。而这“苏东坡”之名便是他在黄州时所得。

苏东坡因“乌台诗案”被贬黄州，经历了长达四年多的艰苦生活，而在这四年里，他的心路不可谓不复杂。

元丰三年二月，苏东坡到达黄州。初到黄州的这一年，苏东坡过得十分艰难。他的壮志被现实击得粉碎，他的心被狱中生活折磨得十分疲惫。这一年，他贫病交加，思想极其苦闷。

就如他在《寓居定惠院之东，杂花满山，有海棠一株，土人不知贵也》中写到的那株名贵的海棠，在杂花中，世人不知道它的价值，即便它是多么的高雅、娇艳，也只得孤芳自赏。其实这又何曾不是在说东坡自己呢？他就正如那株高贵的海棠花，被贬黄州，怀才不遇，满腹经纶无人问津。写花，亦是在写他自己。

“缺月挂疏桐，漏断人初静。谁见幽人独往来，缥缈孤鸿影。”缺月、疏桐、漏断、初静、幽人、独往来、孤鸿影，真是“听者伤心，闻者落泪”。短短二十二个字，确是处处透着悲凉与孤独。一首凄美的词，令人潸然泪下。

除了苦闷，更多的还有无奈吧。他不止一次感叹“人生如梦”“笑劳生一梦”“万事到头都是梦”“世事一场大梦”。他将人生当作一场梦。梦，有好有坏，但无法自己去掌控，正如命运一般，也无法自己掌握。“人生如梦，一尊还酹江月。”

神游三国，一朝梦醒，忽觉人生如梦、往事如烟，用酒祭奠江上明月，感谢大自然的馈赠，这是无奈于世事的变化还是终究大彻大悟？也许都有吧。

尽管苏东坡经历了如此的变故，但他依旧没有改变那乐观豁达的性子。“回首向来萧瑟处，归去，也无风雨也无晴。”这正是苏东坡在大自然的雨晴变化中得到的感悟。自然界的雨晴既属寻常，而官场上的风云变化、荣辱得失又何足挂齿呢？

“谁道人生无再少？门前流水尚能西，休将白发唱黄鸡。”当时的苏东坡正值壮年，这句诗也正是他对自己的激励，充分体现了他热爱生活、乐观阔达的生活态度。

前《赤壁赋》中“盖将自其变者而观之，则天地曾不能以一瞬；自其不变者而观之，则物与我皆无尽也。而又何羡乎？”这是何等的智慧与旷达？这也是他对人生的感悟。悟变不变之妙理，超然于万物，淡然于人生。“惟江上之清风，与山间之明月，耳得之而为声，目遇之而成色”，苏东坡寄情于高山流水，纵情于清风明月，感悟自然之博大壮丽，品味人生之安逸悠然。这种在困境中依旧能保持淡然旷达的胸襟的乐观态度，着实令人钦佩。

正所谓“洗尽铅华也从容”，说的正是苏轼吧。失去了功名利禄，失去了锦服华衣，他真正的性格得以显露，在困境之下，他显露出来的这种性格才真正难能可贵，也正是他的这份乐观豁达，让世人记住了他。

洗尽铅华，始见真性。落尽繁花，遗世独立。

同学点评：“人生不在初相逢，洗尽铅华也从容，年少都有凌云志，平凡一生也英雄！”好题目！好一个“年少都有凌云志，平凡一生也英雄!”好一个苏大才子啊! 我印象最深的便是写“花”写“梦”的片段,是啊,他笔下的花何尝不是现实中的自己啊! 还有他的梦,纵观古今,有很多文人便是活在梦中,活在酒里的。无酒不成诗,无梦不成文啊! 文章的最后一句对仗工整,简洁又不失意蕴。美哉,妙哉!

(安　获)

苏轼的佛家思想

许奕璋

苏轼一生被贬多次,坎坷不顺,可他却还能乐观旷达地饮酒作诗,究竟是怎样的一种思想潜移默化地影响着他呢?

乌台诗案,苏轼被贬黄州,从他给李端叔写的信中可以看出他的生活状态:“平生亲友,无一字见及,有书与之亦不答,自幸庶几免矣。”

从这时起他开始思考人生的意义,信仰佛学,完成了他自己内心世界的转变。这一时期,他创作前后《赤壁赋》、《念奴娇·赤壁怀古》等一系列佳作。其中有一首著名的《定风波》:“莫听穿林打叶声,何妨吟啸且徐行。竹杖芒鞋轻胜马,谁怕? 一蓑烟雨任平生。料峭春风吹酒醒,微冷,山头斜照却相迎。回首向来萧瑟处,归去,也无风雨也无晴。”这首词表面的意思是: 他与几个朋友在田间行走,忽然风吹雨打。那几个人都打起伞或穿起雨衣,而苏轼却任凭风吹雨打,继续吟啸前行。一会儿雨过天晴,山头又见斜阳,风也没了,雨也停了。更深层的意思是: 上阕借写自然界的风雨以象征政界上的风雨，表现了作者信佛参禅后的履险如夷、不为忧患所动摇的理念。同时也展现了他信佛习禅后的那种“看山是山，看水是水；看山不是山，看水不是水；看山还是山，看水还是水”的三层递进的观念和境界。

这一思想在苏轼之后的生活中起了举足轻重的作用。儒家道德人格的浩然正气，支撑着佛老的静达旷放，成就其虚静高洁的心态和淡泊超拔的性格，使其一辈子具有坦荡坚贞的品格、随缘自适的心态和风流潇洒的气度。苏东坡有这样的性格特点，他的词也因而形成了多样化的风格，其间的关系是相辅相成，相映成趣的。

正如余秋雨先生在《苏东坡突围》中写到的：“这一切，使苏东坡经历了一次整体意义上的脱胎换骨，也使他的艺术才情获得了一次蒸馏和升华，他，真正地成熟了。”

同学点评：这篇文章作者主要谈到的是佛学和儒道对苏轼创作的影响，但可惜并不是很深入，让人有点意犹未尽。尤其喜欢作者倒数第二段的描述，正如作者所说，是各种不同的思想成就了苏轼的品格个性，而黄州时期更是使苏轼成熟的一个重要阶段。

（刘晓晓）

从景物描写看黄州诗文

张格格

古代骚人作诗写词一定要拿一些自己所望之景的描写，引出自己此时的心情或者诗词的主题,苏东坡也不例外。元丰二年(公元1079年),苏轼被贬黄州,此时开始的四年,成了苏轼一生中写作的高峰时期。像我们熟知的"春色三分,二分尘土,一分流水"出自《水龙吟·次韵章质夫杨花词》;"门前流水尚能西!"出自《浣溪沙·游蕲水清泉寺》;"亭下如积水空明"出自《记承天寺夜游》,以及我要着重介绍的《念奴娇·赤壁怀古》和前《赤壁赋》:这些诗文紧紧扣住"风、山、水、月"四种景物来叙述自己在黄州的复杂情感。"缺月挂疏桐,漏断人初静";"认得醉翁语,山色有无中";"也无风雨也无晴";"山高月小,水落石出"……

为了更明晰地进行分析,我选择了其中的"水"景。不仅仅因为水可以静,可以动,能更好地表达作者的情感,也因为出自《茶录·品泉》的"真水无香"的这种境界吧。

"大江东去,浪淘尽,千古风流人物。"这是水。

长江朝东流去,千百年来,所有才华横溢的英雄豪杰,都被长江滚滚的波浪冲洗掉了。——长江的浪水是汹涌的,站在江边的苏东坡想必是被浪水的源源不断和流动的声音所震撼了吧。试想,面前的水不停息地从源头流向下游,自己一个凡人,只能默默站在原地感受这大自然的永生,却又想到自己会和昔日的英雄人物一样被这浪水冲洗掉,产生了悲伤的情感。

"乱石穿空,惊涛拍岸,卷起千堆雪。"这是水。

陡峭不平的石壁插入天空,惊人的巨浪拍打着江岸,卷起千堆雪似的层层浪花。——汹涌的江水呼啸而来,激起层层浪花,此时的"我"显得更加渺小。江山的美是无法比拟的,也正是在这江山的映衬下,显现了不少的英雄豪杰。这描写不仅是自己内心的波涛汹涌的映射,也是暗示英雄人物的一生经历并不平坦，总是坎坷的，就像要经历这大江大浪的淘洗才会有好的作为。

“人生如梦，一尊还酹江月。”这是水。

人的一生就像做了一场大梦，还是把一杯酒献给江上的明月，和我同饮共醉吧！——酒也是水的一种形式。酒能麻痹人的内心，暂时忘却现实，其中有一丝英雄的洒脱，也有对自己的处境——不能建功立业和壮志未酬的现实的无限感慨。《念奴娇·赤壁怀古》中水从头至尾的串联，连出了这么一首传颂千年的美词。

“白露横江，水光接天。纵一苇之所如，凌万顷之茫然。”这是水。

白茫茫的雾气横贯江面，水光连着天际。任凭小船漂流到各处，越过那茫茫的江面。——船在水上行，人在船上游赤壁，这是多么闲适的情景。正是因为被贬黄州，没法建功立业才会有这闲适的时间来游山玩水吧。“我谪黄岗四五年，孤舟出没烟波里，故人不复通问讯，疾病饥寒疑死矣。”月夜下，伴着白茫茫的水汽，朦胧的江面，“我”与客游赤壁，坐在船上，周围都是满满的江水，内心是平静的，可以独心思考。

“……顺流而东也，舳舻千里，旌旗蔽空，酾酒临江，横槊赋诗，固一世之雄也，而今安在哉？”这是水。

沿长江顺流东下，麾下的战船延绵千里，旌旗将天空全都遮蔽，面对大江斟酒，横执长矛吟诗，本来是当世的一位英雄人物，然而现在又在哪里呢？——在这里游玩勾起了作者对阿瞒当年被周瑜所困的感慨，与《念奴娇·赤壁怀古》中的“浪淘尽”有异曲同工之妙。沿着长江顺流而下，是多么有胆魄的作为，试想，千百士兵追随自己，与自己同生共死，这是多么令人羡慕的事，不仅被世人所认可，又有人在困难的时候支持自己，这种情感想必是不会发生在被贬谪的苏轼身上了吧。羡慕的心情定是有的，有几分就不能确定了，因为阿瞒也是那被江水淹没的其中一员。

“客亦知夫水与月乎？逝者如斯，而未尝往也……”这是水。

你可也知道这水与月？流逝的就像这水，其实并没有真正逝去；时圆时缺的就像这月，终究又何尝盈亏。从事物易变的一面来看，天地万事万物时刻在变动，连一眨眼的工夫都不停止；而从事物不变的一面看来，万物与自己的生命同样无穷无尽，又有什么可羡慕的呢？——流水的美好正是在它无限的存在，虽然表面上是流走了，但事实上并没有真正离开啊！天地万物没有一瞬间不发生变化，纯真自然的变化无不为后世留下了艺术美。

通过阅读苏东坡的诗词，似乎是望穿了他一生的坎坷，他看似简单而又富有内涵的思想感情在作品里景物的描写中体现得淋漓尽致，这种方式寄托着他对理想的追求，使他成为孤独的理想追求者，成为中国文学史上一颗璀璨的明星。

“桂棹兮兰桨，击空明兮溯流光。渺渺兮予怀，望美人兮天一方……”

苏轼黄州时期诗文的情感变化

赵　寒

由于“乌台诗案”，苏轼于宋神宗元丰三年(1080 年)被贬后到达湖北黄州，并在此地生活了四年又两个月。这一时期既是苏轼人生的重要转折点，也是他文学创作上的第一个高峰期。从苏轼被贬黄州开始，解读他在黄州期间的文学大作及其心路历程，探究这一时期苏轼的思想变化对他以后人生的影响，就显得有意思多了。

苏轼一生宦海沉浮，先后多次被贬，然而贬谪经历却成就了他在文坛上的丰功伟业，也造就了他超然旷达的人生境界。

在苏轼初到黄州的词《卜算子·黄州定慧院寓居作》中，我深刻地体会到苏轼的这种孤单寂寞的心境和孤傲的人格理想。“缺月挂疏桐，漏断人初静。谁见幽人独往来，缥缈孤鸿影。惊起却回头，有恨无人省。拣尽寒枝不肯栖，寂寞沙洲冷。”词中借孤鸿月夜这一形象托物寓怀，表达了苏轼本人被贬黄州的孤寂处境和高洁自许、不愿随波逐流的心境，也暗示出苏轼当时处境的凄凉。这一时期，苏轼在政治上陷入绝境，心灵饱受摧残，生活穷苦不堪。

1082年三月，苏轼外出途中偶遇下雨时有感而发，作了一首《定风波》，借雨抒情，将自己面对人生风雨的态度，淋漓尽致地表现出来：“莫听穿林打叶声，何妨吟啸且徐行。竹杖芒鞋轻胜马，谁怕？一蓑烟雨任平生。料峭春风吹酒醒，微冷，山头斜照却相迎。回首向来萧瑟处，归去，也无风雨也无晴。”上阕写大雨骤降，按常理本该是寻求避雨之处才是，可苏轼却置若罔闻，独自在雨中吹着口哨悠然徐行。表现出苏轼对待自己人生道路上的风雨已经毫不在意了，对政治上的打击也不记挂在心上了。下阕写刚才带酒冒雨而行，虽衣裳尽湿而并不觉冷，现在雨停风起，开始感到微微凉意。而山头的夕阳又送来些许温暖，似乎是来迎接“我”的。“回首向来萧瑟处”委婉地表达了苏轼对自己平生经历的官场风波的反思和感悟。最后一句“也无风雨也无晴”

意思是说，刚才遇雨时，我没有盼晴，也不认为风雨有什么不好，现在天晴了，喜悦之情也淡得近乎没有。言外之意是，自己已经对政治上的荣辱看得很淡了。

1082年7月苏轼游赤壁，作《念奴娇·赤壁怀古》，此时的苏轼已经真正地自我超脱了。“大江东去，浪淘尽，千古风流人物。故垒西边，人道是，三国周郎赤壁。乱石穿空，惊涛拍岸，卷起千堆雪。江山如画，一时多少豪杰。遥想公瑾当年，小乔初嫁了，雄姿英发。羽扇纶巾，谈笑间，樯橹灰飞烟灭。故国神游，多情应笑我，早生华发。人生如梦，一尊还酹江月。”这首词以怀古为主，语言豪放，笔力雄健，气势磅礴，给人一种大气、豪迈之感。正好也符合苏轼豪放派的特点。最后以一句“人生如梦，一尊还酹江月”结语，告诉自己：人生像梦一样虚幻，什么也不用想了，还是喝酒吧。至此，诗人终于以一种“物我相忘”的超脱代替了先前的痛苦。

说到《念奴娇·赤壁怀古》，就不得不说到苏轼另一篇关于赤壁的文章前《赤壁赋》。文章的一开始作者就描绘出一幅月下泛舟的美景，作者意兴盎然：“纵一苇之所如，凌万顷之茫然。浩浩乎如冯虚御风，而不知其所止；飘飘乎如遗世独立，羽化而登仙。”然而，“渺渺兮予怀，望美人兮天一方”。美人不可见，苦闷情绪深深地印在苏轼本人心中，纵有清风明月的美景相伴，也挥之不去。“客有吹洞箫者，倚歌而和之，其声呜呜然，如怨如慕，如泣如诉。”客人箫声之悲，正是苏轼本人之悲，“客”不过是苏轼借来表达自己情感的一个载体。借客之箫音，倾诉自己的一腔不平之气，并由此思考、探究人生之悲、社会之悲。“客”的颓废其实正是苏轼自身内心痛苦的写照，宦海沉浮，所以对时世有沧桑感慨，心情颓废，但随后的回答又表现出寄情自然、豁达开朗的积极心态。在几度遭贬后，苏轼确实有颓废消极的情绪，但旷达的心胸又让他走出低迷状态，积极面对人生，可见苏轼具有“达则兼济天下，穷则独善其身”的人生态度。

“客喜而笑，洗盏更酌。肴核既尽，杯盘狼藉。相与枕藉乎舟中，不知东方之既白。”此时“客”的喜已非单纯的山水之乐，而是冲破了忧患意识的阴霾，显得分外欣慰和轻松。至此，“客”与苏轼合二为一，是肉体和灵魂都得到再生和提升的苏轼，是更加觉悟、更加成熟超然的苏轼。

读黄州诗文，品苏轼情怀，悟深刻道理

郑羽萌

在所有人看来，“贬”不是好事，如果发生在自己身上，心情会十分低落，每日借酒消愁，最后默默死去，而苏轼被贬黄州后的思想是截然不同的……

他，从容乐观。

“莫听穿林打叶声，何妨吟啸且徐行。竹杖芒鞋轻胜马，谁怕？一蓑烟雨任平生。”《定风波》中他写了途中遇雨的情景，雨骤风狂，但他仍然在雨中舒适漫步。苏轼顶风冲雨，从容前行，给我们传达出一种搏击风雨、笑傲人生的喜悦和豪迈之情。用象征的手法写出自己在政治风雨面前内心的坦荡与气度的从容，更让我们看到了他面对人生的风雨——被贬黄州，依然我行我素，不畏坎坷的超然情怀。而且寄寓着独到的人生感悟，值得我们细细品读，慢慢深思。也让我们向他学习，渐渐乐观地面对

比苏东坡遭遇到的小得多的困难。

再如《临江仙》:"夜饮东坡醒复醉,归来仿佛三更。家童鼻息已雷鸣。敲门都不应,倚杖听江声。长恨此身非我有,何时忘却营营?夜阑风静縠纹平。小舟从此逝,江海寄余生。"书写他内心愤懑的情怀,表现了他对现实的不满和要求精神的解脱。在夜深人静的荒凉大江边,他"倚杖听江声",从聆听大自然的声音中,悟到人生的真谛,希望摆脱人生的得失荣辱,寻找自由的生活。"江海寄余生",读来好像有消极情绪,但实际上却是表现了诗人在逆境中对自由的追求。

他,活在当下。

"何夜无月?何处无竹柏?但少闲人如吾两人者耳。"这是我们再熟悉不过的句子了,短短两句话,体现出苏轼的清闲,我还看到了他清闲背后的安于现状。他在东坡一片田地里工作,自称"东坡居士"。庄稼已然种上,更无金钱财务的烦心,他开始享受每一天的快乐,身上金钱不多,身边空闲不少。苏东坡乐观、随遇而安的心态,让我不禁有些羡慕他平静、悠闲、没有压力的生活了。

正应他在前《赤壁赋》中所写:"惟江上之清风,与山间之明月,耳得之而为声,目遇之而成色,取之无禁,用之不竭,是造物者之无尽藏也,而吾与子之所共适。"每当我们遇到挫折时,可以读读这几句话,想想东坡与客"相与枕藉乎舟中,不知东方之既白"的超然,把一切烦恼都抛到脑后,享受当下的生活。

同学点评:人生不可能一片坦途,苏轼留给我们的不仅仅是行云流水的文章,更教给我们一种生活哲理:要在生活的无穷烦恼之间寻找快乐,享受生活。

(崔明明)

品黄州诗文，论人生态度

刘嘉雯

被贬黄州是苏轼人生中遭受到的第一次挫折，这曾使他“魂飞汤火命如鸡”。从苏轼的一首初到黄州的词中，我们也可以深刻地体会到他这种孤寂的心境。

“缺月挂疏桐，漏断人初静。谁见幽人独往来，缥缈孤鸿影。惊起却回头，有恨无人省。拣尽寒枝不肯栖，寂寞沙洲冷。”

《卜算子・黄州定慧院寓居作》一词中借月夜孤鸿这一形象托物寓怀，表达了词人被贬黄州的孤寂处境和不愿随波逐流的心境，也暗示出词人当时处境的凄凉。这一时期，苏轼政治上陷入绝境，心理饱受摧残，生活困窘不堪。

在到黄州后的两年多时间里，苏轼从思想上却有了质的飞跃。儒家思想使苏轼陷入困境，他开始将佛家思想作为自己在逆境中的救命稻草，在困境中的不断省思使他终于解脱出来，他开始以旷达的情怀去面对生活，表现出了乐观豁达、随缘自适、顺其自然、不执着、不强求的自在状态。

苏轼这一时期所作的前《赤壁赋》，一开始就描绘出一幅秋江月夜泛舟图：“纵一苇之所如，凌万顷之茫然。浩浩乎如冯虚御风，而不知其所止；飘飘乎如遗世独立，羽化而登仙。”然而，“渺渺兮予怀，望美人兮天一方”。美人不可见，报国无门的苦闷情绪深深地印在苏轼心中，纵有清风明月的美景良辰相伴，也挥之不去。“客有吹洞箫者，倚歌而和之，其声呜呜然，如怨如慕，如泣如诉。”客人箫声之悲，正是苏轼本人之悲，“客”不过是苏轼借来表达自己情感的一个载体。借客之箫音，倾诉自己的一腔不平之气。“寄蜉蝣于天地，渺沧海之一粟；哀吾生之须臾，羡长江之无穷。”这里的“吾生”已不仅仅指作者自己，而是每一个具体的生命。吾生渺小而天地无穷，吾生须臾而宇宙永恒，这是谁都必须面对的事实，同样也是谁都无法克服的矛盾。

通过体会苏轼在黄州时期的思想变化，我懂得了没有艰辛，便没有收获，人的一生不可能总走在平坦的阳关大道上，总会遭遇挫折和不幸。不幸会使人一蹶不振，但也会锤炼人，使人更快地成熟起来。作为青少年的我们更应该明白，人生如行船，有顺风顺水的时候，自然也有逆风大浪的时候。是否能安然度过，就要看掌舵人能否像苏轼那样在逆境中觉悟、成熟、超然，有一种化解苦难、转悲为喜、乐观洒脱、随遇而安的个性了。

苏轼在黄州期间的情感变化

唐亦圆

1082年，他谪居黄州期间，在一个幽静的夜晚，驾舟畅游于赤壁下的长江水面，写下了千古名作前《赤壁赋》。同年，也是在赤壁，他望着滚滚东去的江水，想起自己建功立业的抱负也付之东流，写下了《念奴娇·赤壁怀古》。他就是苏轼。

在《念奴娇·赤壁怀古》中，“大江东去，浪淘尽，千古风流人物”,由景生情,引发对古代英雄的怀念。然后写水势激荡,撞击江岸,声若惊雷,势若奔马,再写浪花,由远而近,层层叠叠,如玉似雪,奔涌而来,凸显出作者豪放的情感。“人生如梦,一尊还酹江月”,与江月同饮,成功失败皆付笑谈,体现苏轼苦闷忧郁、无奈的心情。

在前《赤壁赋》中,苏轼的情感变化是先由江山风月、饮酒的快乐到“渺渺兮予怀,望美人兮天一方”,“其声呜呜然,如怨如慕,如泣如诉”,“哀吾生之须臾”,“托遗响于悲风”的悲凉,再到“喜而笑”、“枕藉乎舟中”、“不知东方之既白”的喜悦。箫声起,悲意生,哀怨、思慕、哭泣、倾诉等六个比喻,渲染箫声的悲凉。主客问答,世间万物,英雄豪杰,不过是过眼云烟,随着岁月的流逝灰飞烟灭,风吹云散,写出客人感叹人生苦短的悲观情绪。最后写客人转悲为喜,反映出苏轼超然旷达的心境,表现了他豁达乐观的精神。

伟大的灵魂在艰苦地跋涉,无声地探索,无歌无喜,无风无雨。在苏轼的《定风波》中,一句“回首向来萧瑟处,归去,也无风雨也无晴”,让我明白人生有顺逆,有成败,但无论处于什么样的环境,我们都要坦然对待,胜不骄,败不馁。只要你坚定前进的方向,无论晴天雨天,都会微笑度过。

同学点评:一句句诗词之中包含着苏轼心中无限的情感,作者通过对诗句的分析鉴赏为我们展现出了苏轼的内心世界——有愤懑也有豁达。并且联系自身,总结出一种生活态度:胜不骄,败不馁。

(崔明明)

涓生悔恨的是什么

汪晓宇

“如果我能够,我要写下我的悔恨和悲哀,为子君,为自己。”这是《伤逝》的开篇。“为子君”很明显是涓生意识到是自己辜负了子君,但“为自己”又作何解释呢?

同居前,他总是在破屋里等待着鞋跟敲地的清响,满心的期盼,仿佛它就是世界的生机。可见,此时的涓生生活境况是多么窘迫,希望是多么渺茫。在他的心里,子君就是他对社会美好向往的寄托,他需要她。新叶来,紫藤花开。

每一次子君到来,屋子里都充斥着他的声音,满是一腔热血地谈论着自由平等。他的高谈阔论引燃了沉默的她的勇气,于是他们为了爱情要冲破一切。在他心里,他是要冲破这封建的牢笼;而在她,则更多的是为爱情。他最终只是给了她可以这样做的勇气,而没有从根里转变她的思想。他的理想太高,而现实的社会只能如此,理想与现实的落差,思想与社会的悬殊,最后只能使他失去子君,失去自己。他的悔恨必定是终生的,游离在清醒后无路可走的彷徨,在自己的孤独苦闷中将子君推下毁灭的深渊,悔恨地面对这些苦难,他能做的只有悔恨。

涓生对子君的爱在随着他的境况而改变。同居前,独自生活,境遇还好,爱情也便是甜蜜的;同居后,自己的工薪要养活两口人,生活拮据了,爱情也便到了尽头。或许,从始至终,改变的人不是子君,而是涓生。既是如此,他便要真的独啜悔恨了。

曾经的涓生，是有斗志的，然而他的斗志却是一片混沌中的一点星光。这黑夜里独自点燃的光焰，终究抵不过茫茫黑暗。这就是那个时代知识分子的悲哀，真正觉醒的人实在太少，因此便是鲁迅也只能彷徨了。

彷徨里的爱情既盲目，也脆弱。涓生最终定会是为自己悔恨、悲哀的，因为他早已融入了这混沌，他用遗忘来麻痹自己，用谎言作为前导，他唯一能做的只有写下来，写下来而已。他恨他败得如此迅速，如此彻底，败在了时代的脚下，也败在了自己的手中；悔他是在借爱情欺骗自己，用生命祭奠曾活着的自己，用血淋淋的双手为自己挖下坟墓。这是刻入灵魂深处的悔恨！

伤逝，愿这样的伤痛可以真正逝去。

同学点评：这篇文章，作者是从涓生的角度来写。当大多数人选择子君的角度时，这篇写涓生角度的文章便难能可贵了。以涓生的角度写，别开生面，又是不同于子君的另一个层面。尤其是分析了涓生与子君同居前后的变化，从而总结出涓生是败在了时代的脚下，分析得很到位。

（刘晓晓）

子君不走会怎样

安　荻

一个夜晚，一缕月光，两个人……

子君就这样随她的父亲走了，只言片语也没有留下，仿佛一切都没有发生过一样。

这是鲁迅作品《伤逝》中所写的情况。但是，读到此处我便有了一个大胆的想法——如果子君不随她的父亲回家，最后故事又将如何发展？

但是很快，这种想法在我再读一遍文章后，立刻打消了，我得出一个结论——不论她走还是不走，都是死。心死了，生命结束了。而她，是必须要走的。

不过，我们不妨设想一下。如果子君不走呢？她仍然伴在涓生左右，过那时“传统”的生活，做一个平凡的女人，没有之前的一切，依旧忙于生活琐事，依旧为那些小事斤斤计较，也无不可。

她既然不想让父亲干涉她，那她为什么要回去，换个活法，他们也许也会幸福，不是吗？

他们幸福的唯一方法则是顺从，这不同于随遇而安。顺从当时的封建礼教，向父权与夫权低头，做一个只为生活而忙碌的女人，听从父亲与丈夫的一切，不再想反抗什么，慢慢让自己麻木，做一个“傻子”。但是，这也不可以。

涓生的较为超前的思想，与子君根深蒂固的传统思想，把他们和他们的爱情带到了崩溃的边缘。她与涓生同居之时，便开始一点点走入绝境。

她在同居后只是涓生的一个倾听者，没有自己的观点与想法，这让她在这个小家里毫无地位，与他们最初追求的平等也是背道而驰的，也不再有当年的伉俪情深了。

她把家里的狗取名为“阿随”，也颇有“嫁鸡随鸡，嫁狗随狗”的意思吧。可见，封建观念已在她心中根深蒂固了，那种寻求归属感的心理，让之前构筑的一切美好的幻想灰飞烟灭了。

或许,她是非走不可了,即使之前仍残存在脑海中的一丝反抗愿望,也是抵不住生活和现实的重压的。

子君的悲哀,是她根本没理解什么是真正的独立。其实,她没有独立的经济来源,也就是说她从一开始与涓生便不是一个平等的关系。至于涓生,他只是想用子君来填补他的寂寞与空虚,消除生活中的苦闷、压力甚至是恐惧。

没有了爱情和经济来源的子君,她,是不得不走了。

其实,他们的爱情生活只不过是一碰即碎的泡沫,他们的构想,没有任何的支撑。而子君,便是这个想象生活中的一个牺牲品。她没能达到涓生所期待的,便被他"理所应当"地抛弃了。涓生所构想的完美爱情生活,最后尸骨全无,而这牺牲的,是子君的全部。或许,她的离开,于自己来说,也是一种解脱。

如此看来,子君,是必须要离开的了。而我最后的"挽留",都显得多余。

她,最终走了,没过多久,便躺在了黄土之下。其实,我认为,她的心,早就死了,从涓生对她爱答不理开始,她就在一点点绝望了。心死之人,留有身躯又有何用,所以,不久之后,她便永远离开了这个让她又爱又恨的世界。

她,其实是当时那个封建社会的牺牲品。封建礼教对于女性的摧残在文中暴露无遗,子君若是不走,她的心里,可能更不好过吧,因为当时社会的一团乌黑已然让她陷入了困顿与迷茫之中。

或许,干干净净地离开涓生,离开这个世界,于她来说,便是最好的结果了吧……

同学点评:其实很不喜欢看涓生和子君的爱情,因为太过悲哀。一个是思想先进的进步青年，一个是传统礼教下的封建女子，两个人本来就不在一个层次上，又怎能“门当户对”呢？不管子君走不走，她的结局早已注定。不怨涓生，不怨子君，怪只怪那个时代太过黑暗。这也是笔者要告诉我们的吧。

（刘晓晓）

小议《伤逝》中子君悲剧结局的原因

杨蕙宁

鲁迅笔下的女性很少有欢喜的结局，她们身上有着封建社会的影子，举手投足间，亦反映出那个时代的特点……

我印象最深的是《伤逝》中的子君，下面，我小议一下子君和她悲惨结局的原因。

首先，造成子君悲剧的第一凶手——经济问题。子君是个性格刚强的女子，在她和涓生租房时，“还卖掉了她唯一的金戒指和耳环”，此后，她在经济上完全依附于涓生，涓生是这个“幸福”的小家庭中唯一的支柱，以至于涓生丢掉工作后，整个家庭处在悬崖的边缘，岌岌可危。在获悉事件的那一刻，“那么一个无畏的子君也变了色，尤其使我痛心；她近来似乎也较为怯弱了”。看啊！原先那个大无畏的她，竟这样被击溃了，由此可见，子君未来的发展，和经济条件是密不可分的。

其次，第二凶手，也是最可恶的凶手——那个年代的环境。起初，她是个思想进步的女子，读书时仿佛她那刚毅坚定的心情跃然纸上，那股脱俗的气质，袭入了我的心，这是个世间难得的女子。“我是我自己的,你们谁也没有干涉我的权利!”这种坚决,比涓生还要透彻得多。但,那只名叫“阿随”的狗,代表着那一时代根深蒂固的思想:女,从人者也,少时从父,中时从夫,夫死从子!女子,一直是时代的顺从者。子君,就是这一思想的被迫害者,她葬送的不仅是青春,还是一条宝贵的生命。同居后的她,“管了家务便连谈天的工夫都没有,何况读书和散步”,那个清丽脱俗的她放弃了最耀眼的特性;再后来,“子君又没有先前那么幽静,善于体贴了,屋子里总是散乱着碗碟,弥漫着煤烟”。这时的她,已全然改变,那份爱也早已变质,后来的后来,分开是必然的结局……

最后的凶手——对爱情错误的认知。子君和涓生的自由恋爱被无数人唾骂,但他们挺了过来。而我认为,他们的爱情本身就是有问题的。那份如火如荼的爱,只是虚幻的泡影,涓生追求的是摆脱空虚和寂寞,而子君追求的是稳定的依靠,他们虽然也有纯真的爱情,但这份爱情缺少了更新和保鲜。子君经常夜晚在灯下静静地温习着功课,一直靠过去的记忆维系现在,真是天方夜谭!也许,子君的改变让涓生对她失去了兴趣,加上子君越来越小的心眼,被涓生认作了累赘。这份难以保鲜的爱情,那位纯真似梦的女子,被时代、被环境,无情地泯灭。

我认为,子君的离去,是偶然也是必然,没有经济的保障,没有亲朋好友的祝福,没有经久不灭的爱火,分离,是个最合理的结局。

那个时代早已过去,现在的女性获得了自己的权利,所以,我用这篇文章祭奠那时的女子,那个年代,是我们永远也忘不掉的……

同学点评：经济原因、社会原因还有对爱情的错误认知，这是造成子君爱情悲剧的三大凶手。尽管我们现在身处的不是那个时代，但是我们还须以此为鉴，没有经济来源，只知道依附男人，不懂得不断完善自己的女人终究是会被抛弃的。

（刘晓晓）

清晰的思路与严谨的语言让我对作者的观点早已了然。对于子君最后以悲剧结尾的原因，我与作者的想法大致相同。她的文章条理甚是清楚，结合了助读资料，然后完善自己的观点，这种方法也值得学习。经济无法独立，社会一片混沌，一个柔弱的女子，注定是一个牺牲品。

（安　获）

“聪明人”都死了吗

张格格

读了鲁迅的文章，我有很多的震撼，我从他所编织的一个个故事中看到了社会底层人民所经历的事情。那些看客是我看来最可恨又可怜的。我又联想了当今社会的情况，结合文中看客的样子，从鲁迅笔下那篇《聪明人和傻子和奴才》中选取“聪明人”三个字，再加上我的疑惑“死了吗？”组成了这文章的题目。

比较一下聪明人和傻子，一个只会说，一个只会做。

《阿Q正传》里的聪明人很势利。没钱，他们嘲讽；有钱，他们拼命依附。在鲁迅文章里的看客大多是三五成群，没有面目没有身份只有话语。《孔乙己》中的聪明人很令人发指，他们嘲讽着处境凄惨的孔乙己，按着《甄嬛传》中华妃的话说就是，“墙倒众人推！”这群看客本身就是和孔乙己同一阶级的人，他们抱着侥幸的心理伤害着别人。他们的思想是那么的麻木、愚昧，没有先进的文化支持，他们只能活在那个小镇里，在封建礼教的阴影下，孤独终老。

“这实在令人同情。”“唉唉……”“我想，你总会好起来……”聪明人懂得察言观色，懂得迎合别人。他们对奴才的伤害是无穷大的。我认为是这群聪明人毁了奴才的一生。《祝福》里的祥林嫂和她的聪明人们就是典型的例子。男人和女人们听祥林嫂讲述故事以后，敛起笑容，陪出眼泪，后又满足地去了。他们对奴才的伤害是悄无声息的。若是他们不再关注这事，祥林嫂也就不会一次次地诉说，一次次地回忆，最终在痛苦和饥饿中死去。

聪明人断然是不会都死掉的，只要有比他们还弱的弱者存在，只要他们还留有一丝封建礼教的思想，就还是会有的。

“这船从黑魆魆中荡来。”荡着泛出一圈一圈的水波纹，那是聪明人在议论，黑魆魆的夜色，那是落后的聪明人制造出来的氛围：险恶且阴凉。

反观当今社会，上周末，我在去往河北的路上，经过了一个村落，出了一场车祸。车体被撞得惨不忍睹，好在没有人员伤亡。一群村里人围了上来，有男人有女人，有年轻人也有老人。他们的颈项都伸得老长，仿佛许多鸭，被无形的手捏住了的，向上提着。解决事情花了一下午时间，他们寸步不离，相守到事情处理终止。他们是要伸出援助之手吗？不，他们只是在等待，来满足好奇心吧。在我眼里，他们的头上都被盖了顶无形的“聪明人”的帽子，很像《药》里面那些看杀头的人。他们的愚昧、无知深深伤害着帮助他们的“傻子”，“傻子”或许至死还在帮助着他们,但他们不能理解,这现状真的是让人心寒。

聪明人对奴才"嘘寒问暖",而傻子想要直接帮助奴才打个窗洞出来,对此我还是有个疑问。他为奴才打窗洞,有没有切实的帮助?或许不会吧,这只能改变一点奴才的住房条件,并没有从本质上解决问题,只给了"攻略"却没有带奴才实践。所以傻子那样的做法,对于一个不理解革命的人没有任何帮助。而聪明人懂得明哲保身,靠这种方法能活下去吧。

怎样才能扔掉"聪明人"的"聪明"之举?首先必须传播先进的思想,拉近贫富差距,这样我们的社会才能少些悲剧,多些温情。

"聪明人都死掉了吗?"

"没有,还没有,但我们要去慢慢改变。"

同学点评: 格格同学十分关注社会中的现实,并将此与鲁迅笔下的人物作联系,学以致用。其实在任何时代,"聪明人"都存在。鲁迅笔下的他们封建、麻木,现在的他们,无情、冷漠。从格格的文章里,我们明白不论什么情况下都要满怀爱心,助人为乐,不做那些看客,让社会变得更美好。

(郑羽萌)

当今社会是否需要读鲁迅

张　晔

近年来,鲁迅的文章在人教版语文教材中逐步被剔除,鲁迅也似乎渐渐淡出了我们的记忆，那个手执一支笔的斗士形象好像与现在这个社会有些格格不入了。可是当今社会许许多多的问题，还是能与鲁迅笔下的人物相契合，那么，我们是否还需要读鲁迅呢？首先我们看看鲁迅的作品所反映的世界。

现如今还有鲁镇世界吗？祥林嫂，一个被封建礼教所束缚的可怜女性，她淳朴、善良、热爱劳动，但最终被封建礼教吞噬。我们来设想一下，假若祥林嫂争气，不封建迷信，不听信“善”女人的话，她就真可以免于一死了吗？究竟是一个社会迁就了千千万万个祥林嫂，还是千千万万的祥林嫂组成了这个社会？也许都有吧。看客的麻木、冷酷、无聊，不也映射着千千万万个中国人吗？是啊，现在我们有法律可以保护自己，不会再像祥林嫂那样人格遭受践踏。可那些看客呢？许多人不都喜欢看戏吗？然后摆出一副事不关己、高高挂起的样子！

鲁四婶信佛，她似乎把太多的心血都花在福礼上了，摆出一副慈悲为怀的姿态。殊不知佛曰：世间众生皆平等。当今社会也有许多所谓的善男信女，他们总把心思花在礼拜和香火钱上，面对街上老人摔倒却不去扶。从善如登，他们真的信佛吗？若信佛是在这烟火尘世保一份清净，最后却失了最根本的“善”，那一切是不是都没意义了？

当今社会还有阿Q吗？一批人去面试，一个自认为不错的男人没被选上，懊恼之余打算回去再刻苦练习，走出公司大门，发现天气晴好，烦恼立刻烟消云散：他不要我是他的损失，会有更好的工作等着我。也许从某种角度来看这是减压的好方法，但是要看其最后实施的情况，若继续优哉游哉，那他的“精神胜利法”真可谓炉火纯青了，阿Q泉下有知，定感动有这么个好徒弟而泪流满面。

当今社会还有夏瑜吗？一个傻子，想要在贫苦的大山里建一座学校，拿出半生积蓄，却被某些“聪明”的官员所克扣，最终还招到周围人的嘲笑。呵呵，得不偿失啊！

那么，当今社会，我们到底还需不需要读鲁迅，答案是肯定的。尤其是在学生时期更应该多读鲁迅的文章，因为在鲁迅的身上具有“立人”精神，有利于形成正确的价值观，反省自我。

鲁迅的文章是一面镜子，是放大镜也是哈哈镜，它会放大你的丑陋，让你在哈哈大笑中幡然悔悟；它能无情地直视你的丑陋，让你无处藏身。鲁迅的斗士精神是民族的灵魂。一个民族想要挺立，脊梁必须挺直，灵魂要纯正。所以当今社会需要如鲁迅般的精神斗士，我们也更需要多读他的文章。

同学点评：当今社会是否需要读鲁迅？答案是肯定的。正如你所说的那样，我们需要他的那种正气、那份责任感和那骨子里的民族魂！

（许奕璋）

寄意寒星荃不察，我以我血荐轩辕

安 获

在那条狭窄的小胡同尽头，你，还好吗？

前几日，听老师说北京有个鲁迅博物馆，我脑海中浮现出的便是一座很气派的房子，里面陈列着好多好多东西，而且游人如织，喧闹得很。不过，想归想，我还是要去看看的。

到了那里，我才知道，原来这和我想的根本不一样。这个地方并不在什么显眼的位置，而是在一条狭窄又不起眼的小巷尽头。那里是个门庭冷落的地方，门口只是随意泊着几辆旁边商户的单车。看到这些，我的心里便冷了半截。先生也曾是一位伟人，他用生命来拯救国民的灵魂，说起先生几乎是无人不知，而真正想了解他的又有几个？用心去敬仰他的又有几个？

走进博物馆，里面十分安静。这馆不高，刚好能碰到窗外含苞待放的海棠花；这馆不大，刚好能装下先生的一生。

从先生少年开始，我便开始再次了解先生的一生。首先来到二楼，看着玻璃后面的文字与照片，我可以讲述一些先生生活与文章中的片段，有些作品中的片段，便都能呈现在照片中了。

这里游客很少，只有几位大学生讲解员，给我们讲解时，只不过是照着展示的东西来读，时不时加几句承接的句子，此外便再无其他。我想，若是要介绍先生，必须要有自己的见解与想法。先生是一个观点分明的人，介绍他的人怎能不熟悉先生的文章就来讲解，至少，也得有自己对先生的看法吧。

看了二楼的展览，我对先生的了解，并没有增加多少，有些遗憾。于是我走向了楼下。

楼下主要讲述的是先生南方时期的生活，对此我也不太了解。令我最为震撼的是在展厅最后的部分。

最后的部分，是先生生命的倒计时。距先生去世还有一个月时，他还在出席朋友的一些活动，我的心，不由得揪了起来。距先生去世还有一周时，他还在写文章，我的心，乱了，因为我意识到，一个伟大的生命即将逝去，我不知道该怎样面对了。距先生去世还有一天时，他给朋友写了一张纸条，说是身体不适，不能出席活动了。这也是先生的绝笔。看到这里，我不敢再挪动一步,因为我发现,我根本无法面对先生的死亡。但是,该来的,总会来的。

再抬头时,眼前赫然放着一幅先生与世长辞时的照片。先生的双眼紧闭着,还是标准的一字胡,颧骨突出,瘦削不堪。望着那张熟悉的面孔,我潸然泪下。惋惜、不舍还是心痛?或许,都有吧。再回头,看到的便是一块白色的布,上面分明地写着“民族魂”三个字。这是盖在先生棺椁上的,或许,这是对他倾尽一生的付出的评价吧。

或许,先生只是太累了,他做了很多,也承受了很多。或许,他只是想小憩一下而已……

同学点评: 其实不一定大家们的故居就定是气派、人群摩肩接踵的,毕竟真正能理解他们、欣赏他们的人能有多少呢?安荻同学不同于那些“讲解员”,她能用心,用自己的想法来描述鲁迅。

(王文欣)

几曾问,身归何处

安 荻

“白头绳,乌裙,蓝夹袄,月白背心,年纪大约二十六七,脸色青黄,但两颊却还是红的。”她正值青春之际,却已丧夫。她虽不漂亮,但她也是一个年轻女性。她的脸色为青黄色,但脸颊还是红的。可能是说明她仍然没有放弃生活,依旧充满了希望。她,或许依旧准备好迎接新的生活吧。

她,天天都不闲着,有力气,简直抵得过一个男子。每每读到此处都是如此的心疼。她虽说有力气,手脚壮大,还是这家的雇工。但是,她毕竟只有二十六七,虽不是豆蔻年华,却也是个年轻的姑娘,她,也是一个女人。为什么她要比男子还能干,这对于一个女人来说,太累了。她也却安分,也无所求。她这么拼命,是想忘掉过去,抑或是想用自己的双手打造新的生活吧。

但是上天好像没那么眷顾她,不久,她被她婆婆像做买卖一样计算出了利润,最后被"嫁"到了山里。她纵使不肯,又有什么办法呢?在路上,她嚎、骂,这或许是她最后的挣扎吧。读到此处,很是揪心。别人将一些事强加于她,她想抗争但又无能为力。

时间,则是转瞬即逝。当她再次来到鲁镇,她的眼角多了许多泪痕。之前卫老婆子说她有了儿子,大家便说是她交了好运,然后,便没人再想起她,也没人再提起她。如此勤劳淳朴的女子在这里却是个可有可无的人,这真是莫大的悲哀!这次她又遭到了生活的重挫,丧夫失子。回来后,她对生活的热情便荡然无存。或许,换谁都会如此吧。她开始逢人便讲她痛失儿子之事,一开始,镇上的人亦真亦假的还会怜悯她一下,但是后来,没人再同情她,更多的是不耐烦和不屑一顾。最后,甚至有人拿此事解闷。读到此处我不禁感叹:好一个冷血的社会!她沦落至此居然还有人嘲笑她。他们的心是冷的。

不管怎样,她终究是归入了一抔黄土。她漂泊一生,想要的或许曾经得到过,但最终逝去。我想,她也几曾问过自己,究竟该身归何处,但是她不敢给出一个答案,她害怕这也会失去。

祥林嫂,你爱过吗?你开心过吗?

或许有吧,但你最后还是孑然而去了。

几曾问，身归何处；不曾想，世态炎凉。

同学点评：祥林嫂逝去了，留给人们的，是深深的警示。作者题目拟得很好，有一种秋叶飘落伴着秋雨的凄清孤冷之感，意味深长。几何时，世态炎凉啊！

（张　晔）

鲁迅一生的呐喊

李旼蔚

鲁迅的一生都在反抗。但在那个充满血腥与腐败的年代，他也只能悲切与彷徨。鲁迅“哀其不幸，怒其不争”的民族责任感在日后受到了无数人的赞扬与尊敬。

鲁迅在《呐喊》“自序”中谈到，“在我自己，本以为现在是已经并非一个切迫而不能已于言的人了，但或者也还未能忘怀于当日自己的寂寞的悲哀吧，所以有时候仍不免呐喊几声，聊以慰藉那在寂寞里奔跑的猛士，使他不惮于前驱”。所以他有了呐喊，所以有了他的开山之作——《狂人日记》。他以一个狂人的口吻与身份，深深地斥责了这个社会的黑暗。满书的仁义道德，其实都是“吃人”！这声呐喊喊出了鲁迅心中的愤懑，却仍无法唤醒深深沉睡着的人们。鲁迅愤怒了，他永不停歇地在呐喊在怒吼。接着，《孔乙己》《药》一个个悲哀的故事相继出版。华夏两大家族的悲哀，华家的愚昧、麻木，夏家夏瑜的惨死和他妈妈的无知都一点点揭示着华夏民族的危亡。但鲁迅还是坚信希望。

在《阿Q正传》中，阿Q死前的游街，人们冷漠淡然地观看。甚至到最后阿Q都没明白自己的死因，始终还活在自己的精神胜利中，让人感到沉痛的惋惜与对社会的失望。

辛亥革命后，中国社会仍旧笼罩在深深的黑暗中。这本书的出版，似乎并没有唤醒社会。于是他彷徨了，为人们的思想麻木感到无奈。他再次拿起“沉重”的笔，写下了一篇篇战斗檄文。

《祝福》中的祥林嫂，酿成她最终惨死的罪魁祸首不正是鲁镇那些无知的看客和深陷迷信的祥林嫂自己吗？鲁镇是当时社会的一个缩影，反映出了当时的社会环境。

觉醒的当然不止鲁迅一个人，自然还会有他人伴随。但夏瑜、吕纬甫等一些人最后都由于社会环境原因走向了悲惨的结局。

鲁迅的一生都在呐喊，他始终怀着希望。

同学点评：鲁迅先生的精神还在发芽滋长，播散在我们心里，他的文章写出了一个“现代人的灵魂”，一个彷徨的社会。文中也可以看出作者对鲁迅精神的敬佩，他的声音一直在我们心里呐喊着……

（刘嘉雯）

此去不经年，后会终有期

焦好运

一首《归去来兮辞》道出了陶渊明决定隐世不出的决绝。

“富贵非吾愿，帝乡不可期”更是体现了他辞官归隐的决心，自此之后，陶渊明隐世不出直至终老。一般人认为，他的晚年是尽享田园之乐，追求心与自然的完美融合，然不尽然也！他的心真的静下来了吗？我认为没有。

在他的作品《饮酒》其七里面写道：“秋菊有佳色，裛露掇其英。泛此忘忧物，远我遗世情。”这“遗世情”为何还需“忘忧物”来分担呢？要知道，这时的陶渊明已花甲有余，是耳顺之年了，怎落得个“遗世忧物”的下场呢？所以，陶渊明的心不静。这是其一。

为什么不静呢？在他的作品《读〈山海经〉十三首》(其五)中这样写道：“翩翩三青鸟，毛色奇可怜。朝为王母使，暮归三危山。我欲因此鸟，具向王母言。在世无所须，惟酒与长年。”这首诗的大概意思便是暗指他自己一生别无所求，只愿这一片赤胆之心能为王母所赏识，说到底，他还是想大济苍生啊！而《归去来兮辞》里也有写道：“胡为乎惶惶欲何之？”他否认了忧心忡忡，但同时也间接地证明了自己的忧心忡忡，心神不定，犹豫不决。其实，这正是暗指了他心里还是有所求的！志有所求而煎熬难耐啊！“聊乘化以归尽，乐夫天命复奚疑”说的正是其不知何去何从，舍取难定的怀疑和忧虑。这一切都源于他那大济苍生的情怀啊！可叹。所以，陶渊明不知道该不该出仕济苍生。这是其二。

也就是说，他并没有完全隐世不出，不食人间烟火，那么他会不会再出仕呢？

众所周知，檀道济曾到陶渊明家中延请他出仕，结果被其婉言谢绝，所赠的吃食也都被好意谢绝，同年冬天，陶渊明便病逝茅庐。

难道说他已经感到自己时日无多不愿多费周折？不对，对于一个满怀理想而壮志未酬的老人来说，时日无多岂不是更应该抓紧时间吗？那就是嫌官位太小了？那好，我们假设皇帝亲自来，三顾茅庐请他去当宰相，他还愿不愿意出仕呢？

不，不会的。结合陶渊明的背景资料及上述分析，我们可以看出：他并不是一个贪恋官位的人，当官只是为了活下去而已。而他也不是“一般人”，到底是怎么不一般，听我娓娓道来。

陶渊明一生受老庄思想影响，有着厚重卓拔、独立自持的仁者风范和圆融通脱、上善大度的智者气质，一生的理想就是大济天下百姓于苦难中，可是他的性情却又让他不能对黑暗堕落的官场视若无睹。他的出淤泥而不染令他无法安逸地生活在这浑浊的泥潭里，他曾一度在去与留中徘徊，甚至在隐世后都仍然放不下那颗躁动不安的心。但当他下定决心，即使是天子都无法改变他的想法！这是其三。

当他选择归隐之时，便已“悟以往之不谏，知来者之可追”，他也早已懂得“实迷途其未远，觉今是而昨非”。他更渴望得到一份来之不易的隐逸生活——如果改变不了这个世界，他只想自己不被这个世界所改变。尽管他的人生并不完美，并没有在最光辉耀眼的时刻转身离去，但是，正是这样平淡无奇的一个转身，使其品节更加不同流俗，抱瑜握瑾，也尤为难能可贵。

他不需要皇帝给他大展宏图的机会了，罢了，归家去也！他的心早已先身一步离开这片是非之地，当下紧要的是，身心融为一体，享受田园之乐！他也不需要解释或是证明自己，一切，尽在不言中，归于平淡。

而这一去，便是半生一世。此去不经年，后会终有期。

同学点评：一念放下，万般自在，这是读完这篇文章后我的第一感受。整篇文章思维缜密，分析问题层层递进，且妙语连珠，表达方式不落俗套。

（刘嘉雯）

从陶潜诗文看其矛盾心理

刘晓晓

他有“采菊东篱下，悠然见南山”的恬静平淡，也有“猛志逸四海，骞翮思远翥”的凌云之志；他有“在世无所须，惟酒与长年”的凡人之欲，也有“啸傲东轩下，聊复得此生”的神人超脱。他是陶渊明，一个矛盾的存在。

二十岁的他，年少轻狂，胸怀大志，一心想要入仕为官，实现政治抱负。可是“上品无寒门，下品无士族”的东晋，怎会让落魄家族出身的他一展拳脚呢？不甘为区区小官，他开始厌倦这个只看出身的官场，一身才华却无用武之地，既然如此，还不如归去。“静念园林好，人间良可辞。”离开官场，对他也是一种解脱。

回归田园，他的确过上了一段悠闲的日子，可是想起“少时壮且厉，抚剑独行游”的意气风发的时光，再加上东晋开始进入乱世，“闲居执荡志，时驶不可稽”，他决定再次出仕。然而，“自真风告逝，大伪斯兴，闾阎懈廉退之节，市朝驱易进之心”，官场的尔虞我诈还是让他失望了，离开是注定的选择。

这次离开，陶渊明本是打算永不出仕了，无奈现实残酷，“夏日抱长饥，寒夜无被眠”，再次入仕为官为的却是口腹自役。做一个彭泽县令，勉强维持生活，可这一切皆非他本愿，他依旧想要回到田园。“怀良辰以孤往，或植杖而耘耔。登东皋以舒啸，临清流而赋诗。”这才是他想要的生活——远离世间纷纷扰扰，纵情于山水之间，饮酒赋诗，自食其力。纵然“环堵萧然，不蔽风日”，也不改归隐之心，纵使“短褐穿结，箪瓢屡空”，也不愿趋炎附势。这一次，他走了，真的走了。

几仕几隐，几多忧患，在“剪不断，理还乱”的矛盾中，他回到了心心念念着的田园生活。或饮酒，或读书，或采菊东篱，或戴月而归。即使“猛志固常在”，但最终还是归隐田园。

田园生活是怡然、惬意的。“漉我新熟酒，只鸡招近局。”“奇文共欣赏，疑义相与析。”每日饮酒作诗，耕作闲谈，做一个快乐的田园翁足矣。可是陶公毕竟是陶公，身在田园隐世，心系天下苍生。东晋灭亡，百姓疾苦，这一切他都看在眼里，却也无能为力，只能将满腔悲愤化作诗词。“刑天舞干戚，猛志固常在。”这是他的不平、悲愤。“薪者向我言，死殁无复余。”身为一介布衣的他，面对此情此景，只能是无可奈何。身居田园，心系苍生，身隐心不隐。

陶公的田园生活也并非一帆风顺。悠闲时可以“登高赋新诗”，窘迫时却只能无奈去乞食。不幸之时，火烧南屋，只得暂住舫舟中，但是却安天命，“弊庐何必广，取足蔽床席”，如此足矣，何等的豁达！似凡人般追求长生，又似圣人般淡漠身外之物。矛盾与极端集于一身，却又异常和谐。古往今来，陶公乃第一人！

纠结的矛盾，却让他更为可敬与可爱。陶公是我们在迷茫时的一盏明灯，为我们指引一条明路。矛盾的陶公，我们更爱他。

同学点评：陶潜，一个矛盾的存在。晓晓对他下的这个定义一下抓住了读者的思维，让读者直观地看到陶潜的几个性格特点。两次离别，一次回归，一次一去不返，矛盾的陶潜在这个过程中写下了无数的诗词。晓晓了解的诗词很是全面，行文中选取的诗词更是衔接得很好，对陶潜思想的理解也很深刻。可敬可爱又矛盾的陶潜，是我们迷茫时的一盏明灯。

（张格格）

归去来兮的陶渊明

安　获

世人或崇他“不为五斗米向乡里小人折腰”的气节，或喜他笔下“有良田美池桑竹之属”的桃源生活。大多数人以为他喜爱田园才选择归隐，他归隐后的生活便是自由享乐。或许，事情本来不是这样，或许，他归隐后的生活依然艰难。归去的他有太多的思绪，身上有太多的“谜”，引着我们去拜读。

一、本心到底如何

在陶潜的诗作中，经常会有“性本爱丘山”，“质性自然”之类的文字出现，所以，大多数人都以为他一直心向田园。但他归隐后的诗作中却也见“刑天舞干戚，猛志固常在”与“猛志逸四海，骞翮思远翥”的豪情。如此，问题也随之而来：他到底是志在四方的热血男儿，还是心本自然，退去官场的隐士闲人？

“既自以心为形役”，不难看出，他还是心向自然的。最初的做官，只不过是让全家免于饥寒，但在官场摸爬滚打久了，他便看破了官场的肮脏与黑暗，察觉自己的本心，毅然离开了官场，选择归隐。

其实，他的"志"与他的"归隐"是互不影响的，他的"志"在我看来便是"达则兼济天下"的爱民之志，少了一些我们认为的为官之志。官场黑暗腐败，民不聊生，他自然要站出来为民说话，才有了怒。

二、乐与隐痛

陶诗中，人们皆看他田园生活之乐，却不曾深思，他的诗文中，其实还有那么一丝隐痛。

这一痛便是壮志未酬之痛。社会纷乱，贪官污吏横行，无奈自己手无权力，无法兼济天下，让人民安居乐业，如此，他便一退再退，归至田园。既不得志，也只好独善其身，留住自己的本心与一片净土。但心本善的他，听闻百姓陷于水深火热，也只能为之怒而无法作为，这便是他的痛所在。

二便是苦无知己之痛。这一痛在文中难以寻觅，所以便是隐痛。从归隐后的陶诗中却不难看出，先生甚是爱酒。这便是了，"引壶觞以自酌"，"一觞虽独进，杯尽壶自倾"，从其中的"自"与"独"可看出他其实并无知己。旁人饮酒，都是叫了知心人来谈心，落得独饮的，不是心中苦闷的，就是无人为伴的。"乐琴书以消忧"，便印证了他并无知己，只得以琴书消忧，无人诉说，便将万千愁绪融于淡酒，寄于琴书。遇良辰美景，也只能独享，本心得以回归却无知己之痛，已然隐匿在了他的文中。若是细读，倒也是可以品出来的，所以说是隐痛。

三、是否消极

为什么有人会提出这一观点，这要从他的《归去来兮辞》说起。矛盾就出在这最后一句，“聊乘化以归尽，乐夫天命复奚疑?”姑且顺着自然的变化走到生命的尽头，有什么可以疑虑的呢？这句话，有些人看到的是他的消极厌世，想要顺其自然，但我解读为他的释然和洒脱。其实，乱世之中，腐败之风滋生在官场的各个角落，对于心性干净纯洁又有气节的人，难道除了归隐还有别的办法吗？难道还要在其中苟且混日吗？我们这个时代的教育告诉我们要凭自己的努力得到自己想要的，那是因为我们的社会是相对公平的，而在当时，没有比归隐更好的选择了。

他的归隐，我认为不是一种消极，相反，我认为这是一种智慧，当时的智慧。陶潜，不能说是当时的圣人，却可以说是当时的一位智者。从小受儒家经典影响的他，有着“达则兼济天下，穷则独善其身”的思想，而后期受道家思想的影响，又有了乐知天命的洒脱。他是一位“杂家”，太多的思想凝聚他一身，从最初的吸纳、融合，到徘徊、涅槃、超脱，造就了晋代的一颗明星，为后代的文人照亮了士人保持心灵自由和独特个性的归隐之路。

他是一个凡人，他有着自己的喜怒哀乐，但他又不凡，他的智慧与洒脱是当时最难得的。他似仙人般脱俗，却又如百姓般普通。

其实，归隐后的陶潜，更加的真实、自然、可爱。

同学点评：生活，不可能像你想象的那么美好，烟花再美也只是瞬间。我们所能做的正如陶渊明那样，试着改变自己，他将自己那些看破红尘的痛苦，化为最强大的力量，收拾心情，重新上路。归隐大抵是当时最明智的选择，所以正如作者所说的那样，陶渊明的归隐是一种智慧，归隐后的他少了几分愤世，多了几分自然。

（刘嘉雯）

庄子的游戏精神

汪晓宇

游戏，是伴随人类社会出现而产生的现象，这种现象往往蕴含了人类的文化精神。它往往以一种轻松的形式让人去体会心灵的自由。这样的游戏精神便可追溯到我国的道家。

道家，不同于传统儒家思想对目标的明确追求，它主张天下无争、无欲无求。而庄子作为道家的代表，便提出了“游戏”一词：“我宁游戏污渎之中自快，无为有国者所羁，终身不仕，以快吾志焉。”

庄子说：“我宁愿在污浊的小沟渠中游玩而自寻快乐，也不愿被拥有国家的人所束缚。我愿终身不做官，以便畅快我的志向。”由此看出，庄子的游戏是为了追求心灵的自由，自由即他的“志”。他的游戏呈现的是一种生命的智慧和崇尚自我的精神。

因为他的游戏精神，所以其文章也波云诡谲，想象奇特，透露着一股幽默情怀和快乐趣味。如：庄子之楚，见髑髅而问之，援其枕卧。夜半，髑髅见梦，庄子曰：“吾使司命复生子形，子欲之乎？”髑髅深颦蹙额曰：“吾安能弃南面王乐而复为人间之劳乎！”

这是《庄子》中的一则小故事，讲述庄子去楚国，路上看见一具骷髅，问它问题并把它带回家作枕头。半夜，骷髅显梦，庄子说：我若让主管生命的神恢复你的身体，你可愿意？骷髅皱着眉头回答：我怎能放弃快乐而再去经历人间的劳苦呢？

从故事来看，庄子对骷髅的兴趣就称得上奇特，而他和骷髅的对话就显得更加不可思议了。当我们为这个小老头的奇葩可爱不禁一笑时，却会猛然察觉出这是他对生命的独特感悟，他借骷髅之口说出了他对死的理解，在他看来，死意味着自由，可以超越生的束缚，摆脱生的疾苦，步入另一番奇妙的境界。这就是他何以在妻子死后，还能"箕踞鼓盆而歌"的原因吧。

庄子的不同寻常在于，他对于深刻思考的阐述并非用一本正经的形式来表达，而是用轻松的故事来启迪人的思维。不愧是庄子，深谙世事，却又潇洒自如，诙谐幽默。

我们也能看出，庄子对于生命也抱有一种游戏态度。他说："变而有气，气变而有形，形变而有生。今又变而之死，是相与为春秋冬夏四时行也。"意思是说，生命是一直存在的，只是形态发生了变化，从气到有形，再从我们所说的生，到不可知的死，它的变化如同四季的变更一样，循环往复。

游戏的一大特点就是有规则，而生死的变幻就是生命运行的规则。他相信妻子只是换了一种存在的形式，并为此感到愉快。这种愉快不同于大悲大喜，是生命最自然的状态，他以此来与妻子共同体验生命的过程。正是因这种"齐生死"的游戏精神，庄子才获得了无所待的心灵自由。

同样，他的自由也体现在他的"忘"上。《齐物论》中说："忘足，履之适也；忘腰，带之适也……忘适之适也。"忘却脚的大小，鞋子就合适了，忘记腰的粗细，腰带也就合适了，忘掉合适的感觉，自然就合适了。

他的这种物我两忘，是因他摆脱了欲望对他的束缚，从而获得了精神上的逍遥。因小我灭，而道无限。

庄子的这种身体与心灵的游戏，让他突破了自我的局限，但他的游戏不是彻底的随心所欲，而是在规律中突破认知，探求真知。也许，我们要学习的，就是这种游戏精神。

同学点评：晓宇这篇文章视角独特，能引用适当文段佐证自己的观点。庄子内心的逍遥是一种“游戏”，众人是刻意游戏而游戏，庄子则是超脱内心，早已将生死也视为游戏，这需要很强大的内心啊！

（杨蕙宁）

关于老子“道”的浅层研究

杨蕙宁

老子是道家思想的开创者，春秋时期思想家。他的著作《老子》不仅是中国文化的瑰宝，亦是享誉整个世界的著作。道家思想与儒家思想相辅相成，是构成中华绚丽多姿文化的不可或缺的元素。

《老子》主要从“论道、修身、治国”方面阐述观点。开篇第一章“道可道，非常道；名可名，非常名”体现了“道”的抽象性。

那么“道”究竟是什么？从哲学看，我认为“道”等同于规律，具有客观性、普遍性，“道”指引着我们尊重事物，不能随心所欲不加约束。“道”不是我们听觉、视觉、触觉能感知到的，但我认为它确实存在于现实生活中，很多人认为“道”已经不适用了，没必要研究，但细想，农民耕地为什么分季节？那是因为“道”是本质，人们生产生活都要遵循它。

“道”又是如何诞生的？《老子》第二十五章提到：“有物混成，先天地生。寂兮寥兮，独立而不改，周行而不殆，可以为天地母。”这说明“道”产生于万物之前，独立生存，不被人控制。同样是第二十五章：“人法地，地法天，天法道，道法自然。”体现出“道”的属性与地位：“道”是效法自然的。这有力地支撑了老子清静无为的思想，这种思想也同样体现在“治国”上，“无为而治”，以无为而有为，达到社会和谐的目的。

“道”，是怎么来的？从“强字之曰道”可见，道只是老子强冠名的，用来概括那种亘古不变的规律。

我很欣赏老子关于“修身”的论述，第六十七章中老子这样说：“我有三宝，持而保之：一曰慈，二曰俭，三曰不敢为天下先。慈，故能勇；俭，故能广；不敢为天下先，故能成器长。”这说明要做一个修养高的人就要把慈爱公平、俭啬收敛、谦下不争作为人生的法则。这听起来没什么大不了，但真正实行起来，真正能抗拒世间的物质名利的诱惑，又是何等的不易！但至少我们应该追寻它，走在追求这种境界的道路上。

这种观点从第八章也可体现：“上善若水。水善利万物而不争，处众人之所恶，故几于道。”老子教导我们做一个像“水”一样谦和大度的君子。

在现实生活中，“道”亦是我们生活的引路者。“道”教会我们放下，教会我们淡泊。很多人有时会因为一次失利而懊恼，这时想起老子的“清静无为”，这点失败又算什么！有的老人垂暮之年放不下儿女,放不下财产;有的人一次成功就牛气逼人;有的官员抗拒不了诱惑一贪再贪。他们都没有正确意识到“道”的内涵。

可见,“道”不仅是老子的思想结晶,还是万物的行为准则,时代的指明灯。

同学点评: 蕙宁同学选择了道家学派开创者——老子的思想进行深入剖析。她的行文中充满着自信,用一个“抽象性”将读者引入了无限的联想中……从探究“道”是什么、“道”的诞生看出蕙宁对“道”的理解很到位。正如文中所说,“道”是无所不在的一种规律,它包含着万物,需要人们在生活中自己亲身慢慢体会。蕙宁在文章中还分析了老子关于“修身”的思想,想必现在生活中发生的种种,使蕙宁有所触动。我很高兴看到蕙宁将自己从《老子》中学到的精髓思想运用到现实生活中。文章的末尾处,又一次提出自己对“道”的理解。文章思路清晰,令人回味无穷。

（张格格）

辑二
春在枝头有几分——且行且歌

作文是一种生活体验，是一种情感再现，是一种思想认识，是我们生活中一滴灵动的水；教师担当的是鼓励与发现，鼓励学生表达真情实感，引导学生发现生活的真善美。

写作的力量是强大的。很多同学在写作中不仅找到了可以交谈的朋友，也在心灵的对话中重新认识了自己，认识了生活。

玉兰花开

刘晓晓

听着外面鸟儿的欢叫，抬头望去，几只麻雀正在墙头嬉戏。突然发现原来今日的阳光如此明媚。于是，换上轻装，走出了家门。

阳光暖暖地打在身上，很舒服，让人不觉沉溺其中。一阵小风拂过，吹起几缕碎发，也是惬意极了。漫无目的地走着，只觉得走到哪里都是好的。

入眼的都是刚刚抽芽的新枝，小小的，嫩绿嫩绿的。顺着小道一路上去，豁然开朗。远处是大片大片的绿色，浓郁的绿冲击到了内心的最深处。近处是笔直高耸的树木，抬头望去，顶端已长出了许多新芽，看上去就像是一块朦胧的绿，也是好看极了。

不经意间望去，一抹洁白引起了我的注意。走近一看，原来是玉兰花开了。一朵朵洁白的花凑到一起，互相推拥着。一阵风吹过，轻轻地随风摇摆，翩然起舞，几只白蝴蝶也在其中飞舞着。一静一动，且都是白色的，真叫人迷花了眼。细细看去，玉兰花前还有一棵桃花树，已开出了几朵粉红色的花，很不惹人注意，却煞是可爱。

起风了，乱发飞舞着，多了些许凉意，是在提醒我该回去了。回去的路上，经过一户人家，一只白猫在墙头上静静地站着，直直地看着玉兰花的方向。我不禁莞尔一笑，它是在看玉兰花呢，还是在看白蝴蝶呢？只是，不管是哪样，都是被这大好的春色迷住了吧。

留恋地看了一眼那白花、白蝶、白猫，我转身向回走去。

玉兰花开了，春天来了……

同学点评：在如此晴朗大好的天气，伴着微风，踩着阳光去踏青是最好不过的了。百花争艳，竞相开放，白蝶、白猫、玉兰花，晓晓描写得十分细腻，让人有身临其境之感，不禁也很想去看看。

（郑羽萌）

摇曳的野花

张　晔

苍茫的大山，在夏与秋交换的季节，山中墨绿色的树已然挡不住几场秋雨，默默间不服气地抖落着树叶，一片一片，山中略显凄凉。

经过几小时的路程，疲倦的我下车用力地伸了一个懒腰。恍惚间，听到有水流冲击岩石的声音，那么响亮，如一曲振奋人心的音乐，瞬间撞击游人的耳膜，却无处寻觅。

都说“仁者乐山，智者乐水”，这有山又有水的地方一定恍若人间仙境。我顺着声音，仔细探过去。忽然，一条白线闯入我的视野，它似与天相接，又如从天直泻而出，如此壮观！

真正吸引我的并非倾泻而出、细若银线的瀑布。而是它周围盛开的那一束束野山花。红的，粉的，白的，黄的。一束束，一丛丛，围绕在瀑布间，伴着水流尽情地摇曳。啊，这景致，竟让我词穷！

它们从岩石的缝隙探出来，细小的花杆挺得笔直，片片花瓣极力伸展着。由于那里是背阳坡，只有几缕阳光会轻轻缠绕在部分花束上，可没有一朵花耷拉下脑袋，或是放弃生命，所有的花束齐刷刷地用力汲取太阳的温暖。没有游人欣赏，那又怎样？没有园丁呵护，那又怎样？它们依旧自顾自热烈地开放，绝不低下美丽的容颜。

孤芳自赏，未尝不是一种气魄！

同学点评：见文如见人，虽然对你不熟悉，但可见你是个内心强大不服输的女汉子啊！善于观察生活的品质值得我们学习。

（杨蕙宁）

花圃边的童年

汪晓宇

棚外的风景还是带着寒气的。

虽然已到了四月，但这样的冷，月季花还是经受不住的。于是棚子依旧紧紧地扣在圃上。

稚嫩的孩子总是喜爱着花。

在他们眼里，扣得再紧的棚、叠得再厚的膜也挡不住美丽的花容。

当太阳再次升起，棚上便露出了一个一个的小洞，那洞的大小刚好能容进一个胖乎乎的小指头。

每每下课铃响起，一个个小脑袋就会贴在棚上，每个孔对着的都是一只使劲眨巴的眼睛。看完再把指头伸进去抠抠，还能感觉到里面暖湿湿的水汽。

忽然，传来一声怒喝，是门房的白胡子小老头来了。他生气地拄着手杖一拐一拐地小跑过来，连胡子也跟着颤。

花圃旁早没了人影，只是教学楼的门口闪没一只脚丫。

轻风吹过。花圃里，一滴露珠从花瓣上悄悄滑落。

同学点评：一个精美的片段，一段难忘的童年。语言细腻灵动，动作描写有特点，是一篇有个性的随笔。

（杨蕙宁）

新年随想

刘晓晓

夜幕降临，我走到窗边，放空心绪，沉浸在一片寂静中。耳边忽然响起几声猫叫，绵长而又幽怨。即使身处高楼中，依旧可以清晰地听到。心神不禁被那叫声拉了过去。犹豫了一番，我决定下楼看看。

漆黑的夜里，只有几盏路灯散发着微弱的光芒。我寻声走去，在一辆车的附近停了下来。“喵——”猫叫声突然在身边响起来。我俯下身子，用手机的光亮寻找着它。果然，在车底下，一只白底黄花的脏兮兮的猫躲在角落里，可怜兮兮地看着我。看到有光亮，它瑟缩着向后退去，企图逃离。

“喵喵喵喵，出来，来这里。”我拍着地面，“勾引”它出来。“喵——”它叫着，小心翼翼地走向我，却在刚要出来的那一刻又退了回去。“过来，来！”我耐心地轻声叫着，用手招呼它过来。终于，它走了出来。我轻轻地摸着它的头，一开始它有些不适应，但过了一会，它渐渐适应了，“喵喵”叫着回应我。

“喵——”它又叫了一声，一双眼睛湿漉漉地看着我，好似在向我乞求点吃的。我为难地看着它，出来得太匆忙，什么吃的也没准备。我无奈地拍了拍它的头，不知道该做些什么。过了一会，它似乎也知道我无法为它提供什么，便从我的手下溜走。我跟在它身后，只见它走走停停，不时在旁边的草地上寻找着什么。那个可怜的身影看得我有些心酸。

我停在了原地，看着它渐行渐远的身影，一种深深的无力感浮上心头。这是一群可怜的“孩子们”，它们被人抛弃在外面，只能自力更生。想想网上流传的那些虐猫行为，还有一条让我觉得可怕的消息：据说，收容所的动物一个月内没人来领养，就要执行安乐死。世界如此之大，却容不下它们幼小的身躯。

我一已之力无法拯救所有的流浪猫，我能做的只是尽量挽救身边的小生命。也许只能给它们一顿的温饱，也许只能给它们一次的抚慰，但至少也在它们的生命里留下一点温情。

2013 年已经过去了，2014 年你们一定会有一个新的开始，一定会的！

同学点评：在新年阖家欢乐时，有那么一些身影在夜间穿梭。它们无家可归，风餐露宿，还好有小作者这样有爱心的人，蹲下身来轻轻抚摸它们，给它们一些温暖。

（崔　菁）

大舌音小记

杨蕙宁

"嘚啦，嘚啦，嘚啦……"

两个月前的我，开始训练起大舌音，老师说就"嘚啦"地练，每天练几分钟两个月必会，我满怀信心地开始了这段"艰苦"的历程。

"鲁迅，原名周树人，字豫才……嘚啦，嘚啦"，写语文时我会情不自禁地说上两次，"已知集合 A 为非空数集……嘚啦，嘚啦"，数学也不例外……崭新的练习册上被我弄得"星星点点"。可是不管我怎么嘚啦，就是出不来这个音，这让我的信心严重受挫。那时候我会边走路边小声练，唯恐别人以为我有病。可是…… 可是还是不会。算了，不练了……

两个多星期过去，本班同学在操场上练运动会入场式，一个同学偶然"嘚儿"了出来，于是乎，全班开始了大舌音练习高潮，别的班在聊天，我们班在脸通红地吹着舌头，短时间内几位同学吹"颤"了舌头，舌头颤了。但我不争气的舌头就是不动，怎么吹它就是"坚定不移"地待在原地，"懒"得动弹，搞得我大脑几度缺氧似的要晕厥在地。

那两天，我发了誓要练出来，于是，家里时刻充斥着我的声音。桌子、报纸、本上沾了点点唾沫星子。终于，苦心人，天不负，在一个美好的晚上，上网入迷却不忘练大舌音的我"嘚儿"出来了！家人也为之"震惊"，连鱼缸里的金鱼都游快了，似乎吓了一大跳。那个晚上，我激动了好久，一直害怕第二天会忘记这种感觉。幸运的是，我没有忘！

通过这件事，我明白了，只要有恒心，再难的事都会成功；只要有毅力，你认为不可能的事也会变成可能！

同学点评：好一段练习大舌音的经历！作者生动灵活的描写令读者觉得感同身受，时而又令人莞尔，尤其是练成之后，金鱼的描写，更为文章增色不少！

（张　眸）

你已不在

安　荻

那跑道艳红依旧，你却早已不在。

今天，古中一年一度的运动会如期举行。望着那艳红的跑道，我心里既激动又高兴，但环顾四周，都是我比较陌生的面孔，我再一次，再一次陷入了沉默。

我只记得，三年前，也是如此。如今无比熟悉与让我不舍的你们，当初对我来说也是比较陌生的。但，尽管不熟悉，我们也在为同一个目标挥汗如雨——五班的荣誉。那时的我们，笑容与想法都无比阳光、单纯，我曾经一度单纯地认为，我初中所有的同学都会一个不落地升入高一，而且还在一个班，但现在，早已是奢望。

发令枪响起，运动员们像离弦的箭一般冲了出去，看台上的加油声迭起，我也加入到助威的行列中。我突然发现，我现在真的好羡慕这些运动员，他们可以在这跑道上奋力奔跑，可以为班级争得荣誉，而我只能呆呆地站在时光这条跑道上，不时回头望，却无法向后迈出一步。

初中三年，我们没有得过一次第一，但我们真的好快乐，即使没有排上名次，我们也好幸福，因为每个人都为这个班努力了，我们倾其所有地付出，虽说没有得到多大的回报，但至少能证明我们努力过，我们为我们所爱的五班付出过。坐在冰冷的看台上，我不禁想说："五班，我想你了，你回来，让我再看你一眼，好不好……"

不知不觉中，我已站在了八百米的赛道上，直到这时我才意识到我高一了，因为初中的我是那么的胆小，害怕发令枪的响声，害怕拿不上名次，害怕自己坚持不下来……但高一的我，长大了，我知道，不管结果如何都应该放手一搏，如果还在逃避，必定什么也不会得到。

发令枪响起，我用力向前跑着，仿佛要甩掉那些一直纠缠在我心底的回忆，也仿佛在尽我最大的努力去迎接这三年的高中生活。到了终点，我瘫坐在地上，我真的好累，连最后一丝力气都被抽空了。

这时，我突然听到些什么……"我可不是挑事的人呀……""我是×××，不等于×××""啊，哦，嘿嘿嘿……"，等等，是我幻听吗？为什么这些声音和说话方式那么熟悉，我猛一回头，穿过人群——看来，我没听错，小郭、拽拽、大班，他们都回来了，我们真的又见面了，我没有做梦，真的！

在这一切都结束后，我们在北工大的操场上分享胜利的果实。我吃着蛋糕，听着那些熟悉的声音，那些当时听腻了但现在无比怀念的声音，不知为何，我心里踏实了许多。

我们伴着夕阳离开，我们挥手说再见，下次再见……

同学点评：真羡慕作者，可以在曾经的学校，见到曾经的同窗好友，虽然大部分同学都已毕业，可是还有不少人升入了古中的高一，希望你们的友谊长存！

（张　晔）

花谢不再来

汪晓宇

这一次，我又错过了。

小时候，常听说昙花一现是如何的惊艳，却从未领略过那美得叫人叹息的一瞬。因为没有见过，所以总是在梦里勾画她的模样。在梦里，那是一片深蓝深蓝的夜，夜盖着的是无边无际的荷塘，泛着月光白的湖水上铺着大片大片的荷叶，在湖水的一方，大片的荷叶上挺立着一朵纤长的花苞。夜里，你辨不出它的颜色。静静的，就像在夜最安静的时刻，紧闭的花瓣在颤动，一点、一点伸展着，嚯的开了一个小口，一道白光冲天而出，霎时间仿佛月华洒满了湖心……

在这样的一场梦里，我不会料想到，昙花会开在阳台的仙人球上。

一个再平常不过的夜晚，我一如往常写着作业。忽然听到姥姥叫我，催促我赶紧出来。我不知道发生了什么，慢腾腾地问怎么了，只听见“花开了，发着好亮好亮的白光”。这时，我来了劲儿，冲出书房，伴着姥姥的叹息转过头，只看到最后一缕光在空中消失。花儿谢了，虽然刚开。

虽然只是一道残影，却在我心里深深埋下了一个念想。从那以后，我时常在心中默祷“仙球”再赐一良辰花开，却未得如愿。

昨天，家里来了电话，说花儿又开了，只是没前几年的大了。此花非彼花，几年一轮回。这一次，我依旧没有看到。

我想象不出绽开的昙花究竟应是什么模样，所有的怀念只来自童年的梦。

下一次的花开又不知是什么时候了，我只知道，与我错过的绝不是同一枝花。

同学点评：记得仓央嘉措的《问佛》中有这样一句话：“我问佛，为何每次下雪都是在我不经意的夜晚，佛曰：不经意的时候，人们总会错过许多真正的美丽。”

（张　晔）

让坚持与理想为伴

唐亦圆

春桃妖娆，它不惧季节争艳，绽放出灼灼华光；冬梅孤傲，它不惧雪花欺凌，坚守出灵魂的倔强。

人生短暂，匆匆几时回？让坚持成为支撑理想的动力。理想若是种子,坚持便是泥土;理想若是向日葵,坚持便是阳光。苏格拉底曾说,世界上最快乐的事,莫过于为理想而奋斗。然而实现理想的道路并不平坦,我们要告诉自己,不管是波涛汹涌还是风平浪静,我们始终都要向前奔跑,坚持,这是我们唯一的动力。

现在的我们已经是高中生了,更应该懂得如何让坚持伴随理想前行,也许我们永远到达不了目的地,但路上的风景会让我们为之震撼。

高中是一份辛苦的耕种,而我们不得不承受这份辛苦,让坚持与理想为伴,不管路有多难走,我们也要抬头大声说“我愿意!”

同学点评: 努力,是人生的主题曲,虽然它没有国歌那样铿锵,没有流行歌曲那样悦耳,但是,它值得我们用一生鸣唱!

(张　晔)

三年,那个班,那篇文章

崔明明

语文课上,班长带来了一篇初中同学所发的日志。一开始,我满心欢喜地听着,期待着有何趣事发生。

听着听着,我的思绪便飞回了那三年,我们那个班打过,哭过,骂过,但更多的是欢乐与荣耀。当听到那句“我唯一后悔的一件事就是没把你送上高中”时,我心中涌起一阵酸楚与感动。

眼前一幕幕画面闪动着：我们二十九个人三次拿到运动会冠军，我们二十八个人送走那位提前转学了的兄弟，我们二十七个人共赴战场……

那三年，那个班将成为我永远无法忘怀的回忆。虽然我们吵过，骂过，打过，也哭过，虽然我们并不是一直很和谐。可是我依旧爱着那个班，念着其中的每个同学。他们伴我走过了初中美好的三年！

听着听着，耳边响起了“我就说嘛，六班出去的，哪个不火”，关老师仿佛就站在我们一群毛头小子面前，慷慨激昂地发表着长篇大论，鼓励、批评纷至沓来。现在想起来是多么的温馨与幸福。他总是能激发我内心的那份倔强，或许这就是为什么我们这些平常不认真的学生，在中考时却爆发出了自己的能量。

是啊！六班怎能不火？论体育，蝉联三届运动会冠军；论学习，中考平均分年级最高；论团结，班内虽偶有摩擦，但依旧是一个整体不可分割！身在这样的六班，我们怎能不火？那三年，我们以身在六班为荣；以后，我们要让六班以有我们这群人为荣！

那篇日志在我的万千思绪下终于读完了，董老师意料之中地把我叫了起来说感受。我缓缓站了起来，目光汇聚在空无一字的黑板上，眼前却仿佛是中考前关老师在那个班里，那块黑板前鼓励着我们。目光扫视教室，坐在下面的仿佛是那一群被点燃了激情的同学们。

突然之间，我不知道应该说些什么了，嘴里念叨着“六班……六班……”我的脑海中涌现出无数的词语：团结、优秀、上档次……我所能想到的词语似乎都不能全面地形容它。我还在念叨着“六班……六班……”泪水在眼眶里打着转儿，最后还是董老师解救了我，她说了一句“很好！”是啊，六班真的很好！我有些哽咽地接了一句：“六班很好！”然后如释重负般地坐下，用手背默默地擦掉了那不争气的泪珠……

那三年，那个班……还有那二十八份无法磨灭的印记……我一定要火，一定，一定，一定！

你好，六班！

同学点评：我并不了解曾经的六班，但你却为我展现了六班的辉煌：那是一个热血沸腾的班级，一个挥洒汗泪的班级。六班，二十九个人共同的青春记忆！

（汪晓宇）

且行且珍惜

唐亦圆

我们之间的缘分，是将你和我的手上系了一根线，你们渐行渐远的背影，是牵挂，是回忆……

——题记

令我印象最深的一本书《目送》，带给我刻骨铭心的爱。我喜欢龙应台，喜欢她简单的文字，喜欢她文字中流露出来的真挚、细腻的情感，一字一句都暖暖的。

时间，是一趟单行列车，它朝着预定的轨道不紧不慢地行驶着，终将告别美好的过去，渐行渐远。每天晚上，我几乎都很晚睡，但每次在上床前总能闻到一股浓浓的豆浆味儿和水果的香气。当我还在和作业奋战时，门轻轻地开了，爸爸轻声走进来把吃的小心翼翼地放在我的桌子上，拍拍我说："赶紧吃了。"他第一次说我没有理会，过了一会儿，爸爸又轻轻打开门，见我没有动桌子上的东西，又拍拍我，我开始烦躁，爸爸没说什么，只是默默地走开了。妈妈正好走进来说："你爸辛辛苦苦切的橙子怎么不吃啊！"我停顿了一下，她连续唠叨了好几遍，我转过头去看爸爸，他笑盈盈地走过来帮我做保健操，做完后又叮嘱了一句："赶紧吃了。"爸爸转过身，我悄悄地望着他的背影，没有以前高大了，也没有以前俊朗了，多了几根白发，手也变得粗糙了。虽然这个熟悉的背影我已经看过很多遍，但背影里满满的爱却从未消减。

生命在于内心的丰盛，而不在于外在的拥有。相依相伴坐于绿草地，目送远天辉煌的日落。只有珍惜幸福快乐的感觉，珍惜身边爱自己的人，才能拥有快乐的人生。其实很多时候不是我们去看父母的背影，而是我们承受爱我们的人追逐的目光，承受他们不舍得、不放心的目送。

"我慢慢地，慢慢地了解到，所谓父女母子一场，只不过意味着，你和他的缘分就是今生今世不断地在目送他的背影渐行渐远。你站在小路的这一端，他逐渐消失在小路转弯的地方，而且，他用背影默默告诉你：不必追。"也许我们觉得不必回头张望，只因我们知道那份可以依靠的爱一直坚实地存在着。

灯火阑珊处，目送——且行且珍惜。

同学点评：引人注目的题记，不由得让我继续往后看。

全文写的是“我和爸爸”之间的点滴，歌颂母爱的大有文章，父爱在我们的生活中总是默默地付出着。作者用细腻温暖的语言，慢慢讲述着父亲在背后所做的一切。父爱如山，在我们失落时他的爱就在身后；父爱如山，在我们迷茫时他的爱就在前方；父爱如山，在我们成长时他的爱就在身旁。请在你成长的路上，回头张望，你会看到他的身影。请记住：且行且珍惜！

（崔　菁）

与感动同行

张　眸

如果世间失去脂粉的艳丽，还会不会有动情的演绎？

——题记

秋，在不知不觉中，染红了世界。

落叶缤纷。我站在树下，一阵风来，落叶在我的身边跳舞，我闭上双眼，去感受那属于生命的最美的别离。化作春泥更护花，不错的，落叶对生命的诠释是最真诚的。落叶归根，不错的，从哪里开始就从哪里结束，落叶对生命的诠释是坚定的、温馨的。同时落叶对生命的诠释也是自由的，它从不问该要落到哪，它按照自己的方式，从容地选择。那一刻，我感动。拾一片落叶，夹进书中，铭记那份属于秋的感动。

三径就荒，松菊犹存。秋天的寒冷使众芳摇落，花瓣散落于风中，凌乱不堪。唯有松、菊傲然迎风。

一日，阳光正好，我在操场中散步，恰巧看到花园中那一盆黄菊，接近深秋，黄菊也该离去了吧。它的离去和众花皆有不同，不将一片花瓣散落于风中，而是所有花瓣向中心聚拢，围成一个团状，等待着离去。

“宁可枝头抱香死，不曾吹落北风中。”我默默地念着这句话，眼眶湿润……

菊花的别称是帝女花，名曰此可谓一身傲骨不落俗尘，我爱菊，亦感动于其气节。

每天奔波于家和学校中，生活似少了一点什么。记得有一日，我在饭馆吃早餐，正吃得起劲，一同学也走进早餐店就餐，我迅速吞下一口，微笑着向他打招呼，他亦开心地回应。此后便再未注意。坐在我身旁有一个可爱的男孩，引得我看去，回过头来又瞥见了那蓝色的校服，原来他买完早饭要和我挥手告别，见我专注于吃饭，便在门口等待着。那一刻，心中有一种说不出来的温暖和感动。匆忙早晨，有人愿为和别人告别而驻足等待，其真诚深深地打动了我。

人，应该多观察生活，寻找点点滴滴的感动，因为终究有些什么一定会永垂不朽。

与感动同行吧！让生活多一些爱与温暖，不要再让钢筋水泥麻痹灵魂。向窗外望去，一束阳光正投入树林中……

同学点评：此文语言优美，在作者描绘的如诗如画的缤纷自然世界中我们又体会到诸多感动，大千世界感动我们的无处不在，缺少的只是一双慧眼。

（刘嘉雯）

板鸭，我爱你吗

赵 寒

板鸭啊，
八月，到了，
终于，要离开你了，
一月前，
一月前，还是七月份的时候，
我们，还不认识呢。

啊，时间，
你这磨人的小妖精，
是那么的无情，
这么快，我们，
分开了。

盛夏七月，板鸭，
你那，朴实而美丽的，
外表，给予
给予我，朦胧的美好记忆。

千万，不要忘掉这份记忆，
Por favor……

在王宫门前，
我想虔诚的，给你祝福，
只是，
只是那可恶的做项链的，
不然就在王宫里祝福了。

我盼，我愿，
明年的七月盛夏，
我，能早早放假，
让我们，
在那个小村相见，
我会骑上一匹叫 Luna 的白马……
保佑：
Nacho 不走，Ludi 不走，
Jose 还在，Miriam 还在，
Hadi 没离开，西甲顺利开战！

板鸭，
我爱你吗？
爱你吗？
你吗？
吗……
……Sí，mucho.

同学点评：初读，一时还没缓过神。再读，触到的是夹杂其中的淡淡的悲伤。短短的一首诗歌，勾起了我们共同的回忆，又回到了那里——短暂的西班牙游学生活。总会曲终人散，躲不过分别，但，我，依然爱你——西班牙！

（郑羽萌）

不悔梦归处，只恨太匆匆

马晓薇

每个人回忆起青春，回忆起匆匆那年，都会想起一些人，即使受过再多的伤，经历再多的事，那些人都是不会变的。无论在何时何地，在干什么，在面对谁，一想起他们浑身都会充满神奇的力量。

最近看了部电视剧《匆匆那年》，讲述了80后从高中到大学再到社会的经历。

学生时代被誉为是最美好的时候，单纯美好，敢爱敢恨。

校服再丑，也是学生时代的一个标志，离开校园，校服也就跟你say goodbye了。每个人在校期间都曾经抱怨过难看统一的校服。可现在，穿上校服也回不到那时的时光。

所有的公式都忘了，只记得你笑的样子。

乔燃的一朵丁香花，记录他守护一个女生的故事。五瓣丁香能给人幸福，他摘了一朵五瓣丁香送给她。“如果这朵丁香灵验，那我宁愿把我的幸福也送给她。”“我渐渐明白了一件事情，我喜欢丁香，白色的粉色的，盛开的枯萎的，我全部都喜欢。就像喜欢她一样，无论她是什么样子，长发短发，是我的或不是，我全部都喜欢。这个春天，我记住了，她会忘记吗？”在高中的时候喜欢一个人，是件美好的事情，早恋无罪。但是真正的爱情就像乔燃的那种守护，不让对方受到伤害，默默的、静静的，并不是一瓶饮料、一盒巧克力，就可以取代的。爱情是为对方着想，使两个人未来的道路更加平坦、宽阔。

不要变，永远都不要变。

许多人随着年龄的增长，会丢掉最开始的本我，丢掉自己最纯真的心，就像陈寻与方茴的爱情，方茴没有变，但最终他们还是分开了。分开得让人心疼。但是守护对方的心没有改变，最终陈寻还是选择保护方茴。

就算变成老头，还是会被考试的噩梦惊醒。

考试，学生时代最害怕的事情。最后的高考，紧张又激动的心情这辈子也忘不了吧。虽然我还未经历过高考的洗礼，但是中考我也很难忘记了。那年为了体育考试，不停地在操场上练习，将成为我一辈子的回忆。说不定到了40多岁的时候，我会跟自己的孩子说：“你妈妈也是800米可以跑到3分16秒的人！”

那些当初说着永远不分离的人，一次分开，就可能后会无期，天涯两望。再见其实不是告别，而是承诺。

每个人的匆匆那年都是印着每个人的青春印记的。我们的时代里，也有着我们自己的“方茴”“陈寻”“乔燃”“赵烨”“林嘉茉”。时光匆匆，停下来，我们还是那年的我们，我们的心还是那年的心。

同学点评：晓薇的这篇文章行云流水，真实的感情流露在字里行间。通过《匆匆那年》这部电视剧，引发出自己真实的对高中生活多个方面的记叙。校服、爱情、勿忘初心、考试等几个内容阐述出自己的想法与《匆匆那年》撞出的火花,真实可贵。看过《匆匆那年》的你,想必对这篇文章会爱不释手。

(张格格)

公交上的旅行

汪晓宇

也许每天挤着公交上学是一种让人烦躁的疲劳,在人群的簇拥下,卡着门框被推进车里,总要伴着司机大叔不耐烦的"往里走"的喊声,本就狭窄的过道里更是人头攒动,每一个把手都有人占着,于是以我的"海拔"只能在那些缝隙里"立地成佛"了。

幸好,一切并不都是那么悲催。在拥挤的人海中总会有形形色色的人,于是观察他们也就成为我的一种消遣了。可惜我没有福尔摩斯的演绎本事,无从推断他们的个人信息,但只是观察也足以成为我独自回味的乐事了。

每隔不久,我总能看到一些熟悉的面孔。有时,是一群幼儿园老师,都很年轻,穿着也很鲜亮,其中有一个戴着眼镜的女孩,齐眉帘,披肩发,头发乌黑,感觉十分文静,很像《火影忍者》里的雏田;有时,是一个穿着十一中校服的男孩,总在我的前一站下车,老穿着一条不像校裤的七分裤,戴着一副挂式耳机,边走路边看手里捧着的一本英语小词典;还有时,是一个留下小儿麻痹后遗症的男孩，总是独自坐车上学，看他一拐一拐的姿态，我总是油然而生一种敬佩之情……

虽然遇到这么多特别的人，但都没有机会认识，也许这就是佛说的修缘的过程吧。不知是偶然还是缘分，我在公交上认识了一个也在古中上学的女孩，她是在高一时从天津转来的，如今她已不再和我坐同一班车了。在聊天中我了解到，她的爸爸也常常在世界各地到处跑，从幼儿园起她从没有一个固定的学校，不停地转学，这让她的个性有些孤僻。她让我想起了几米的漫画，她仿佛就是那个画里的女孩。虽然我们只是泛泛之交，但我希望她也能做那条幸福的鱼，我愿成为她的那滴神奇的海水，为她带走一些孤独。

坐在这辆公交上，我也觉得有些奇妙，仿佛这真的是一场旅行，我观看着窗外变幻的景色，观察着来来往往的过客，在那个小小的角落里小心翼翼地窥探着世界。

其实我也是一个过客，也许在我不经意的时候，也会有人在某个我所不了解的暗影里注视着我，注视着这个世界。

同学点评：晓宇同学的这篇文章，与她往日的文艺范儿相比别具一格。这篇文章从生活中细小的点滴入手，真实的情感体现在字里行间，从公交车的拥挤到对他人的观察，无不是一个高中生的真实视角，让人看了很有共鸣，不禁也会怀念起高中生活。通过末尾“过客”一词，将文章主题引申至世间万物的联系，我注视着别人，别人也会注视我……

（张格格）

流　　逝

原　玺

再过几天就是那个人的葬礼。

虽然很少与那个人见面，但却无法忘记他那和善的笑容与坚定的意志。

最后一次见他是在医院。当我看见他枯黄憔悴的脸上勉强挤出的那一丝笑容时，我整个人便呆住了，随后，眼泪便一串串从眼眶中涌出。病痛的折磨竟然可以将一个健康的人变成如此憔悴的模样！头发因为化疗已经全部脱落了，整个人瘦骨嶙峋，皮肤焦黄，眼睛也明显凹了进去。但他却坚强着，对每一位来看望他的人都会挤出一丝微笑，对我也不例外。

时间是那么的无情，自最后一次探望他没过几天就传来了他在睡梦中安然离去的消息。不知是喜是悲，他终于可以不用去忍受蚀骨之痛，毫无顾虑地离去。但是一个年轻的生命在还没来得及有所成就与完成梦想时便悄然消逝，让人不禁感到哀伤与悲痛。

人生，何为长，何为短，何为幸福，何为凄惨？人为何要出生，人死后又究竟会去哪？人生短暂，没有太多的时间任你挥霍，没有太多的时间让你沉沦于世界的诱惑。若是人生用天或者小时、分、秒来计算，那会是什么概念？当你知道你的人生大概有几秒时，你会是什么感受？

人的一生何其短暂，逝去了便不再回来。逝者已逝，除了哭泣，我们还能做些什么呢？我们只有将他们永远留在记忆中。

而我们更应该做的就是珍惜眼前，珍惜眼前的人，珍惜眼前的生活。

因为，时间在流逝……

同学点评：这是一篇感叹时间流逝、生命苦短的文章，通过对生与死的思考给人很大的震撼，最终得出了珍惜眼前人和生活的感慨，恰到好处。

（张 晔）

楼 东 魂

安 荻

还记得吗？我们初见时。

长安城正值梅花盛开的时节。我穿过那片梅林，看见了你。那时的你意气风发，而我浅妆素服，来到你身边。你可还记得你有多开心吗？拥我入怀，之后便开怀畅饮。你知我善吹白玉笛，命人取来，我朱唇轻启，一曲《梅花落》荡在梅林之中，曲中对视，你我便恍若置身于天上人间。

当日，我作惊鸿舞，你便称我为“梅精”，我知道，我们的生活，其实才刚刚开始。之后的你便对我宠爱有加，为了你，我便静守于闺阁之中，如其他女子一般，深爱着自己的夫君。我不爱富贵，不喜铅华，只因为我知道，只要你在，其他的，其实无甚重要。为了你，我可以忍耐被醉后臣子调戏之辱，为了你，我也可以冒着被指责后宫“妄议朝政”的风险，时常提醒你要亲理万机，励精图治。为了你，我心甘情愿。

还记得当初吗？我们对着那凌霜而开的红梅吟诗作赋，在园中下棋烹茶，何等惬意欢乐，但我如何也想不到，终有一天，你心里，便只留下我的一抹浅影。

我曾许过心愿，愿得一心人，白头不相离。但我如何也没料到，我所嫁与的，是这世间最无法一心的人，我便想退而求其次，不求一心，但求用心。到最后，这也成了奢望。

杨贵妃来了，或许，你是腻烦了与我在一起的生活，她的到来，让我成了雪中的一道孤影。你很少，甚至没有再见过我，我多想问问你，问问你还爱我吗？但我不忍，我想让你开心。但是，我发现，渐渐地，你好像不再问及朝政了，只顾与贵妃享乐，我便抱着最后一丝希望，写道："撇却巫山下楚云，南宫一夜玉楼春。冰肌月貌谁能似，锦绣江天半为君。"本是想尽到为人妻的本分，谁知她回道："总教借得春风草，不与凡花斗色新。"

奈何嫉色庸庸，妒气冲冲。夺我之爱幸，斥我于幽宫。此后，我便独居在那上阳东宫之中。我知道，你心里有我，只不过你耐不住贵妃的泼辣，只得把我弃在一旁。

罢了，之前种种，如今看来便是红尘痴梦般可笑，如今，你有贵妃日日做伴，为她，竟有"一骑红尘妃子笑，无人知是荔枝来"的绝代"佳话"。回头看看我，那屋中，镶玉铜镜终究被岁月的尘埃掩埋，香罗奇珍，也被时光封在了凤奁之中。我再也不必精心梳妆，再也不用裙袂轻扬，没了你，我又何须整日眉黛唇嫣。你有她，有她们，而我，只有你。

如今，只剩我一人了，独自看那梅花凋零，想着我们在梅林的种种，一滴冰凉的泪落在了地上，声音，却清晰可闻。上阳东宫的墙壁，是冷的。每到冬日，宫中别无他人，只见楼上一孤影，立在凛冽寒风之中,心中所念所想,则是承诺给她一辈子的夫君。而现在,万事皆空。想必此时贵妃殿中,一定是歌舞升平吧。

之后,她因不满你对我的思念,砸碎了白玉笛,《梅花落》曲终。

战乱之时,你还会记得我吗?你知道我平生爱梅,却也性如梅花吗?那日敌军来犯,我唯恐为人所玷污,便裹了白绫,投井了结残生。你知道吗?你爱了我一辈子,也辜负了我一辈子。当初,我们唯愿终身所约,永结同心,无奈却被时间和新宠冲走了。

林中、殿中、宫中、井中。这一辈子,我未怨过你。

琴瑟在御,岁月静好。

同学点评: 傲骨铮铮,珠玉灼灼。似梅之高洁,纤尘不染其清。玉玲珑,天子心,悠悠十载独专宠。纯如玉,明如晶,一枝春来牡丹中。清丽氤氲,玉面佳人,却道乱世纷争,魂归梅林。呜呼哀哉!

(刘晓晓)

秋风秋雨秋意

赵小寒

今年秋天似乎格外的冷。

雨善万物。可伴随着秋风而下的秋雨,丝丝冰凉。

才是入秋,冷空气却铺天盖地而来,一夕间仿佛天差地别。昨日还穿着半袖流着汗,今天就加了厚外套。

可是,随风纷纷而落的叶子还没有漫天飘飞。还没有看到满地的金黄与枯绿交相辉映，没有将一片片落叶踩得咯吱作响，没有投入到卫生区“大”扫落叶。所以，我的眼中好像还没有秋意。

雨点打到脸上手上，雨水溅湿鞋袜裤腿。凉，唯一的感觉是凉。我畏凉，但没有从秋雨上感受到秋天。吹过的凉风无异于“锦上添花”，但从秋风中我也不曾感受到秋意。

秋风秋雨愁煞人。我愁的是还未感受到秋意。

也许，看看香山红叶红得漫天遍野，看看告别了夏天灿烂有了秋天精美的乡野，我才能感受到秋意吧。

为什么我从秋风秋雨中看不到秋意？

因为我想看到的秋意，是好似不经意间就可以感受到的独属于秋天的欣喜。

秋意浓，浓在了内心的那份情感上。

同学点评： 每个人对于秋的感觉是不同的，无论是“自古逢秋悲寂寥，我言秋日胜春朝”，还是“一年一度秋风劲，不似春光。胜似春光……”只是心境不同，作者眼中的秋意也表现了独特的内心情感。

（王文欣）

过山车的思考

汪晓宇

过山车上，短短几十秒，就充分体验了兴奋、惊恐与刺激。车体在空中无规则地翻转乱窜，时而缓缓地向上爬，时而猛烈地向地面俯冲，随之呼啸而过的是尖叫声。而此时，虽然身体上害怕，内心却很安然，明明吓得尖叫，却还能俯瞰景观。

过山车固然能使人疯起来，但这种疯狂不是来自我们的无畏，而是心里明知的安全。

当过山车带着我们疾速向假山冲去时，我们不会担心真的撞上，因为过山车也有既定的轨道；当我们高高地冲荡在空气中时，我们还能探着头去欣赏远景，是因为车座把我们牢牢地固定住了。这时的我们是自由无比的，如同可以飞翔的鸟儿；但此时的我们也是被束缚最紧的，一切只能完全听从车的轨迹的安排。

许多时候，我们更期望生活会像过山车一样，充满更多的刺激与自由，但即便是坐过山车也是在戴着脚镣跳舞。我们渴望自由，但没有那个轨道指引方向，久而久之自由也会成为迷茫；我们追求空中的刺激，可如果没有座位的禁锢，绝不会拿生命玩疯狂的游戏。

有时候，自由也是要产生于不自由的。华美的舞蹈下是一招一式的动作，绕梁三日的乐章中是一个个既定的音符，俊秀飘逸的书法也离不开点撇横竖挑捺钩的基本笔法。遵守这些条条框框，不是为了让它们限制自己，而是为了能站得更稳去推陈出新。

疯狂着，也前进着；束缚着，也自由着。我们坐着过山车穿越在这个五彩缤纷的世界里。

同学点评：晓宇的这篇文章，从头到尾十分流畅，通过坐过山车来引起对自由的思考，对生活的思考。生活中很多事跟坐过山车有着相似之处，我们在追求自由与疯狂的同时也要考虑平稳与规则。

（马晓薇）

赏　悦

刘晓晓

又是一个没有月亮的中秋节。

年龄一天天在增长，对节日的期待却一天天减少，节日中能记住的似乎只有吃了。从山珍海味到家常饭菜、饭后甜点，美食充斥着整个节日。小时候最期待过节了，因为总会有各种各样的好吃的，那个时候尽管“小时不识月，呼作白玉盘”，但天上还是挂着那轮明月的。现在倒是识月了，可是月亮却跑了。

没有月亮的中秋节，终归是让人遗憾的。想想古时候，见个月亮哪里需要这么奢望，纵有云遮月，但很快乌云会散去，明月一直被文人墨士们歌颂。而现在也许只有明月的照片可以稍稍慰藉我失落的心了。

中秋，因为遗憾而更美好。朋友说，今天她的爸爸没有赶回来，中秋之夜她和妈妈两个人吃的饭，不过依旧很快乐，因为牵挂着爸爸，所以她和妈妈一直在谈论着爸爸的往事，揭出了不少令人啼笑皆非的“秘辛”。她说，虽然爸爸没能回来是个遗憾，不过她这个晚上过得真的挺不错的。

还没吃饭前，姐姐打来了电话。这个中秋她没有和我们过，因为她也有自己的家了，她要和孩子们一起过他们家的中秋。我跟她说了今年又没有月亮的事，而她却是一个劲地笑我，说我是庸人自扰。“没有月亮的中秋就不是中秋了啊？没有月亮你就不快乐了？平常也没见你有多喜欢月亮。”我握着手机，沉默了。也许真的是我的执念太深了，月亮并不能代表什么，有它中秋会更加圆满，没它节也照样过。

凭窗倚望，灯火阑珊。饭菜飘香，人影婆娑。家家都在忙碌着，为着这个团圆的日子，回首望去，厨房里传来阵阵香味，爸爸妈妈把一道道菜端了出来，招呼我们坐下，小侄子在客厅里跑来跑去，更添几分喜悦。这样的日子，即使没有明月皎皎，也很快乐，不是吗？

中秋无月，但依然赏悦。今年的月亮，留到明年再看吧。

同学点评：中秋，赏月，也是赏悦，不管有没有月亮，中秋节都是一样过的，只不过有了些许遗憾。不过，任何时候，快乐是不能丢的。

（安　获）

月

许奕璋

今天是中秋佳节，是一个万家灯火、合家团圆的日子。我们也回到了奶奶家，坐在餐桌前，共同享受这个美好的夜晚。

记得小时候，每逢中秋节，爸爸妈妈总是能拿回将近十盒的月饼，这是我最高兴的时候了。还没有到中秋节，我便开始早上一盒，晚上一盒，每盒只挑我最喜欢吃的蛋黄月饼和一些种类比较少见的月饼（当然，不包括冰激凌月饼）……

美味的月饼，圆圆的月亮，都代表着这份美好的记忆。记得暑假在西班牙游学时，一天晚上，我们出去看流星，流星没有看着，却欣赏到美丽的夜景。一轮圆月挂在天边，前面笼罩着一层轻纱似的薄雾，慢慢地飘着；身前是一片广阔的草场，黑中带着墨绿；远处挺立着几棵孤独的大树，树叶在沙沙作响。忽然，一阵晚风吹过，我感到有些寒冷，不禁缩了缩肩膀，又感觉整个草场似乎长高了一截，小草像人们的头发一样被吹得都“站”了起来，在夜色中显得格外迷人。

哎，都怪夜景太美，我好像忘记了自己所处的位置，整个心灵都走进了大自然。

月亮啊，月亮啊，不管是中国的月亮，还是异国的月亮，都是美的象征，中华民族自古以来对月亮就有着特殊的情感，她也成为诗句散文中永恒的主题。

同学点评： 看惯了中国的月亮，也见识了国外的，可是，海上生明月，天涯共此时，最美的还是家乡的月亮。你看，李白不也是举头望明月，低头思故乡吗？无论在哪里看到这月亮，最心心念念的，还是家乡的那弯月亮。

（安　获）

夕　颜

安　获

夏末夜晚，那一簇簇夕颜在墨色的天空下开得正好。

那时的如萱，还是个稚气的孩子。就在这个晴好的晚上，趁着家人睡下了，便独自一人来到了庭院。空中嵌着的那一轮残月，衬得这夕颜多了几分凄婉。那时的她，哪里懂得这些，倒是极贪恋月色，独自与这些花花草草玩闹了许久方肯回屋睡去。那时，她还不认得哪簇是夕颜，哪株是牡丹，只觉得她们都极美。

渐渐的，她发现，每到月夜，在如银般的月光下，总有那么一簇花开得煞是明艳，它没有牡丹、月季那些亮丽贵气的颜色，但唯独在月色的映衬中，多了几分独一无二的美丽与纯净，也多了几分不与群芳同列的清淡与孤独。从此，她便爱上这花，每逢月夜，她都要坐在这花中读诗诵词。月色、夕颜、一本书卷，这是她那时最大的乐事。后来，她长大些许了，褪去了几分稚气，多了几分安静与沉稳，唯一不变的，便是她对月色与夕颜的深爱。

一天，她便去问母亲，庭中所植之花为何物，母亲一时想不出，便随她来到了庭院中，不想，母亲看后大怒，命下人将这些花悉数拔去，此后不许再植。她哭了，她不知道母亲为何如此生气，此花究竟为何物。她便向家丁打听，这才知道，原来，此花名作夕颜，只在傍晚时分开花，清晨便谢去，此花亦指薄命女子，所以大多人家都忌讳这花。

她明白了，母亲怕她如夕颜般薄命，才如此愤怒。回到庭中，见下人们正在拔除此花，她不经意地向那片地上一瞥，见到了那最后一朵花苞，之后，也消失在那一簇簇被拔除的枝叶之中了。

她，十七岁了，亭亭玉立了，有心事了。

初夏时节，她泛舟于湖上，怀里拥着一捧莲蓬。水面微微漾开，船在荷花丛中划出一条小路一般，甚是好看。这时，她抬头，所见之景，此生不能再忘。

一个背影，孤立在湖中桥上，一阵微风吹过，柳枝轻扬，衣袂翩翩，远方则是清晨的一缕薄雾，如此，便如仙人落入凡间一般令人敬慕。听到湖水微漾，他也缓缓回过身来，如萱这才看到他的面容。他生得端正，眉宇之间流出一股英气，而他看到如萱，面容甚是清丽俊俏，嘴角微扬，便若一朵荷花开在湖中，温婉动心。他们，一见钟情。

此后，他们常常约在桥边相见，畅谈古今文人政客，私语世间绝代佳话，两人笑语，不顾世俗。

虽然如此，如萱，终究是大家闺秀，而他，也终究是一介草民。她的家人不许他们相见。她偷偷走到他们之前相约的桥旁，本不想停留，忽见身旁一物发出微光，她俯首而视，正是夕颜。这么多年过去了，夕颜的夜中风姿，不减分毫。这一晚，她再一次在这花丛中沉醉。

之后不久，城外起了战事。一天，他们再次在桥边相见，而今时不同往日，两人的脸上都因思念，平添了几分憔悴，人也消瘦了。

夜色降临，繁星闪耀。沉默良久，他终于开口："战事已起，我愿奔赴沙场，待我军功显赫，荣归故里，便可娶你为妻，享一生荣华。""刀枪无眼，危险非常。"她的眼里充满了担心。"无妨，只要能风风光光地把你娶回家，我无怨无悔。""你听说过夕颜吗？"他说，"那花只能在夜晚开放，就像有些不能为人所知道，不能见光的事情一样。但是，即使有些事再不能见光，也会在心里枝繁叶茂，永不凋零。""我知道，我等你。"

她离开了家，在他的小房子中等他，为他裁制新衣，为他把这间屋子打扫得一尘不染，时常幻想着他们婚后的生活。

直到一天傍晚，信使传来了他战亡的消息。她呆呆地倚在窗边，早已泪流满面，向窗外望去，远处的一簇簇夕颜，开得依旧灿烂。

之后，她便缠绵于病榻之上，她知道，红尘中的薄命女子，是要多她一个了。这一晚，她睡得格外踏实。

一抹朝阳划破天空，夕颜，谢了。

同学点评：短短千余字，道出了一个凄美的故事。她短暂的一生，如夕颜的花期一般短暂。如萱，便是夕颜。正如花之所喻，如萱薄命。哀莫大于心死，若爱成空，也许随他而去也未尝不是一个好的选择。上穷碧落下黄泉，奈何桥上，那个她爱的他在等她。

（刘晓晓）

雨　　爱

刘　可

“刘可，你想吃啥呀？”母亲边向四周环顾边问我。“我想吃排骨，还有鸡翅，还有……”我熟练地说着我早就想好的答案。“哦。”母亲也只是淡淡回道，我感到被泼了冷水，满心的激动就这样被回了一个“哦”字。我低着头轻呼一口气，心里有点淡淡的感伤。母亲总是这样，对我从不亲昵地喊小名，没有温柔的神情，感觉都是冷淡，好吧，我到底也是习惯了。

早市的人多得很，到处都被挤得满满的，耳边充斥着沸沸扬扬的声音，有吆喝的，杀价的，叙话的。旁边一股人流向前冲去，我被无意地撞了一下，一在意，往前看的时候母亲已经被人群淹没，顿时，心里空落落的，总感觉少了好多东西，有点慌张，有点空虚，有点难过。我加快步伐往前走，总算是找到了母亲，我赶紧跟母亲说方才的遭遇，母亲皱着眉，凶巴巴地说："那么大的人了，还怕弄丢了！""我哪是……"想说出来的话最终却化成了沉默，沉默。

忽然感觉到了零星的雨点，没过一会儿，雨下大了，可菜还是要买的，母亲便买了把雨伞。母亲把伞递给我，让我站在一边等她。我看见母亲小跑着奔向菜摊，俯身仔细地挑着西红柿。我站在对面打着伞，看着四周，熙熙攘攘的人群，却只有我眼前这个瘦小的背影能牵动我的心。我望着眼前这个瘦小的背影，紧蹙着眉，呆住了。我赶快跑到母亲身边，给母亲撑伞，而母亲又是如此，几乎是冲我喊道："你来这干吗？快过去！"我看着母亲，坚定地站在原地。

我撑着伞，凝视着母亲的侧脸，似乎明白了什么，原来我不是习惯了母亲的冷漠，而是习惯了母亲那不善言语的心，母亲的爱就好像这从空中飘下的雨，虽然感伤，但的确滋润了大地，雨后的我也会大口地呼吸着新鲜的空气，嗅着鲜花与泥土的芬香。

我也想就这样，紧靠着母亲，注视着她的脸庞，为母亲撑一辈子的伞，给她温暖，给她遮风挡雨，给她依靠。

同学点评：这篇文章的题材没有那么新颖，辞藻也没有那么华丽。但作者用如老舍般质朴的语言让人深刻地感受到，母爱如生命中的一缕阳光，让孩子不曾寒冷，不曾害怕，不曾彷徨。

（刘嘉雯）

战胜自己

刘晓晓

当你迈出第一步时，你就已经战胜了自己。

——题记

欢乐谷之行，刺激、惊险，感受良多。

走进欢乐谷，凭着一时的兴起，我竟然已经站在了水晶神翼的排队队伍中。亚特兰蒂斯，失落的文明。在这个大背景下的过山车项目，似乎也变得有些神秘了。

从外面看，过山车的轨道横穿过石头制的古堡，有着历史的厚重感，如果不是一会儿我就要踏上飞速前进的过山车，也许我会更加欣赏这座美丽的古堡。

随着队伍的前进，虽然依旧和同伴有说有笑着，但手心还是出了些许薄汗，有些潮湿。身边的人唯恐天下不乱地讲述着过山车上发生的意外，更是让我紧张万分。

眼看着马上就要轮到我们了，我竟然有点想打退堂鼓。要知道，在我的记忆中坐过山车的次数似乎只有一两次，原因无它，我会晕。小时候我坐完过山车之后，一下来就吐得昏天黑地。那样的记忆一直在我的脑海里，以至于这么多年了，我对过山车这个项目一直避若蛇蝎。真不知道我是怎么想的要来排队，不过事已至此如果退出的话，肯定会非常没面子的。

为了那么一点点面子，我毅然决然地坐上了那个我一直以来可望而不可即的过山车。如果忽略我死死抓住同伴的手这一个小动作的话，我似乎还是很淡定从容的。

过山车一点点升了上去，我如同一只鸟一样，俯瞰大地，绿地、山谷、池水将我的心神吸引了过去，用一个完全不同于平常的视角看世界，也是别有一番滋味的。突然，过山车骤降，耳边传来了高高低低此起彼伏的尖叫声，而我惊讶地发现自己竟然还可以淡定地听他们叫唤而不为所动。

眼前的景色不停地变换着，害怕的时候将眼睛闭上，感受到的就只有风的呼啸。风声从我耳边掠过，感受到身体在不停地翻转、移动着，而我的内心却极为平静，没有丝毫我所预想的不适感。慢慢地，速度慢了下来，眼前的景色变为了一片红色的落叶。经过风的洗礼，再看这落叶，竟是美极了。

解开安全带，还有些意犹未尽。这是我第一次感觉到这么强烈的刺激，全身上下说不出的畅快淋漓。而眩晕、呕吐等不适感也竟一丝都没有，实在让我有些惊讶，这大大超乎了我的预料。

一直以来，我总以为我不行，我以为只要我坐上去，我就一定会晕，一定会吐。可是等我真正迈上去，并且安然无恙地走下来时，我才知道原来一直以来都是我以为我不行，而现实告诉我，我可以。

每个人都有一个最大的敌人，他隐藏在我们内心深处，那个人就是我们自己，一个胆小、懦弱的自己，但当我们能够正视自己，并且勇敢地迈出第一步时，我们也就战胜了自己。

同学点评：晓晓这篇文章行云流水，真实地表现自己的感受，通过挑战过山车这件事情，引发对生活的感想。通过自己前后两次对过山车的印象，表达出了自己战胜心中恐惧后的兴奋。每个人最大的敌人就是心中的那个自己，只有战胜了他，才能取得真正的胜利。

（马晓薇）

醉梦，草原

唐亦圆

“黄毯悄然换绿坪，古原无语释秋声。马蹄踏得夕阳碎，卧唱敖包待月明。”这个暑假，我们一家人踏上了草原之行的路，那是我盼望已久的，一场醉人的梦。

在大巴上熬了许久，绕过绵延的山路，路过了油菜花田，终于看到前方一片青葱的绿色点缀着雪白的羊群，浓浓的草原气息愈来愈近……

下了车，等待着我们的是一群热情的蒙古族人民，唱民歌、品酒、献哈达，无不让我们感受到蒙古族人民的豪迈与奔放。不远处，大片的马群正等着我们，骑上了马，才算真正感受到了内蒙古的美：天穹压落，云欲擦肩，微风轻轻吹过，夹杂着翠绿的馨香……远处，蓝绿相接的地平线若隐若现，绕过翠绿的山丘。不久，下起了绵绵细雨，雨滴把青葱的小草打得透亮。还没从草原的梦中醒来，就已来到了我们的蒙古包前。

因为天气，我们下午的活动被取消了，但这丝毫不影响我欣赏这草原美景。落地窗前，连绵的小山丘在不停地流动着，骆驼时不时还会来到我们的房前吃草，我们撑着伞踏上了绿色的毯，在凉凉的丘上漫步着……夕阳的余晖，零碎地散在小丘下的水洼里。水洼映着草，橘黄的夕阳碎进了水中，与草间的绿苗一起在水底柔柔地荡漾着。远处青灰色的天幕，遥遥地挂着，还有几丝云彩，染上了柔和的夕阳，缠绕在不远处的天边，倒映在水洼里，远远看去，朦朦胧胧，如梦似幻。

太阳终究沉下了脸庞睡去了。

晚上，篝火边，围着四面八方来的客人，歌声、舞姿，让人大饱眼福。我终于感受到了真正的内蒙古大草原的美。

草原、蒙古包、马群……一切都还在。

同学点评： 结尾意味深长。看到你的文章，似乎我也身临其境地来到了内蒙古，感受着连绵起伏的山丘、青绿的草和黄灿灿的油菜花，很美。

（张　晔）

醉　心　菊

张　晔

今天，我又带着一队旅游的客人来到了百花寨，昨夜刚下完雨，地上湿湿的，空气中泥土的芬芳唤醒着游客的好心情。我低着头，想着自己的事，前天，老板说我业绩好，可以调到一些提成更高的旅游景点，我放弃了，不是因为我脑子有病，只是我爱上了菊花寨，我想将它的故事讲给每一个来这儿的游客……

大概几百年前吧，在这儿闭塞的深山里有这样一个村子，种啥都不结，唯有种鲜花，而且这花还不能是别的花，偏偏得是菊花。这可让村长发了愁，村里人用鲜菊花泡酒，拿到几百里外的村子换粮食来吃，可这一来二去也只能维持温饱，村子里破破烂烂，全村人怎么也想不出办法，很多人都逃难去了。

就在大家一筹莫展时，村里来了位姑娘，她瀑布般的黑色长发直挂到脚，一袭纯白色的长裙，脚上的粉鞋绣着两朵菊花。她亲吻着田间的每一朵花。菊花村的村民热情地接待她，用带着露水的菊花为她泡水，但当她看到村中如此贫瘠时，笑盈盈的脸严肃了起来。她跑回房间忙活了一夜，第二天清晨她让村长召集来所有的村民，对大家说："村民们，我们的菊花村坐落在四周闭塞的大山里，老天并没有给我们一片适合耕种的农田，只留下一片清秀的菊花，但我们不能放弃，我们要走出大山，带着我们绝美的菊花去换美好的生活！"说着她展开了一张手绘的地图，村长带着仅剩的二十多个青壮年去开路了，姑娘也在一旁指挥帮忙。

八年的辛苦，换来了一条走出大山的路，村民将菊花带出去，果然换回了不小的收益，村落修建得好了，村民们的生活更好了。而就在村民想要报答姑娘时，她却消失了……

三年过去了，菊花村也变成了菊花寨。一个二十出头的年轻人和往常一样挑着菊花出山，刚到出口，就看见一个女子昏倒在路旁。只见她一头乌黑的长发，身穿素白长裙，脚上一双粉色的绣着菊花的布鞋。青年将她背起，快步走回了家，为姑娘诊治，喂了她草药。第二天清晨姑娘醒来，看着身边守了她一夜的年轻人，"你叫什么，为什么救我？""我叫若竹，看你晕倒在路边，就帮你诊治，你放心，我的医术可以！我们这里的人都会治病，好像是十多年前，一个仙女姐姐教的爸爸妈妈，就传给了我们。你叫什么?”

“菊儿。你说什么仙女姐姐?”

“你不知道，原先我们的村子可穷了，多亏了她，可她帮完我们就离开了。”

“可能她有更重要的事儿吧!”

时间一天天过去，若竹与菊儿在田间呵护菊花，傍晚伴月闲话，渐生情愫。那天菊儿倚在若竹的怀里，说:“若竹，我怕是不能再继续陪你了。”

“你说什么傻话，我们还要结婚，然后生好多好多孩子!”

“若我是妖呢?”

“管你是什么!”

“我若是真走了，菊花替我陪你!”

“不许瞎说!”

又过了几天，一个微雨的清晨，若竹睁开双眼，却不见菊儿的身影，桌子上留有一块布条和两朵菊花:

“若竹，我真的要走了，就算我有多放不下你。你们所说的仙女姐姐，她不是仙女，她是花妖，是我的娘亲，她虽为妖族，但本性善良，因酷爱菊花，你们村的村民又将她敬若上宾，所以帮了你们。但她被妖族发现，受到惩罚，永远不得修炼成人，我是她的女儿，也必定受牵连，所以，我也要离开了。别难过，世间万事皆由缘起，若有来生，但愿能再见到你……”

若竹攥紧布条，发疯一样地推开房门，屋外，菊花瓣被雨打落，若竹冲着天空大喊“菊儿”，流下了眼泪，他呆坐在菊园里整整一天……

第二天，若竹走了，他对着菊花发誓:“我要找到菊儿，纵使是下地狱，有我陪她！"

如今的菊花寨依旧遍野菊花，游客听完故事纷纷与菊花合影。我看着湛蓝的天空，想着那个故事……

同学点评：这是一篇人与妖的爱情小说，文风平淡质朴，但能令人品其甘甜，想必作者与菊花有着很深的情缘。作者的想象力丰富自不必多说，期待你更多的新作！另提一点建议，如果再描写一些菊花寨的景就更好了。

（汪晓宇）

如花岁月，似水流年

贺　赫

那烛火未明摇曳一地冷清。

姥姥十九岁便生下了妈妈，如花一般的年纪，却被封闭在那小小的婴儿房里。只有望着窗外的美好世界，带着渴望，哄着年幼的孩子。

妈妈二十六岁生下了我，即使接近三十岁，也仍旧有一颗文艺的少女心。但因为要料理家务，也只有放下手中的书，脱下飘飘长裙，换上家居服，到厨房灰头土脸地给孩子做饭。

但是现在，姥姥却似乎重回十八岁，开着车，挎着包，穿着最时髦的套装，在司机的陪伴下俨然三十岁阔太太的样子，去看车展，去老年大学。母亲在照料我和弟弟的同时，考了研究生，换了工作，以端庄的女性形象在职场活跃。

即使已经过了那个美好青春的年纪，也仍旧可以有一颗年轻的心。谁说女性只能在家相夫教子？那是封建社会的固有观念，新时代的女性，怎么就不能拥有更广阔的天地？

岁月送走了青春，在年华流逝中，我们失去的是一种静看流水落花的心情，葆有的却是一颗年轻的美丽的心灵。

我仍旧记得《泰坦尼克号》结尾时，已成了老妇人的罗丝，在回忆过去时，仿佛青春少女般的眼神。在甲板上，白色长裙与花白的头发在风中舞蹈，像月光下的精灵，从未衰老。

奥黛丽·赫本在花白了头发时，仍旧端庄而优雅，岁月在她的脸上留下了不可抹去的痕迹，但她的内心仍旧是年轻时的她，充满爱心、活力、激情与怜悯的善良美丽的赫本。

王微微女士即使在六十几岁的高龄，仍旧没有放弃对美的执着，她设计出美丽的婚纱礼服，与英俊的男模恋爱，她的内心，仍旧是年轻时对美丽无比执着的内心。

而对于张曼玉女士，老了，怎么就不能有一颗年少的心？世人笑你又何妨？年轻美丽的心，不需要别人的评判。

无论什么年纪的女性，即使青春被岁月带走，你的心也仍旧是你的，岁月带不走它。因此你也一定是美丽的！

一定要保留那份心情。

将岁月铺成红毯，见证我们的极限。

如花岁月，似水流年。

教师点评：文章轻灵自然，观点与材料有内在联系，不错。但此文观点与表达还可以再清晰深入些。“年轻美丽的心灵”在文中内涵比较模糊，有时指依然爱美不服老，有时指活跃于职场与爱情中，有时则指不满足于已有成功、不断拓宽生命的境界、大胆尝试新事物、追逐自己的梦想等开放的生命姿态。此文观点的内涵相比之下显得浅了一些。

（南海涛）

本文紧扣材料中心行文，从自己的姥姥、妈妈谈起，联系电影《泰坦尼克号》中的老妇人罗丝、电影演员奥黛丽·赫本、设计师王微微，还有张曼玉等，材料丰富新颖，具有代表性。无论是平静地叙说还是情感激烈地论述，都能让读者感受到文中人物虽然岁月已逝、青春不再，但依然拥有年轻美丽的心灵。

（董秀梅）

故乡是什么

汪晓宇

这是在电视上看到的一个问题，这本身也是一个蛮有意思的问题，因为故乡就是故乡嘛，肯定不是羊肉泡馍什么的。不过晚上怀着这个问题睡觉的时候，一闭眼，脑子里闪出的，全是关于家乡零碎的小画面，包括那一大碗羊肉泡馍。

看过关于这一问题的采访，记忆最深的恐怕就是那位七旬老人的描述了，因为他的故乡在银川，离我家不远。在老人的回忆里，银川是一片塞上江南，地里栽的是稻子、小麦，那麦穗黄灿灿的，还有一串串的枸杞，真是养人呢。

虽然故乡的模样描述起来天差地别，但仍有说不出的亲切感。

我的故乡不似银川那样一马平川，它四面环山，紧挨着古丝绸之路上的重镇——凉州(现在叫武威)。王之涣有一首《凉州词》就是描述这里千年之前的景象,前几年在那还有一小段土长城作佐证,而现在就成了彻头彻尾的新兴工业城市。所以我的故乡最引以为豪的恐怕就是矿产了。

小时候一直以为山是黑色的,因为每当远远望去,看到的就是一座挨一座的黑山,听爹爹说,那座山叫龙首山,那黑乎乎的就是镍矿,是国内目前最大的产镍区,所以有镍都的美誉。在市区内大广场的中心伫立着一个金娃娃,象征着祖国的镍都。我的故乡的确是座镍都啊,这里的大部分人都从事与矿产有关的各种职业,在这里奉献青春,在这里成家立业。我的故乡就是那个闪闪发亮的金娃娃。

但在我眼里,这不是故乡的全部。它还有许多无法言说的独特。

譬如这里的天气。哎,总是汉子似的飙脾气,不按常理出牌,阴个天都能玩出好几种花样。在北京这么久已经很难想象那种黑云压顶、狂风骤雨般的感觉了,风能把雨吹得直震玻璃,把你从睡梦里吓醒。虽然这暴风真的凶残得可以,而且我也没少暗骂过它,但隔这么久,居然念起它的可爱了。这就是故乡的风吧,看着五大三粗了点,但内心也实在淳朴憨厚,打个招呼都是如此热烈。

秋天了,最最忘不掉的,就是那黄沙,现在想来真是又爱又恨。以前最怕刮风的时候不在家了,走出去时瓷砖、桌面、扶手都干干净净的,可回来时,就是满屋子的"金碧辉煌"了,但我既不是画沙画的艺术家,也不追求"纸醉金迷"的生活,只好像正常人该做的那样,拿起抹布、拖把,一处处擦拭起来。若非如此,我还真会赞美尘沙的,被风吹起来的时候,像小小的龙卷风,把叶子卷得老高，当然，一般这种时候就不要张嘴了，毕竟沙子不好吃。

风与沙，我家乡的代言，只有带着情感去与它们相处，才会发现它们的可爱，就像那里的人一样，来自五湖四海，却也融合了一座城。

故乡是什么，在心里已有了答案。

同学点评： 本篇文章属于晓宇一贯的行文风格，有钱钟书的幽默、有霍达的暗藏情感……故乡是属于每个人的，这个问题也在小作者心中迟迟不肯离去，由一个生活中的细微观察，引出自己对故乡的怀念。晓宇同学用自己对故乡的独特视野给我们介绍了心里的那个故乡。简单的语句组成了沉甸甸的故乡情，风与沙，爱与怨，交织在文章中，迟迟无法忘怀。故乡是什么，相信读者们已有了答案……

（张格格）

故乡的桑葚

董秀梅

天气一天天热了，阳光一天天明媚，我们决定趁此周末全家去爬香山。

下山路上，沿着一条悠长的小径，有许多小商贩在兜售商品，其中许多庄户人家自产自销的农产品，招徕了不少游客。不久，我们的前方被一圈人堵住了，先生带着我和儿子左冲右突才挤过人群。我好奇地回头一望，原来是一位老农在卖自家产的桑葚，黑黑的红红的大大的桑葚吸引了许多游客。

看着泛着油油光亮的桑葚，我不觉心一动，故乡的桑葚也该成熟了吧！吃上一个桑葚，酸酸的、甜甜的、凉凉的定会稀释全身的疲乏。想到此，不觉满口溢津。先生似乎看出我的心意，说："要不，我们也捎带一点回家。"

说好价钱，称好重量，装进袋子，满满的一兜桑葚。

提着一兜桑葚，像是提回了遥远的回忆，提回了幸福的童年时光。

我的故乡，在江南小镇。而江南的农村，几乎家家门前都有桑葚树，那些树是农民们为了度饥荒年月而栽下的，奶奶家也不例外。因为，瓜果能顶半年粮。

父亲是奶奶的长子，他不仅在家的周围栽下桑葚树，还栽过枣树、苹果树、柑橘树。很可惜的是，苹果树没结过果，而父亲成家后，我家就从爷爷家分出来，那些果树就自然成了他的那些弟弟们家的树了。每次到收柑橘的时候，我们看着堂姐堂弟在树下忙碌的身影，就抱怨父亲，干吗自己栽的树都给别人了？父亲常常抚着我们的脑袋说：哥哥栽树，弟弟乘凉，家人之间得照顾着。

父亲在县城里工作，当然不知我们这些孩子的心理：由青而黄的柑橘，由绿而红的桑葚，挂在枝头，既能解馋，更是孩子们招兵买马时炫耀的资本啊！

故乡的桑葚树就在奶奶家门前，门外是很宽的场地，所以每年三月份，当暖暖的阳光抚摸过大地时，桑葚树与其他树一样，也悄悄地披上新绿，嫩嫩的新芽点缀在枝头，让人不禁遐想满树的桑葚。树底下自然地聚集了很多伙伴，我们在一起"跳房子"、"斗牌"、"撞飞人"，可遗憾的是，这些玩法现在几乎绝迹了，我也不知如何用语言描述这些玩法，但正是当年这些带有竞技式的游戏，练就了我健康的体魄和敏捷的反应能力，也给我的童年留下许多有趣的故事。

而当浓浓的绿包裹了整棵树时，许多青青的米粒大小的桑葚从宽大的树叶底下冒出来。馋猫样的我有时顺手捋一个放入嘴里，顿时一股酸涩充斥整个口腔，酸酸的、苦苦的、涩涩的，整个腮帮子都要化掉。

随着阳光的普照，桑葚树已是浓荫匝地，有性急的桑葚很快换上淡淡的红颜，像少女浅浅的腮红，格外招人注目。当然，也逃不过眼尖的我们。为了一解口馋，我们拿出特制的工具，兄弟姊妹几个团结合作，姐姐托起妹妹，举着长长的竹棍，用顶端上弯弯的镰刀，轻轻一钩，高高的树枝便弯下身子，堂弟就迅速地从青涩的桑葚中择出那羞涩的一颗来，很快放入口中，涩中泛着甜，一丝丝，一缕缕滑过舌尖，很快舌苔上全是酸涩，脸上怪样百出，旁边看的姐妹们哈哈一乐，甚是满足。奶奶每每见状，都要数落：这是哪个馋鬼脱身来的，小心酸掉你的牙齿喽！

春风的脚步加快了，桑葚们一夜之间变红变紫变黑，风儿一吹，黑黑的桑葚轻轻地告别树干，落到软软的泥土里。不用可惜，因为树底下早就站着我们这些伸着脖子数数的馋猫，我们边数着熟透的桑葚，边准备好家什，边想着如何分配这些丰收的果实。掉到地上的当然是最甜的，懂事的姐姐会捡起来，抖一抖土，吹一吹灰，然后放到妹妹我的嘴里，软软的，甜甜的，满口溢着清香。

记得有一年，我和堂弟吃完了手中的桑葚后，意犹未尽，就爬上树，猫着腰，搜寻遗漏的战利品。我们比赛，看谁摘得多，当然我占有身高的优势，眼疾手快，能边摘边吃。等到吃晚饭时，才感觉到，满嘴空空的，牙已酸倒了……

又到吃桑葚的季节，而当年栽桑葚的父亲早已故去，当年吃桑葚的人也为人父母了。故乡的桑葚树也随着叔叔新家的建成而消失了。

可是，忘不了心中的那一片绿，忘不了那甜中泛着酸的青涩的味道，忘不了带给我快乐的故乡的兄弟姐妹们！更忘不了带给我们浓浓阴凉却英年早逝的父亲，还有那充满传奇故事的爷爷和奶奶！

播种太阳，收获温暖

董秀梅

"我有一个美丽的愿望，长大以后能播种太阳，播种一个就够了，会结出许多的太阳，一个送给南极，一个送给北冰洋，一个挂在冬天，一个挂在晚上。种太阳，到那个时候世界每个角落，都会变得温暖又明亮。"小时候最喜欢听儿歌《种太阳》，那时的我是被它欢快的旋律和响亮的童声吸引，在一遍遍的哼唱中，我的眼前是一幅美丽的图景：空中，金黄的太阳，温暖明媚；地上，金黄的向日葵，笑靥灿烂……

现在，再听这首老歌，在仔细咀嚼歌词意境美的同时，我的心中泛起阵阵涟漪。从教十几载，参与了各种课题，而北师大的"实施发展性评价，促进中小学教育质量提高"这个课题却以前瞻性、针对性、互动性、及时性、指导性的魅力深深地吸引着我。2006 年，我作为学校的课题管理者，根据课题组的要求，曾在高一年级进行“教师日常教育教学行为”测评，测评结果与数据马上得到反馈。面对结果，我再一次强烈地感受到：教师的日常教育教学行为，如同是播种太阳，种下爱，种下光明，世界会变得温暖而明亮！

播种太阳的老师，是爱的坚守者！

十多年来，小小的讲台已经绽放了我又一个青春。仔细想想，自己竟没有多少可以值得骄傲的东西；看看自己，瞧瞧别人，发现自己既没有多少钱又没有多高的地位；回头望去，也没有多少惊天动地的事迹，自己的一生就这般的平淡如水。

是的，平淡如水。

回想十多年来，因为身边好友不停地跳槽，待遇不停地上涨，生活水平不断地提高，社会价值也不断地提升，平静的我也不再平静。我也曾一次又一次地审视自己的这份职业，在我的同学陆陆续续地离开教师这个岗位时，我依然待在原地没动。于是，这一待就是十多年。日子久了，对待这份职业也就有了一份品味：人来到世间一遭，寻求的就是快乐，就是开开心心过一世，无论名利高低，无论钱多钱少，归根到底是要快乐，没有快乐，一切身外之物又有何价值呢？

为了理想而做老师，每天都在实现自己儿时的梦，所以我很快乐。现实与理想有不小的差距，但是一个真正有理想的人，是不会因为一点小小的挫折而放弃的。“千磨万击还坚韧，任尔东西南北风”，只要你愿意去努力，不被名利所诱惑，不被眼前的困难所吓倒，你就能一步一步，慢慢接近理想。

在坚守中我获得一丝又一丝的淡淡快乐：学生犯错误也只是成长中的必要阶段；学生没有考好也不用大惊小怪的，因为知识的积累也需要一个循序渐进的过程；学生习惯不好也没有关系,因为成长是需要时间的;学生的一点点进步就会让我充满信心;学生的一次感激的笑容就会让我意识到存在的价值;哪怕只是一次轻声呼唤"老师你好"也能让我体会到受人尊重的幸福。

学生需要时间,我们也需要时间,一切在坚守中变化着,升腾着。学生需要时间成熟,而我们需要时间磨砺。

直到有一天,一个曾经也做过老师的人对我说:还是你对,你坚守下来了!是的,做一位麦田的守望者,我是自豪的!

播种太阳的老师,是爱的播种者。

人类之所以能发展到今天,生生不息,靠的不是仇恨,不是暴力,而是爱。社会发展离不开爱,而我们的教育就更少不了爱。

著名学者夏丏尊批评当时的学校教育曾提到:"教育好像是在掘池,有人说四方形好,有人又说圆形好,朝三暮四地改个不休,而于池的所以为池的要素的水,反无人注意。教育上的水是什么?就是情,就是爱。教育没有了情爱,就成了无水的池,任你四方形也罢,圆形也罢,总逃不了一个空虚。"几十年已经过去了,但我们依然应该吸取当时的经验教训:我们的教育不能再犯那样的错误。

"师者,所以传道授业解惑也。"作为一名教师,不仅应该授业解惑,更应该能传道。传什么道呢?就是传递爱的情感。因为一个学生只有充满爱心,才可能去关爱他人,才可能多做对社会有益的事。当然爱心的培养并不能简单地靠说教、靠灌输来完成,而是要从点滴小事做起,让爱像甘露一样一点一滴渗入到学生心田,使它生根,发芽,茁壮成长。

其实我们每个人都怀有一颗爱心,只是有的人埋藏得深些,有的人埋藏得浅些。而好老师应该做的,就是让每个学生把爱心奉献出来——因为有了爱,才能创造一切。

播种太阳的老师,还是勤勉的耕耘者!

春华秋实,秋收冬藏,这是大自然的规律,而老师的职责就是让四季的轮换充满色彩,勤勉的耕耘可以让我们在俯仰之间体会到幸福的真谛!

因为我们的勤勉,许多学生才如愿地走向希望的绿洲!因为我们的勤勉,三尺讲台才鲜花长开!因为我们的勤勉,中华文明才得以一代代传承!

我们教师的日常教育教学行为,其实就是播种太阳的过程,过程与结果相辅相成,过程提供充足的养分和底蕴,结果彰显过程的意义。

爱可以创造更多的爱,希望可以点燃希望。

播种春天,收获秋天……

播种太阳,收获温暖……

测　　试

董秀梅

一如往常,几道菜端上餐桌,吆喝两声后,先生与儿子一个从书房,一个从书桌边踱着步子一前一后挪到客厅餐桌边,一边一个落座,我坐在中间,如同会议主持人。

待他们坐定后,我便将学校中午开会的精神讲给爷儿俩听,并表明我的态度——想援藏一年,体验拉萨教师的生活。当然,更重要的是以此事考量父子俩对我这小女子存在的态度。

我们仨，我的话最多，声音也最大，脾气也最急，表现也很张狂，但往往是曲高和寡，无人应和，还多了一顶桂冠——“唠叨妈”。先生是典型的“闷骚”型男子，话不多，休息时间很少，回家也是办公地点的转移，但是，每一说话，不是笑爆了我和儿子，就是让我们娘儿俩默默服从命令。儿子，不到14周岁，身高1米8，却心肺肝脑不与之成正比，乃一傻小子。

更特别的是，先生既是儿子的班主任又是他的数学老师，这一关系导致儿子对世界的认识都是来自他爹。先生说什么，对儿子来说，那就是“圣旨”。父子二人，早上一起去学校，晚上前后脚回家，聊的几乎都是他们共同的话题：什么哪个学生在天文社团怎样了，什么翱翔班的某一次活动怎样了，什么某次作业谁谁错了，什么某某女生告状了。先生是一言九鼎，儿子如影随形。我在他们眼中纯粹是多余的人。

借援藏一事，正好试试父子二人对我依赖的程度。

我首先问儿子，对妈妈去拉萨当老师有什么看法。

儿子边吃边抬头看了先生一眼：“让爸爸说吧！”

“我已经跟你爸爸说了，现在想听听你的想法。”我斩断他的念头。

“你不要去。那儿很苦的。”儿子夹一口菜，慢慢说着，也许是在寻找下一个理由。

“我知道，但是我不怕。还有吗？”我追问。

“那儿不安全。”儿子也知道新疆、西藏曾发生暴力事件。

“你放心，封闭式管理，老师都被保护得很好。还有吗？”我追问。

“你还是别去了，看你监考三天，家里就乱得一团糟。”沉默片刻后，儿子停下咀嚼，看着先生说，脑门已沁出一层细细的汗珠。

哦,儿子终于说到我想要说的事上了。上周高考正赶上双休日,因为要行车四小时到河北迁安监考,所以 6 日一早学校就发车赶往迁安,8 日晚上 11 点我才回到家。临行前,我告诉先生与儿子,每晚睡前要擦床上的竹席,要擦拭家具,要墩地板,要给花儿浇水等等。更重要的是,一旦发生争执,儿子要服从老子!先生在家是绝对的真理。

可是深夜回家,一身疲惫,再加上感受到父子俩一直等着我归来的殷切,我也无暇顾及其他。关键是第二天还得照常上班!

但是,随后的几天,我总唠叨这几句:竹席好像没擦吧?地咋这么脏?花儿快死了!家具全是灰!

父子俩先是狡辩,接着解释,后来也习惯了我的责问,默认了。

今天餐桌对话,让我意识到我董大人在家里还是举足轻重的。但是,沾沾自喜后又觉得儿子的回答总是缺少点啥。缺啥呢?继续测试。

我看着先生说:"我意已决,儿子的话让我觉得我只是家庭保姆,我不在家,你们自然会做的。我不满意他的劝阻。你有什么说辞吗?"

许是温度较高,许是吃饭劳动量太大,不知何时,先生与儿子早已是满头大汗了。

先生避开我的眼光,看着儿子:"再想想,还有什么理由能打动妈妈?"和善而鼓励的口吻,真不愧是老班主任,能很快揣摩对方的心思。

似乎得到某种暗示,儿子低下头一字一顿悠悠地说给自己听一样:"你在那儿生病了,我们会很难受的……"

声音很轻。声音很重。

“这也是我要说的话。”先生欣慰地长舒一口气，大夹一口菜。

我早已泪眼婆娑了……

敦煌，我想对你说

董秀梅

我一直相信，今生今世我与你会有一次奇遇，不是相遇在生命的辉煌，就是相遇在生命的终结。

可是，当无法预知的这一天来临时，我的心中却是刺痛，是无法言传的战栗，一种悲悯从高处对我们俯视，一种绝望从心底丝丝上升。

不，你不是我心中的敦煌！

敦煌啊，你应该是葱绿的。记得第一次见到你时，是在懵懂的孩提时代，当看到连环画中的飞天长带当舞时，你的名字就随着莫高窟而深深地植入我的心田。你随着阳光雨露的抚照和滋润，像小树一样一天天地葱绿。

敦煌啊，你应该是红色的。记得再次见到你，是在求学的生涯里，你频繁地出现在我的地理、历史课本中，你的屈辱唤起我莫名的希冀，茫茫戈壁，阵阵驼铃，大漠飞天，你像火红的朝阳向我铺开一条驰骋的大道。

求学路上，风沙弥漫，荆棘丛生，我无暇顾及你的存在，在日复一日的忙碌中，你被搁置在尘封的角落里，春来开花冬来休眠……

直到那一天，当我在茫然中一遍遍感叹：多歧路，今安在？耳边却响起你轮回中的梵音：归去来兮，归去来兮，田园将芜胡不归！

仰天长啸，匹马西风，你在残阳中向我露出鬼魅的一笑！我恍然了：莫非往日风筝的高飞只是一种徒劳的挣扎？

于是我再次相信那句话：人的生命不能只停留在表象，而应源于极深极深的内里。敦煌啊，谢谢你依然栖息在我的心灵深处，纵然是心灵被荒草铺盖，你仍然固执地偏安一角！

然而，当我鼓起勇气与你面对面时，我却惶然了：除了一颗赤子之心，我一无所有！

继而令我惶恐的是：你斑驳的身躯散发着铜臭，你自豪的飞天不再轻灵，膜拜你的人群摩肩接踵却盲目而麻木。

更让我刺痛不安的是，陈寅恪先生的“敦煌学乃国学之伤心史也”如警钟一声声撞击着我脆弱的心，直至滴滴鲜血遍布战栗的全身……

——是的，这就是我的敦煌！

你是紫铜色的！丑陋只是你的外在面容，铜臭也是世人给予的，你虽然苍老，心虽然伤痕累累，但是，你的身躯千年不倒啊！

我赧然了！

为我曾经的幼稚，为我曾经的冲动，还为我曾经的软弱与逃避！

所幸的是：除了一无所有，我还有一颗赤子之心！

虽然，不能扑进你的怀里痛哭，也不能靠在你的肩上倾诉，但是，请让我在转身的时刻，用一颗赤子之心为你高唱一首生命的歌：“我用佛的大藏经念你的名，轻轻呼唤我们的宿命；我用菩萨说法图为你演出，今生始终无缘的共舞；我用飞天的壁画描你的发，描绘我那思念的脸颊；我在那敦煌临摹菩萨，再用那佛法笑拈天下……”

敦煌啊，谢谢你固执地栖息在我的心灵深处，你以你的博大与沉重告诉我：生命的姿态千万种，有时候，呼喊是爆发的沉默，沉默是无言的呐喊！

无语的敦煌，我的敦煌！

饥饿的味道

董秀梅

时间过得真快，刚过完春节，转眼就春分，转眼就清明了。北京的春天总在不知不觉中更换着容颜，不似故乡，草长莺飞，三月明媚天。看着一天绿似一天、一天多似一天的柳枝，我不禁遥想起故乡的山岭，故乡的那一尊石碑……

谨以此文感念我那模糊而又亲切的父亲！

——题记

父亲离开我们已经二十多年了，或许是因为年龄的增长，那些尘封的记忆随着春天的脚步也一天天复苏了。

因姐姐较多，而弟弟又比我小九岁，家里就一直把我当男孩看待。因此，小时候的我少了女孩子的细腻，多了男孩子的粗犷；少了几分娴静，多了几分淘气。记忆中最深的是父亲每次探亲回来的教导，如“为人只说三分话，不可全抛一片心”“南方的土神,北方的神仙,全被你侃到了”“傻死了”等等。当然,父亲的教育在当时的我看来其实是在说别人:我从没咀嚼过他话中的含义,更没有对照自己的行为反省过。照样每天高高兴兴地玩得不知一天要吃几餐!若不是听到妈妈和小姐姐那悠扬的呼唤“小弟唉——吃饭哪——”,我是不会打道回府的,即使回来,也是扒拉两筷子就不见踪影了。就如同我现在的儿子,迷恋电视,如果中间去洗手,手仅仅是放在水龙头下,水还未流到手上,他已匆匆返回坐到沙发上!

但同样的贪恋结果却大相径庭,我的贪玩好动练就妈妈和小姐姐一副好嗓子,也练就我一副好身材——长腿长胳膊细腰肢,还倍儿精神!我的儿子却是白白胖胖,走起路来,连呼带喘的。

还真得感谢那个年月打下的底子,现在吃什么也不会胖!

但我却清清楚楚记得,那时最深的感受——饥饿!

因为饥饿,我吃什么都香;也因为饥饿,我吃什么都快;还因为饥饿,我喜欢它占据我的感觉——腹中空空,走路也快,思考问题也快,做事速度也快!

饥饿的味道其实挺诱人的!

记得有一次,父亲探亲回家,家里难得飘起阵阵香味。这也是我们姊妹喜欢父亲唯一的原因:父亲回来就可以打牙祭!

家里姊妹多,父亲又工作在外。所以看到父亲陌生而又俊朗的面孔,尤其是听到中气十足的数落我们的男中音,我们姊妹都挺别扭的。但一天过后,尤其是父亲第二天早上抱我入怀,我依偎在他厚实的胸膛前,摸着他硬硬的胡茬,安全温暖且舒适,所有的惧怕都消失了,而且还能听到久违的《隋唐演义》之“秦琼回马枪”的故事。

其实，父亲很爱我这个幺女，只是我开窍太晚了，常常不明白父亲讲的故事中的大道理。这不，打完牙祭后，父亲问我们："世界上什么最好吃？"

"当然是包面哪！"刚刚吃完包面的我口留余香，快言快语！

父亲含笑不语。

"应该是山珍海味吧？"小姐姐没见过什么山珍海味，犹豫着问道。

父亲还是含笑不语。

"鱼——肉——"我一连说出两个，生怕说漏了，机会被姐姐抢走了。

父亲看着我们着急的样子，慢慢地一字一顿地说出"饥饿最好吃！"

一家人不知所措地望着父亲，希望他给出更完美的答案。

"是的，饥饿最好吃。当人饿的时候，他是不会挑食的。想想，这时有什么能填饱肚子，他还吃得不香吗？饥不择食嘛！"说到这儿，父亲又习惯性地用他的温热的食指刮刮我的塌鼻梁，接着又摩挲懂事的小姐姐的脑袋。

在我们姐妹恍然大悟中，父亲沉默地看着前方，许是这一话题勾起他辛酸的回忆，许是这一话题引起他对教育儿女的思考——

高大魁梧的父亲是我懵懂的年龄里看不明白的一本书，而且是永远不给我翻开它机会的一部天书。

是的，饥饿是世界上最好的味道！人只有处于饥饿状态中，他才珍惜得之不易的粮食！家庭处于饥饿状态里，一家人才更亲！

如今，生活条件越来越好，老一辈人都淡忘了饥饿的感觉，新一代全不知什么是饥饿。因而，就有了富贵病的普及；就有了一部分数典忘祖的个性张扬的80后、90后；就有了极尽奢靡的生活方式；就有了尔虞我诈毫无人性的财产之争……

所幸的是，不管时代怎样变，生活质量如何提高，在我们姊妹身上，质朴纯情朴素永远占据主导地位。这大概得益于我那回家不多、话语不多、寿命不长又多病多难的父亲吧！

饥饿的味道真的很好！不信，当你感受它时，许多弥足珍贵的东西随之而来，让你常嚼常新！

谢谢父亲陪我走了很短的岁月，却送给我无价之宝——饥饿的道理！

教 育 无 痕

董秀梅

走进高一(4)班这个新班级，看到学生求知的双眸，顿觉一股清新昂扬之气。在师生之间、学生之间都陌生的情况下，我开始了他们高中生涯的第一节语文课。

按照惯例，第一节语文课肯定是要学生进行自我介绍，让学生们尽快熟悉，活跃气氛，同时锻炼他们临场的口才与勇气。

我先进行自我介绍，然后学生进行自我介绍，介绍的顺序当然是从自告奋勇的班长开始，学生们很兴奋地一一展示自我最好的一面，开局形势一片大好。然而轮到一位同学时，她纹丝不动，坐在座位上慢条斯理地介绍自己。看到同学们都彬彬有礼地站起来介绍，而她一人坐在位子上，一丝不协调之感涌上心头。念及是新生,可能怯场吧,不快之感很快无影无踪。

第一次学生交作业,批阅完毕,总结态度较好学生的作业,并一一点名让学生站起来示意,以便师生间更快地认识。被点名的同学站起来,脸上写满欣喜自豪,有的还略加动作以示谦逊。叫到小王同学了,没有人站起,却见一只高高举起的手——又是她,还是坐在位子上,一副将军姿态!看到她那副样子,一丝不满掠过心头,但念及现在是表扬她的时候,对她的不逊我也就忽略不计了。

教师节那天,我与小王同学在校园的林荫道上相遇,看到她急匆匆的样子,我不禁好奇地叫住她,并走上前很关心地问她:"怎么了?十万火急似的?""哎呀老师,我现在内急!"看到她的难受劲,我赶紧说:"正好,我跟你一样,走吧,同去——"

携着小王同学的手,我们一同向厕所跑去。

回来的路上,我关切地询问她上课不起立的原因,她的解释顿时消除了我的成见。原来小王同学因体形偏胖,穿上校服短裙,站起来后再坐下去,她担心"春光外泄"。

唉!幸亏我修炼得好,不轻易动怒,也幸亏及时与学生沟通,了解情况。否则,我把持"必须站立回答问题"的传统观念会伤害了一颗需要呵护的少女的心灵啊!

当然,我适时讲了站立回答问题的益处,如:站起来,是礼节,是对老师的尊敬;声音大,别的同学听得清楚;人在站立回答问题时,锻炼勇气,思维更清楚。我还教了她坐回位子时如何抚平裙子的方法。

不知是我的真诚打动了小王同学,还是她因我的教育而消除了内心的焦虑,谈话后的第二天,轮到她回答问题时,她挺立的姿态、响亮的声音、默契的眼神让我好一阵感动。

其实，教师对学生的教育不仅仅在课堂，而是在我们朝夕相处的每一个瞬间。只要你真心地设身处地地为孩子着想，许多成见都会消除，教学效果也会不同。

教育无须大张旗鼓地进行，而是内化在你的言行中，哪怕它无痕……

考　　核

董秀梅

窗外，天晴得正好。

清明刚过，南方的天气也一天暖似一天，尤其是昨天的一场小雨，把树木滋润得倍加清绿，越发透出初夏气息，小草也疯似地猛长，似乎它们也要赶着这时节，抖擞抖擞精神，好挽留即将毕业的大学生。

走过江南最美丽的季节，肖玫就要结束这多彩的大学生活。即将跨入社会的她虽然坐在中文系办公室里，心情却不像窗外的草木那样在春光里尽情吐绿，她的心里塞满了考核的分数，就如同眼前手中的计算器，机械而单调地重复着相加一个又一个分数。

这是一年一度的综合成绩考核的时间，考核成员仍然由班主任、班长、团支部书记和两名普通学生组成，由班主任记录综合成绩，团支书在一名学生监督下报各科成绩，班长肖玫则在另一名学生的监督下用计算器计算总和。随着考核工作的进展，肖玫的神经越绷越紧。因为，据班主任讲，在毕业分配指标中有一个保送读研的名额。能够得到进一步深造的机会，这是肖玫梦寐以求的事情。可是，这个机会到底给谁？肖玫在心里衡量一个个竞争对手，筛选到最后只剩下最具竞争实力的对手——吴利。

肖玫对自己的学习成绩很有把握，各科成绩名列前茅，而且又是中文系里唯一拿到大学英语六级证书的人，这无疑给她在竞争中加上了一个厚重的砝码。但是，综合成绩考核除了学科成绩外，还要考核各种参赛成绩，吴利在多种竞赛中获奖，尤其是她在“大学生看中国”征文大赛中获奖，并且到人民大会堂参加颁奖仪式……想到这里，从未有过的嫉妒占据整个心灵，肖玫只恨爹妈没给自己多才多艺的本领，虽然她和吴利同时入党，都是佼佼者，但是胜利的光环似乎永远照在吴利的身上，只怕这次……

窗外，春光明媚，空气中弥漫着一股泥土的气息，混着各种花香，这是南方独有的雨后天晴的景象。肖玫无心欣赏窗外景色，她除了下意识地记住自己的综合成绩 98.4 分外，只急切地等待吴利的综合成绩，一个……两个……终于考核吴利的综合成绩了，一刹那，肖玫觉得空气似乎凝滞住了，团支书报分数的声音愈来愈小，手中的计算器不听指挥地抖动着——学科成绩总和……加上各项比赛成绩……乘以百分比……综合成绩是 98.5 分。天哪，命运真会捉弄人，仅差 0.1 分，就与第一失之交臂！肖玫盯着计算器，一种嫉妒、愤恨的心情油然而生，她不假思索地报出：98.3 分！也许是 0.5 和 0.3 区别不大，肖玫看到其他人没有任何疑义，不由得为自己的小聪明而高兴，但是长长地吁口气后，尤其是看到班主任郑重地记录下考核结果时，不安立刻涌上心头。是虚荣心作祟，还是经不起利益的诱惑？用自己手中的权力谋取私利，用同学和老师的信任换取虚荣心的满足，是可为，孰不可为？肖玫如芒刺在背，坐立不安，陷入深深的愧疚与自责中……

初夏的天气说变就变，晴暖的天气没有持续几天，大学校园很快被笼罩在梅雨季节中，肖玫的心情如同绵绵的梅雨一样，是挥不去斩不断的愧疚与不安。也许是即将离开校园，党支部书记召开党员大会也更加频繁，书记的话也格外意义深远：沧海横流方见英雄本色，在利益面前愈显党员风范……

在毕业分配方案公布的前一天，肖玫鼓起勇气走进党支部书记办公室……

老师——好

董秀梅

下班回来，顺路到一家小卖部买东西。正低头迈进商店门口时，传来一声稚嫩的声音："老师——好！"我应声抬头，只见一个三岁左右的小男孩，拿着一瓶果汁，站在妈妈的身边热切地等待着我的回应。不知是因叫错人了，还是因我反应迟钝，小男孩一边害羞地钻向妈妈怀里，一边回头好奇地打量我。见此景，我赶忙俯下身，微笑地替小男孩解围："我是老师，但我没教过你呀？小朋友认错人了吧！"

小男孩的妈妈见状，赶忙放下手上的东西，摸摸儿子的小脑袋说："喜欢老师，是吧？看你叫错了吧！""我没有叫错！她就是老师！"对妈妈的不理解，小男孩很委屈地辩解。

这一下，轮到我们大人吃惊了！我和她的妈妈不禁相互对视、打量。也许小男孩到过我们学校，听过我讲课？——不可能！难道小男孩听到别人如此称呼过我，知道我的身份？——更不可能！

唯一的解释就是：我的穿着，我的形象像一位老师！

原来，老师的脸上会刻下身份的记号！老师的一举手一投足都有着约定俗成的形象——为人师表！

不用确认小男孩的答案，我只是再次俯下身摸摸小男孩的脸蛋，高兴地说："小朋友，谢谢你！"

谢什么呢？当然是他那天真无邪的眼神和那稚嫩而坚定的语气提醒了我：我是一名人类灵魂的工程师！

禅宗里讲：三尺头上有神灵！一篇文章，也曾如是说：一个人若一心修炼，他的脸上会呈现祥瑞之气！

我想，答案就在我的脸上吧！我相信，当你走近我，看到一双清泉，看到阳光般的微笑，看到挺拔矫健的身姿时，你也会情不自禁发自内心地叫一声：老师——

这不，临走前，小男孩仰起苹果般的脸蛋，自信地对我说："你就是老师……"

老师——好！

人生大礼

董秀梅

近段日子，忙得昏天黑地，终于，身体罢工了——血压升高，需住院治疗。

在爱人的陪同下,办理住院手续,量完血压做完心电图,便输着液一头扎在病床上昏沉沉睡去。

接下来的几天便是做各种检查,把身体查个遍,从而确诊高血压类型:原发性或继发性。看到医生如此重视,我也不敢马虎,一一配合。随着检查的进行,我的心也一天天沉重起来,面对脑CT、X射线、脑电图、脑地形图、心脏超声等一系列检查时那些冰冷的高科技器械,我感觉到身体是那么的单薄,那样的弱小无助!身体机能是多么的复杂,充满了奥秘,我却无知地运用它,挥霍它!生命是短暂而脆弱的,生命之旅是险情迭出,稍不慎重就会人仰马翻!

每天三瓶药液帮助我摆脱高血压的钳制,看着淡红色的液体嘀嗒嘀嗒进入我的身体,听着病友们有一句没一句的闲聊,我仿佛置身于空蒙的星空再一次俯瞰人间众生灵:渺小而坚强的身躯在钢筋水泥的罅隙中匍匐着、穿梭着、行进着、消失着……

住院的几天里,正赶上北京普降大雪,天空是灰蒙蒙的,整日阴沉着脸,正如我的心情。好在病房里的几位老太太,她们乐观的笑声和风趣的谈吐冲散了我心中的阴霾。

欣幸的是,除了血压高外,身体一切正常!尤其是做心脏超声时,兴许前面检查的患者是位老者,兴许是我真的年轻,医生脱口而出:“你看,多年轻啊!”随着她的赞叹,我也听到“咚咚咚”搏击有力的跳动声,一如我第一次听到腹中胎儿心脏有力的跳动声。

健康,真好!

年轻,更好!

更让我惊喜的是,姐姐从江苏寄来特快专递,诚挚的叮咛与丰厚的礼物提醒我：记取生活中闪光的、美好的、温暖的人和事，忘掉那些烦恼和不快，用健康的体魄对付繁杂的工作和琐事，用宽容的心态对待周围的一切，用无边的大爱温暖亲人……

一语惊醒梦中人！

庆幸我的这次意外小恙，它让我深刻地感受到身体是自己的，健康是万物之源！它在紧要时刻提醒我：人的生命不像储蓄罐，只能一天天减少时光里程。它还在我面临"不惑"的门槛时警醒我：青春不再，珍惜现有时光，为后阶段绽放的生命奠定丰厚的基础。

庆幸我的这次意外小恙，它让我获得片刻休息时间，在生命的驿站里重新整理行囊，盘点食粮，调整心态，感受亲情，为后阶段的长途跋涉准备充足的养分……

庆幸我的这次意外小恙，它让我难得清闲拜读两本书——《人在胡同第几槐》《美人何处》；它还让我无意中收获友情，原来在我的周围，竟然有如此多的朋友，她们刚刚放下书本，放下手头的工作，顾不上休息片刻，便在第一时间打来电话并送来鲜花和慰问……

记得赵朴初老人曾说："日出东海落西山……老当益壮天地宽，满目青山松和柳。"苏东坡也曾感慨："且夫天地之间，物各有主。苟非吾之所有，虽一毫而莫取。惟江上之清风，与山间之明月，耳得之而为声，目遇之而成色，取之无禁，用之不竭，是造物者之无尽藏也，而吾与子之所共适。"他们用睿语阐释一个生存之道：淡然接物，豁达处世！

放下俗尘的烦扰，以清新的面目和素洁的心灵迎接太阳的升起，享受大自然的馈赠，这应是四十不惑的人生顿悟吧！

人生四十不惑，"不惑"的应是一种释然，一分坦荡，一丝从容吧！

四十岁，我获得一份大礼——健康、亲情、豁达、感恩！

人生四十，大礼如此！

生　死　念

董秀梅

阅卷阅得昏天黑地，突然被叫出微机房，好心人关切地问：邢老师那个了，您知道吗？

不知道啊！不可能啊！

还没听完她的陈述，我就打断她：我刚刚与她通电话了！

与其说是打断，不如说是怕消息是真的！

接着阅卷，但昏天黑地的感觉已消失了，邢老师的音容笑貌随着键盘的敲击越来越清晰：

那是第一次走进语文组办公室时，满屋子的老师都笑吟吟地看着我，上下打量着我，古中人的热情写在脸上，一阵寒暄。而唯独她，只是稍稍侧过身子，嗯了一声，接着埋头看书。水白色上衣，黑裙子，微微卷起的齐耳短发两侧别着小发卡，瘦削、冷峻……

那次到市里一所重点中学听北京市教研员解读《中考说明》，只记得整个报告厅围得水泄不通，主席台的地上都是席地而坐的人，从报告厅出来时，北风像刀子一样在我身上上下乱刻，还不适应北方的我一路哆嗦着，艰难地在风中挣扎着……不知何时，我的双手被她一双温暖而绵软的手握着，接着我的右手戴上一只手套,左手被握着一起揣进她的衣兜里。我们搀扶着在曲曲折折的大楼小巷间,挣扎着在凛冽的北风中,一路迤逦前行。

无数次跟邢老师一起到市里学习,但每每回想起那次的经历,那带着她体温的手套,她绵软而温暖的手,那相依的身影,一大一小,都会随着往事纷至沓来。

还有,我要做新娘了,同事们纷纷祝贺,在那喜庆的日子里,自然会收到不少贺礼。但唯有邢老师送我礼物的场景和感受却历历在目,恍如昨天。

记得那是在回湖北老家前,邢老师带着我到星座商厦。在二楼柜台前,她不厌其烦左挑右选,最后,我们同时相中了一条红红的丝绸方巾。亮亮的鲜红配上淡淡的紫花蕊,既喜庆又典雅。那可是我心仪已久的丝巾,只因价钱昂贵而一直未动买它的念头。邢老师帮我围在大衣领上,然后,左打量右欣赏,不时地顺顺我的衣领。穿着还是在学生时代的泛旧的蓝大衣,配上富丽典雅的围巾,我腼腆得不知所措时,依稀听到邢老师像是宽慰我又像是对售货员说:这孩子生活太朴素了,配上红围巾,这才像个新娘!

当年的礼物都不在了,唯独这条围巾一直被我珍藏着,红红的,软软的……

而最让我永生铭记的是,当单位卖给我们福利性房子,我们却拿不出巨款而一筹莫展,正在走投无路之际,邢老师知道了原委,淡淡地说:"小董,别着急,我可以帮你!"直到邢老师给我天文数字的一大笔钱,我才知道,我们的邢老师才是真正的富人——她不仅拥有丰富的学识更拥有一颗常人无法企及的高贵善良的心!对于一位萍水相逢的没有任何根基的外乡人,她能倾尽自己最大的能力默默地给予帮助！

现在想想，当时的我真的是太幼稚了，还像模像样的留下一张很简单的欠条。我凭什么承受如此贵重的馈赠啊！

还记得，当我醉卧在办公桌旁，她带着她的爱人把我抱回宿舍。

还记得，当我在北师大读研究生，长时间没回工作单位时，她悄悄送来为我争取的福利品——而且是在她刚刚出院后，也是在我全然不知的情况下。

还记得，当听到我的儿子出生的消息，她带着小闺女第一个赶到医院来到我的身边，满眼的疲惫，满眼的欣喜。

还记得……还记得……

在凌乱的思绪里，在邢老师的身影里，我完成阅卷任务，长长地吁一口气，打电话问问她吧！

然而，刚翻到那熟悉的号码时，我却惶然了，如果，她的手机关机？如果，告诉我的是真的？

我不知是怎样回到家中，也不知是怎样向爱人转述这一消息的。

打电话，无人接听。爱人说，电话没关机，应该是好消息。

再打，无人接听。爱人说，无人接听，邢老师可能忙吧！

发短信吧！邢老师会回复的。

在等待中，我们一起回忆与邢老师一起的日子。

在等待中，我们一起感恩邢老师给我们的帮助。

在等待中，我们一起祈祷邢老师平安。

在等待中，一丝丝凉意侵入我的心里，人的生命竟然是如此的脆弱；在等待中，一阵阵的悔恨涌上心头，我疏忽了拥有的真情。

时间在我们的焦灼中，一点一点地过去了，直到深夜，还没有消息。

我们惶恐了！

无奈中，我把所有的希望寄托在儿子身上，因为，孩子的直觉是最灵的——我认为！

邢老师在睡觉呢！儿子轻松地一说。

我长长地松了一口气！突然间感觉自己无助又愚笨！

难熬的一夜无梦！

第二天，当听到电话里传来邢老师熟悉的声音时，我激动得颤抖，眼泪夺眶而出，我能说什么呢？只要她仍健在，所经历的煎熬与痛苦又算得了什么！我只能平静地说：常联系啊！常回来啊！

谣言止于智者！但是面对谣言，尤其是有关生死，我真的被上了一课！这一课，让人刻骨铭心！

好在，我们的邢老师平安健在！

愿好人永远平安！

子汉今天满九周岁了

董秀梅

岁月匆匆，不知不觉，孩子与我们齐眉高了！在孩子的生日之际，许多父母会思绪连连，写此篇文章以感叹时光匆匆的同时，也在享受上帝送给我们的礼物——天使般的孩子！

——题记

今天是 10 月 13 日，是光荣的少先队建队六十周年纪念日，也是李子汉同志满九周岁纪念日。

按照我们南方老家的习俗，满九进十算是一个大生日。这不，今天一大早先是可爱的果姐发来短信，紧跟着小姨妈发来短信，紧接着是舅舅，再接着是鑫姐，接着二姨妈，接着大姨妈，接着姥姥……在读着远隔千里的一个个充满亲情的祝福语时，我感觉到心与心相连得更紧，情与情相汇得更深，爱与爱交织得更浓。亲人的祝福提醒了忙碌而粗心的我们——子汉今天年满九周岁了！

一恍然，顿感时光匆匆，昨日他在我腹中的情景仍历历在目，今日他的身高已达我的鼻尖了！真乃“流光容易把人抛，绿了芭蕉，红了樱桃”啊！

记得儿子子汉在我腹中两个月时，我正在北师大读研究生。深夜，学生宿舍一片静寂，我从睡梦中醒来，叫醒同宿舍的姐妹们，一字一顿地告诉她们：“我腹中是一个男孩！他刚才跟我说话了。”听起来是神奇，但那个梦带给我的却是另一番天地！每天我都与儿子一起上课，一起听讲座，一起考试，一起挤车坐地铁，还一起与众多人围坐在大食堂里吃着南北风味的食物！当时同学们都跟我开玩笑：“你的宝贝胎教级别高，天天听教授、博士讲课，出生后绝对聪明！”

第一次验证子汉的聪明，是他在我腹中八个月时。按照惯例，怀孕七个月得检查胎位，医生告诉我：“小家伙目前是头朝上，你得做操，他才能换成头朝下。”接连做了一个月的操，再去检查，医生说：“不要做操了，你的骨盆小，他还是坐在里面，这样他感觉舒服！”小家伙不用教，天生就知道舒服的姿势，天天与我一起头朝同一个方向与地球引力作斗争。每天摸着他顶在我胃部的小脑袋，我感觉到母子心脏一起搏动，那叫一个亢奋！

第二次验证子汉的聪明，是他出生后的第二天。产房里人进人出，房门不时地发出响声。医生说，新生儿听力差，不会打搅他的休息。可是，我却很清楚地记得，随着房门砰的一声，子汉条件反射般眨着紧闭的双眼啊！还有，他一人睡在小摇篮里，白天乖乖的，一到晚上就折腾，连接几天都如此。最后，护士试着把他放在我的身边，好家伙，那叫睡得一个香甜！

后来啊，满一百天时第一次剃头照镜子，小家伙望着镜中的自己哈哈大乐；六个月时小家伙逮住小勺不放，以淘气的动作告诉我们第一颗乳牙的萌芽；十个月时回老家探亲，面对陌生人的围观，第一次声音响亮地叫妈妈；十四个月时，第一次甩开大步迎接分隔一周的妈妈；第一次到幼儿园面对人生的考试，小家伙无师自通跳起了欢快的舞蹈……

一幕幕小时候的生活画面，一幅幅小时候的难忘情景，皆清晰地闪现在眼前，子汉的笑声、哭声仍响在耳边……猛一抬头，呵——儿子子汉已出脱成一位英俊的半大小子了！

记得雪小禅在一篇文章里说过：最快的东西一定是光阴，才青涩茫然，小试新春，转眼就秋天，柿红如霜。可不是吗？夏衣尚未打点好，没几天便是立秋，以后便是处暑便是白露便是秋分便是寒露，过了霜降，便立冬了。人生四季，时间如流水，带走当年青葱岁月的矫健与浪漫，带走初为人妻的欢快与羞涩，带走初为人母的忙碌与欢心；留给我们的是日渐苍老的疲惫容颜，留给我们的是欲说还休的绵绵往事，留给我们的还有那让人欢喜让人忧的不谙世事的嘎小子！

在这匆匆流转的岁月间，我们该留住些什么，我们又留住了些什么？所幸的是，有子汉的日子里，每一天都是在领取春的馈赠——人生礼物，丰厚如此，吾之大幸！

做一棵看守心灵月亮的树

董秀梅

小时候，我曾听过这样一个故事，说的是古时候，欧洲有个国王举行一次最隆重的授奖典礼。全国所有的能工巧匠、英雄豪杰、诗人学者都云集到京城等待国王的授奖。可是许多自认为对人类最有贡献的人走上领奖台，却都空手而回。人们开始议论，今天的奖赏究竟发给谁呢？最后在一片金色的霞光里，一个小女孩搀着一位满头银发的老教师来到国王的眼前，说："陛下，遍地桃花都开了……"国王走下宝座满怀敬意地向老师鞠了一躬说："没有你的辛勤劳动，既没有诗人学者，也不会有能工巧匠，你是对人类最有贡献的人。"听这个故事时，我便暗下决心，长大要像那位老师一样育得满园桃李。

大学毕业后，怀着满腔的热情和凌云的壮志，我来到了北京，当了一名语文教师，并且承担教育教学双肩挑的重任。记得初上讲台那一刻，望着台下孩子们那一张张充满期望神情的脸，年轻气盛的我居然手心里捏一把汗，头脑里空白得几乎蹦不出一句完整的话，我这才感觉教书并非是想象的那么简单、轻松。在以后的许许多多的日子里，我尝到了初为人师的酸、甜、苦、辣，我也懂得了，育得满园桃李，首先应做一棵顶天立地的树，为孩子们擎起一片蓝天。

于是，我像虔诚的教徒一般全身心地投入到工作中，时光如水不见日出日落，心情如诗忘了天地物我。我用真善美去启迪一颗颗心灵，用满腔的热情去点燃学生心中的“理想之火”，用知识的钥匙帮助学生打开神秘的科学大门。不计较生活清贫，但求桃李芬芳。在辛勤的耕耘中，我也尝到了教书育人的乐趣。学生小李生病住院，我经常去鼓励他，并帮他补习落下的功课，两个月后，他又回到班级里，并且成绩优秀。学生小王父母离异，性格孤僻，我的一次次家访使她感受到老师的爱、班级的温暖。在她甜甜的笑声中，全班四十双手已紧紧握在一起。

做一棵树，就应扎根深土中，咬定青山不放松。曾经我也被外面世界的精彩所迷惑，怦然心动，然而一想到我是一棵为学生擎起一片蓝天的树，就应在清风夜唳的夜晚看守心灵的月亮，就又坚定了信念。再想想身边无数的感人事迹——特级教师魏书生竟是经过 150 多次申请，六年的努力才实现当教师的夙愿；北京四中丁榕老师面对亲人的离去，仍然把一腔热血献给她深爱的事业；地理教研员、特级教师王能智老师，身体力行，用他的睿智和高尚的人格无私地为青年教师架桥铺路；刚刚离去的“平民教育家”孙维刚老师在十二年与多种癌症作斗争的过程中取得寻常而又超凡的业绩……他们都是在平凡的教学生涯中辛勤耕耘，展示出当代教师的高风亮节。他们都是树，都是在任何时候看守心灵月亮的树。作为一名青年党员教师，更应在时代的潮流中做一棵看守心灵月亮的树。

做一棵看守心灵月亮的树，就应伸展枝叶饱吸阳光雨露。在一次次的讲课中，我清醒地意识到，教师应像大海那样容纳百川、宽广深邃。于是我不断走进别人的课堂去听课，也不放过任何一次进修学习的机会。1999 年刚刚送走我的第二届初三毕业班，我考取北京师范大学教育硕士研究生。在读研期间，我虚心求教,深得名师的教导。学业结束后,我把所学的理论知识运用于实践中,并且积极投身于语文教改中。我利用休息时间参加教院的课程改革培训,暑假时又参加全国教育学会举办的语文讲习班的学习和区双语教学英语口语的学习。近十年来我写下的教育教学论文有多篇分获全国、北京市、石景山区的奖励。就在前不久的石景山区现代教育技术与学科教学整合的说课比赛中,我精心制作的课件和对课文的解说,得到了评委的好评。

天高云淡是一个季节,也是一种境界。在碌碌的人生中,抬头依旧是湛蓝的天空,脚下依旧是不变的热土,扎根教育这方热土,做一棵看守心灵月亮的树——这是一名普通教师的追求,也是一名党员的承诺。

辑三
归来笑捻梅花嗅——载思载言

爱可以创造更多的爱，希望可以点燃希望。

我们的教学，其实就是过程的产物，过程与结果相辅相成，过程提供充足的养分和底蕴，结果彰显过程的意义。

播种春天，收获秋天。

作文，是生活中一滴灵动的水

——新课程下初中作文教学的实践与思考

董秀梅

很多时候，我常常在想：千教万教，作文到底教给学生什么？作文是什么？是学生“作”出来的吗？

很多时候，我常常在想：千学万学，学生作文课到底学什么？作文是什么？是学生“学”出来的吗？

也许，对于我们每个人来说，成长的轨迹不同，经历的过程不同，承受的重量不同，便会给出不同的答案。但有一点认识是相同的：大部分学生面临着不知写什么和不知怎么写的问题。

《语文课程标准（义务）》指出：作文，是学生运用语言文字进行表达和交流的重要方式，是认识世界、认识自我、创造性表述的过程。《语文课程标准（义务）》对于写作的教学要求是：写作教学应贴近学生实际，让学生易于动笔，乐于表达，应引导学生关注现实，热爱生活，积极向上，表达真情实感。

解读“课标”，结合个人的教学实践，我认为：作文是一种生活体验，是一种情感再现，是一种思想认识，是我们生活中一滴灵动的水；教师担当的是鼓励与发现，鼓励学生表达真情实感，引导学生发现生活的真善美。

时间、空间和学习材料是学习环境中三个极其重要的部分。创造良好的教学环境，是每个教师应尽的责任。教师在作文教学方面，不仅要在语文教育资源的合理安排与利用上起主导作用，而且更多的是要在思想上、知识上促进学生产生新的增长点和兴奋点。“超越教材，超越学科，超越课堂，引导学生在广阔的背景下学语文、用语文”，这才是一位具有大语文思想的语文教师教学生写作文的最佳途径。

一缕晨风，一束阳光，一抹微笑，都是生活无意的泼洒！春听鸟鸣夏听蝉，秋观月影冬赏雪，这都是一种生活的姿态。而这其中难以言传的情绪，就是我们作文中的影子，在阳光明媚的日子，抑或淫雨霏霏的路上，左右着多变的情绪和前行的脚步。

我们不妨停下脚步，掬起生活中一捧灵动的水滋润成长的心灵。

一、掬起所学课文中的生活，再现生命成长历程

学生写作文，面临最大的困难就是不知写什么。其实，生活是多姿多彩的，就看你有没有发现的眼睛，有没有用心去体会生活的童心。如何去发现生活中的美？如何去培养童心？我们一起看所学的课文吧！

沈复的《童趣》（第七册上），叙述了儿时趣事：“夏蚊成雷，私拟作群鹤舞于空中”；“徐喷以烟，使之冲烟而飞鸣，作青云白鹤观”；“常于土墙凹凸处”，认“丛草为林”“虫蚁为兽”“凸者为丘，凹者为壑”，作者的童心想必大家都有吧！我们可以回顾自己的生活，掬起一捧灵动的水，再现灿烂的童真。杨蕙宁同学的《种钱》就是写童年的趣事，她写道：“我用小手刨开土，只见那五元钱已经烂了，还有一点臭味，我坐到地上哭了起来，并且天真地问妈妈：‘为什么种瓜得瓜，种豆得豆，而我不能种钱得钱呢？’”行文活泼，在清楚的叙述中，我们读到了她乐不可支的童年。

再比如，周素珊的《第一次真好》（第七册上），作者叙述自己

路过别人家的墙下，看到果实丰硕的柚子树，霎时间，心头充满了喜悦与新奇，并由此感慨“第一次真好，第一次的感觉真奇妙”，同时启发我们“在你的生命中，有多少第一次值得你低回品味?”课文让我们回顾成长生命中的第一次的经历，第一次有成功的喜悦，有失败的苦涩，有美妙，有尴尬。不管是哪种情绪，它都是我们生命的本色。看赵小寒同学第一次上当当网购买《汤姆·索亚历险记》的经历，就是一次充满好奇与探索的历程。在经历了搜索，经历了版本比较，最后在红星多的书后点击购买成功后，她高兴得一蹦三尺高，并由衷地感慨“我真高兴，没想到第一次是这么美妙!”这就是作文，是个人独有的经历。刘晓晓同学的《经过了，才明白》，刻画了一个因好奇心强烈而意外犯错直至后悔莫及的小姑娘形象。她的明白，也是成长的经历:“我是多么的愧疚，我有多么的恨自己，恨自己那强烈的好奇心，恨自己做事不经大脑，恨自己怎么会有如此邪恶的念头。虽然没有谁怪我，但我却始终没能原谅自己，我曾一个人暗自哭过无数次，对自己伤害无辜的生命感到悲痛，此时的我才明白自己到底有多么愧疚，但这一切都晚了。只有经过了才会明白，但我多想从未经历过，也不要明白过啊——以生命为代价!”多么沉重的愧疚啊！这种愧疚也是最美的情感，这就是生活中灵动的水。

叶圣陶先生曾说“课文无非是个例子”，在课文的启发下，写自己的生活，我们就会发现无数的灵动的水会源源不断地汩汩滔滔。

我们可以认真回忆一下自己的生活轨迹，就不难发现，很多时候，遇到的人、经历的事、受过的伤，都是生活中再平凡不过的。作文也是一样，不可能轰轰烈烈、到处波澜。更多的时候，宛如一泓碧水，静如处子，脉脉含羞。

二、掬起与课文作者心灵交流的情思，再现心灵成长历程

义务教育阶段，语文书共六册，每一册都是编委送给大家的精美大餐：以文学经典为中心，通过文本让学生感受那汩汩流动的文脉，把握文章深处涌动的生命律动，体悟文学的美妙与轻灵。而每一篇课文中都站立着有着明哲圣贤思想的伟人或普通作者的身影，他们用饱含热情的笔触向我们倾洒着一腔热血，呈现着大爱之心。我们可以尝试与这些思想的伟人作一番心灵的交流，从各个角度去谈自己的理解或感悟。

有着“诗圣”称誉的杜甫留下许多有较高艺术价值的诗歌，比如妇孺皆知的“朱门酒肉臭，路有冻死骨”的名句，脍炙人口的诗篇《春夜喜雨》等。《杜甫诗三首》(八年级上)包含《望岳》《春望》《石壕吏》三首诗。这三首诗是杜甫不同时期的代表作，其中的名句“会当凌绝顶，一览众山小”“感时花溅泪，恨别鸟惊心”更是让我们体会到杜甫“大济苍生”、忧国忧民的爱国情怀。因此，我认为，学习杜甫的诗歌，除了落实诗歌教学的常规任务外，更应从历史的角度看杜甫，深入每一首诗的时代背景，对诗人和历史有全面的了解，知人论世，感受作者人格的伟大，掬起与课文作者同行或对话的情思，再现心灵成长历程。

比如，杨鸿森同学以杜甫的老友“一轮愁月”的身份，写出了想象合理、情真意切的一封信：“子美兄，在天上别来无恙！我们曾走遍千山万水，感慨那些人生百态、世事无常，这些，你还记得否？可惜，怎奈那年五月，安禄山叛军来势汹汹，潼关危在旦夕，你说你要带妻子儿女北上避难，却为叛军所俘，被押至长安，与家人天各一方。十年生死两茫茫，不思量，自难忘。一年后，你

饶幸从贼营中逃了出来，在凤翔再被授职，过了四个月，你们一家终于得以再次团聚，尽享天伦之乐。不久，你说到处饥荒何以安家，就弃官举家西去，千里奔波，艰苦备尝，你们一家生活的苦况已到了天人同悲的地步！你一定深知百姓们也被战争所劳累，心中的万般同情全部写在了那著名的'三吏三别'中。两年后，你们终于到了目的地成都，建造了一间茅屋——这就是被后人称道的杜甫草堂呀！你一生劳苦、颠沛流离，却心系百姓，写下了众多脍炙人口的诗句！"

虽然我们没有杜甫那样的经历，但是学生的情感是由衷的，是真实可感的。在对诗人由衷的赞美中，我们不难发现学生在与作者的对话中，也唤醒了自己对历史、对当今生活了解的热情，幼稚的心灵渐渐成长。在与先哲圣人的对话中，美好的情愫滋润着心灵的成长，这就是生命中一滴灵动的水！

再如，雨果的《就英法联军远征中国给巴特勒上尉的一封信》(八年级下)让我们看到雨果这位正直的作家，珍视人类文明成果，尊重人类文明的创造者。他代表了人类的良知，强烈地谴责了英法联军火烧圆明园的强盗行径。学完课文后，许多学生对雨果、对战争有了进一步的认识。

学生刘世杰在《战争，我想对你说》中写道："战争，不知是对是错。侵略的国家与被侵略的国家都在感受着家破人亡、妻离子散的痛楚，年轻的生命永远也回不了家，父母再也见不到可爱的孩子；妻子儿女再也见不到至亲至爱的家人。两次世界大战中，人类更是付出了惨重的代价：在中国，南京大屠杀中 30 万同胞惨死；在奥斯威辛，无数犹太人被法西斯杀害；在诺曼底，几万盟军的英灵长眠于此；在凡尔登，几十万生命消失在枪林弹雨中……"

境由心生，心生万物。与课文作者同行，与他们的对话交流可以开拓我们的视野，提升我们的境界，所想所看都是我们的作文，真情实感有如一滴灵动的水，落入荒漠，便与漫漫黄沙合为一体；滚入江海，便与呼啸之声和弦鸣唱；溅入泥淖，便与泥土生灵息息相通！即使化为一缕轻风，也会在小草的笑容里，招展生命的轻盈与空灵！

三、掬起每一朵绽放的生命之花，再现生活的多姿多彩

学生的生活很单调，活动范围基本上只限于学校与家庭。其实，大自然是语文课程取之不尽、用之不竭的源泉，是一本鲜活的教科书。教师可以引导学生到大自然中去领略作品横生的妙趣和伟大文学的艺术魅力，还可以指导学生将自己的笔伸到鲜活的大自然中去，搭起连通物象与意象的桥梁，感受创作的过程，收获成功的喜悦。因此，我们可以创造性地开展多种形式的语文活动课，开展节日文化大课堂、名著大课堂，还可以带着学生开展走桃花源、访岳阳楼、拜屈原等系列文化实践课。在读万卷书行万里路的特色活动中，生命之花在绽放，我们的作文有如灵动的水再现生活的多姿多彩。

在学完周敦颐《爱莲说》后，我指导学生开展"莲文化的魅力"的实践活动，学生背诵莲的诗文，讲述莲的故事，展示莲的画面，表演莲的形象。而作文《我心中的莲》让我看到莲以淡雅恬静、亭亭玉立、沁人心脾的姿态，深深地根植于我们学生的生活与精神世界中。

学生唐亦方在《"莲文化的魅力"的感受》中写道："怀着忐忑的心情终于读完了文章，我感觉第一次超越了自己，好像在茫茫

星河中，找到了一颗属于我自己的星星，虽然它很小，但那是我磨炼自己并通过努力得到的。莲花美得超然，但不孤芳自赏。她的美不是妖媚，不容任何人来侵犯。她始终牢记着自己的使命，不是被人欣赏，而是奉献果实。她甘愿放弃美丽，而一心酝酿果实——用她的根，用她的心。就像我们这次精彩的莲文化展示——用我们的努力，用我们的心。”

在教学《雷电颂》时，我带着学生走出教室，在报告厅开展情景朗诵的语文活动课。学生声情并茂地朗诵表演再现屈原形象，许多学生观看活动后写下自己的感受，如荆梦娇同学的《演绎·学习》中写道：“观看同学们的表演，《雷电颂》带给我的感受更加深刻。同学们的朗诵情感充沛，使我进一步体会到屈原爱国、坚贞不屈的精神。而这正是一种阅读的方法，在进一步的体会中更深入地领会中心思想。演绎的过程也是阅读的过程，正所谓‘台上一分钟，台下十年功’。这短短的演绎是付诸努力和汗水的成果，流淌的汗水越多，演绎出的效果就越好。而这台下的汗水不也验证了‘知识是需要日积月累的’吗？课堂上的时间远远不能满足我们学习上的需求，课下，我们同样需要阅读。”

杨蕙宁同学在《难忘的一节语文课》中说：“在他们绘声绘色的演出中，屈原的形象也呈现在了我们的眼前，这个流芳千古的爱国诗人，被同学们‘带’到了演出大厅。他们忘我地朗诵着，每当一个同学朗诵完，台下的同学们就不由自主地鼓起掌来，有些同学的气势竟把我们震住了，活脱脱的屈原呀！我仿佛看见了屈原被囚禁在狱中的画面，他仰天长啸，嘲讽那些无德无能、欺民惑众的官僚统治集团，他向往光明，向往自由，向往没有污秽的地方！我仿佛也看见了那个崇敬屈原的女弟子婵娟被害的景象，多么正义的女子，就这样撒手人寰。通过这次活动，我对很多东西的理解更深了，期待着下一次……"

语文教师可以抓住学生成长中的任何一个契机开展大的作文教学活动，引导学生体会活动中带给生命以感动的最有价值的一瞬间。比如，学生十四岁生日之际，学校举行集体生日，作为语文老师的我给学生一份"大礼"——《至十四岁的青春少年》，老师的示范和文字的力量使得许多学生记下活动中感人的一幕。安荻的《站在十四岁门口》写下："老师们朗诵的那首小诗就让我哭得不成样了，那首诗是董老师写的，从文字和老师们的朗诵中我感受到了老师对我们的爱。我的泪水里既有感动，也有惭愧。我们的老师们是那么优秀，那么爱我们，而我们呢？有时会不听他们的话让他们生气，有时会因为我们的淘气给他们带来不少麻烦。但无论怎样，他们还是那么爱我们。站在十四岁门口，我泪水肆流——这是惭愧的泪，是感动的泪，更是幸福的泪。"

作文是一种生活体验，是一种情感再现，是一种思想认识，是我们生活中一滴灵动的水。叶圣陶老先生说："生活犹如泉源，文章犹如溪流，泉源丰盈而不枯竭，溪流自然活泼泼地流个不歇。"我们教师指导学生吸收教材营养，带着学生走近优秀文学家，开展系列阅读活动课程，拓宽学生生活空间，营造表达和交流的平台，在潜移默化中，在言传身教中，引导学生认识并发现生活的多姿多彩，而作文就是掬起生活中一滴灵动的水。

这一滴水，只要心纯意美，即使是一颗无名的露珠，也会在太阳下晶莹剔透，折射太阳的光辉！这一滴水，只要意正醇香，即使渗入泥土滋润花草，也会化作幽谷里绽放肆意的芳菲！

推开那扇门

——新课程下高中作文教学的实践与思考

董秀梅

《普通高中语文课程标准(实验)》从“课程目标”“教学建议”“实施建议”三个方面对写作提出要求：学会多角度地观察生活,丰富生活经历和情感体验,对自然、社会和人生有自己的感受和思考;写作教学应着重培养学生的观察能力、想象能力和表达能力,重视发展学生的思维能力,发展创造性思维;在写作教学中,教师应鼓励学生积极参与生活,体验人生,关注社会热点,激发写作欲望。

解读“课标”,我认为,作文教学在某种程度上是教师挖掘学生思维的深度与广度,帮助学生梳理整合思维的过程,而学生思维的敏捷、深广和精密性又是与作文立意、表达相结合的。因此,从直观上看,作文教学是教师引导学生拓展思路,展现科学思维的流程,而实际上,应是学生在教师的引导以及学生之间的讨论中,推开横亘在作文与生活之间的那扇门,寻找作文与生活的联系点,提高认识和感悟生活的能力,从而再现生活的一个思维过程。

作文最终呈现出的就是一个学生经过思维加工后的对生活与世界的认识。而在长期的教学实践中,我们常常听到学生抱怨：一怕文言文,二怕周树人,三怕写作文。怕归怕,但作文还得写,于是出现了许多为作文而作文的现象,出现了形态各异的

"门",让我们教师很是无奈。一种"门"的表现是,材料陈旧,文必司马迁、屈原、陶渊明,离开这几个老朋友,学生作文似乎无话可说;一种"门"的表现是,就作文材料谈材料,局限在作文材料里,举步维艰,笔头生涩;一种"门"是套话连篇,大而空,缺少真情实感,立意飘忽;还有一种"门"是表达不清的寓言和幼稚的童话……

这些形态各异的"门"的出现,究其实质就是没有一定的思辨能力,没有一定的积累,没有一定的历史、文化的厚积薄发,再加上学生审题不准,思维流程不畅,从而在作文与生活间竖起一道道门,呈现的作文让我们看不到学生真实的生活,看不到学生真实的心理世界,这样的作文只是"作"文。而这与《课程标准》所要求的"学会多角度地观察生活,丰富生活经历和情感体验,对自然、社会和人生有自己的感受和思考"相差甚远。

新时代的人才观,要求学生关注生活、思考生活、做生活的有心人。作文命题思想指向本我与生活,愈来愈贴近社会生活,关注现实生活,即关注社会、关注人生、关注全人类的命运、关注我们的精神家园。所以,有效地训练学生打通作文与生活的联系,寻找作文与生活的联系尤为重要。

那么,怎样推开横亘在作文与生活之间的那扇门,打通作文与生活的联系呢?

一、学会捕捉生活中的事件

正因为作文是现实生活的再现,是思维的外在表现,因此,一个高中生所具有的经历和环境,所具有的信息和知识,所能理解的科技、经济和社会发展中的问题,以及由此而产生的思考应是我们作文训练的广阔背景。而作文审题也应该在此基础上帮助学生推开那扇阻碍我们认识生活的门，建立作文与生活的联系点，从而使学生笔下有山有水有春秋，这样作文中的事件不仅体现思维的特质，更会渗透现代气息了。

而这种从生活中提炼事件，以及就此还原的方法不是在简单的重复，而是在螺旋形上升的过程中，随着学生认识的升入而增加他们思维的广度与深度。教师就是在这个平台上对学生的隐形认知进行挖掘和强化，令他们能借助语言深刻、形象、准确、艺术地表达自己对生活的认识和思考。

如《冬日的风景》命题作文要求学生角度自选，除诗歌外，文体自选。如果学生没有一定的生活积累，不会捕捉生活中的事件，就会感觉无米下锅。所以，要想写好作文，首先得打通试题与自己生活素材的联系，而这个生活素材必须建立在学生对生活事件敏锐的捕捉与感悟之上。比如，一位学生在作文中写道："爷爷是个'固执老头'，而奶奶是个'凶老太太'，这两个人在一起自然免不了摩擦，于是，打我记事起便是三天一大吵，两天一小吵，奶奶叫爷爷买菜，买得比平常贵了要吵；奶奶给爷爷买酒，买的牌子不对也要吵；爷爷下棋回来晚了要吵；奶奶晚饭做多了也要吵；水用多了要吵，灯没关还要吵……总之，生活中总少不了他们拌嘴抬杠的身影，几十年如一日，乐此不疲！"

紧接着，学生以爷爷的口吻讲述了他们年轻时"执子之手，与子偕老"的爱情故事，进而感悟道："所谓执手过一生的誓言并没有想象中的轰轰烈烈，它就掩藏于那些粗茶淡饭中。牢牢记在心中的爱是不需要拿出来晒的。"

作者抓住雪天和平日生活中的事件与作文试题《冬日里的风景》打通，文章由雪天早晨爷爷奶奶搀扶散步想到老两口平日里的吵架抬杠的生活图景，进而感悟到生活的道理：爱情不是轰轰烈烈而是平平淡淡、相濡以沫的真情。

如果学生不敏锐地捕捉生活中的事件，不积累生活中的事件，写出来的作文就不能显示出学生眼光的犀利和思想的力量，而练就一双敏锐的眼睛是我们每位高中生必备的观察生活和感悟生活的能力之一。教师可以引导学生发现并关注那些引起情感共鸣的世俗民风，可以捕捉时代风云变化的热点和焦点事件，还可以反思让人困惑与争鸣的世界观、价值观。学生只有积极参与生活，体验人生，关注社会热点，才能随时捕捉到为我所用的作文素材。这样，不但可以开拓思路，发展学生的个性，培养敏锐的观察力，而且可以从生活中吸取素材，使学生自身成为作文的主人，掌握主动性，不受任何拘束，“文为心声”，从而领会文章来自生活的真实含义。

叶圣陶老先生说：“生活犹如泉源，文章犹如溪流，泉源丰盈而不枯竭，溪流自然活泼泼地流个不歇。”作文与生活天然联系在一起，作文反映生活又服务于生活。对学生而言，作文本身就是一种特殊的生活。只有敏锐地捕捉生活事件，在积极的思考和感悟中有意识地积累生活素材，才能建立自己的资源库，才能走出“巧妇难为无米之炊”的困境。

二、提高认识生活的能力

新课标强调要激发学生学习兴趣，调动学生积极主动的学习态度。在教学方法上，运用多种方法引导探索，让学生学会学习。并且注重在教学中让学生自己通过思考和讨论来解决问题，鼓励学生多发散思维，寻找多种解决问题的途径。在写作上，着重培养学生的观察能力、想象能力和表达能力，重视发展学生的创造性思维能力。

而现实情况是，学生观察生活，积累素材，面对题目却思维滞涩，打不开思路，这在很大程度上不是纯粹的不会写，而是不会想。所以，教师还要引导学生在观察生活、积累素材的基础上，提高认识生活的能力。

所谓认识生活的能力，就是指对生活的观察、分析、概括、综合、推理、想象等能力，就是要求学生有一种由此及彼、由表及里、去粗取精、去伪存真的改造制作、提炼加工的功夫。

比如，北师大“在行动中改进语文教师的教学行为”课题组进行作文审题实验的一次课上，实验教师选用2010年上海高考作文题：

丹麦人去钓鱼会随身带一把尺子，钓到鱼，用尺子量一量，将不够尺寸的小鱼放回河里。他们说：“让小鱼长大不更好吗？”两千多年前，孟子曾说过：“数罟不入洿池，鱼鳖不可胜食也。”意思是，不要用细密的渔网在池塘里捕捞小鱼，这样才会有更多鱼。

学生结合个人经验进行多角度的立意、选材、表达交流，由材料中的核心词“鱼”“尺”“数罟”挖掘各自的比喻义，教师适时抓住学生对词语比喻义的理解，引导学生把“鱼”“尺”“数罟”与“人”“社会”“生活”建立相关的联系，从而打通试题与生活的联系，进一步提高认识生活的能力。

有的学生由“不要用细密的渔网在池塘里捕捞小鱼，这样才会有更多鱼”联想到许多家长乃至社会上很多人往往违背规律，揠苗助长，省略过程，在打通试题与生活的基础上，认识当今教育的一些误区。有的学生由“丹麦人将不够尺寸的小鱼放回河里”的现象联想到社会上那些目光短浅，只顾自己不顾别人甚至后人的不良社会现象，在打通试题与生活的基础上，认识到社会的可持续发展的重要性。

这些由"鱼""尺""数罟"联想到人、社会生活等多角度的拓展，实则是教师注重引导学生由具体到抽象，由个别到一般，多角度地提升对生活的认识，表达对社会和人生的感受和思考，体现出对学生思维的广度和深度的培养。

"鱼""尺""数罟"联想到人、社会、生活等，思维发散之后必须收拢，将各种联想分类，找准作文与生活的联系点，筛选出最有感触、最有新意、最能营造亮点的立意，这样才能避免泛泛而谈、缺乏深度，又能有自己的个性创造。

当然，提高认识生活的能力，首先就得培养学生热爱生活、关注生活、积极热情地参与生活的态度，并培养学生辩证地分辨是非，评判真假、善恶、美丑的能力。在此基础上，重视学生思维能力的发展。

教师可以依托阅读课文及课外的一些好的文章，发掘其评判因素，让学生评判。也可以把家庭、学校、社会上发生的有评判价值的人和事，包括学生作文反映的人和事拿来在课堂上评判。评判时，让学生自由地发表看法，各抒己见，让学生心灵、思想进行碰撞。

学生的思想认识水平及认识生活的能力很大程度上还取决于他的思维能力，或者是否掌握了一套思考的方法。我们可以引导学生掌握两种常见的议论文写作的构思方法：横向开拓，纵向开掘。横向开拓着重在于"全"，纵向着重讲究"深"。我们还可以帮助学生归结出"深化议论"的一般思路：是什么——为什么(层层深入)——怎么样。启发引导学生概括出思考方法上的具体特征：由表及里——人的思想品质、世界观；由浅入深——事物的本质、规律；由小到大——民族的振兴、国家的强盛;由轻至重——历史的发展、社会的进步;由现象至本质层层深入——范围的扩大、危害的加深、意义的深远、作用的增强。方法正确,有助于学生一针见血地抓住事物的本质。

不仅如此,作文的其他方面如详略的处理、段落结构的安排,甚至一些语言的表达也关联着思维能力,思维能力也是创新的前提。要通过发展学生的思维能力这个手段来提高学生的思想认识水平和感悟生活的能力,从而提高作文的质量。

三、建立有个性有创意表达的语言系统

《语文课程标准》指出:“语文是实践性很强的课程”,“学习资源和实践机会无处不在,无时不有”。学生的作文思维能力源于自己的生活经验、生活感受和知识水平,只有善于观察生活、思考生活、分析生活,积累丰富的生活素材,对生活有自己的见解,才能使思维能力具有扎实丰厚的基础。只有视野开阔,博采众长,具有丰富的知识,思想才能敏锐,思维才有依附,文思才会活跃。因此学生要从自我出发,选择能深刻揭示题意、有社会价值、自己有真切体会并能给人以启迪的写作角度入手,建立有个性有创意表达的语言系统,才能笔从心运,境随心生了。

所谓“从自我出发”,就是在自己熟悉的生活领域里寻找,选择的写作角度一定是自己有话可说,有理可论的,在有个性有创意表达的语言系统下,做到行文时心中有数,言缘于心。我们看《真正的美景在心中》一文:

“曾经读过一首诗,诗中有这样一句:‘三分春色描来易,一段伤心画出难。’我很感叹诗人的妙笔,他把景与心的关系描述得这样动人。

"是啊，其实景色的外在是极容易改变的，你可以在濯濯童山上种上绿树花草，也可以将一片绿洲上的树伐尽，将其变为一片荒原。唯独变不了的是人心。心灰意冷之中，再美丽的景色也变得黯淡；神采飞扬之时，再萧瑟的外在也平添几分乐趣。难怪有诗云：'自古逢秋悲寂寥，我言秋日胜春朝，晴空一鹤排云上，便引诗情到碧霄。'

"所以我说，其实外在的一切有时是虚无的，真正的美景还是在心中。

"曾读过李乐薇的《我的空中楼阁》，同样为作者那颗赤子之心所感动。她说自己的山中小楼所占领土虽然有限，但领空却是无限的，因而她感到'游目骋怀'，天地都是她的。或许，若把这方土地交给一个庸人，那么这里一定得不到如此高的评价。庸人看到的是山野的僻远，智者看到的是远离尘嚣的宁静与和谐。

"刘禹锡在《陋室铭》中说：'斯是陋室，唯吾德馨。'让千百年来的人们记住了那间陋室，也记住了他的德行。留在人们脑海里挥之不去的，往往不仅是景，而是浸透在景中的那一份或甜或苦的感情。真正的美景产生于内心，真正能留在心中的也是情深之景。"

文章以"境由心造"为思想，得出"真正的美景还是在心中"的论断，不仅合理且富于哲理。作者引用了大量诗文材料，来证明"景美源于心美"这一道理，角度独到、思想深刻、取材丰富。

细品析，我们不难看出作者的表达有个性、有创意，文采飞扬。引诗文"三分春色描来易，一段伤心画出难"，恰到好处地说出景与心的关系，而正反对比性的语句运用得游刃有余，"外在的一切有时是虚无的，真正的美景还是在心中”“庸人看到的是山野的僻远，智者看到的是远离尘嚣的宁静与和谐”有力地证明了“景美源于心美”的道理。

有个性、有创意表达的语言系统，应是能考虑不同的目的要求，以负责任的态度陈述自己的看法，表达真情实感，文中流露的是科学理性精神，而不是无病呻吟或剑走偏锋。写作的核心是思维的灵敏性，只有对生活有自己独特的感受和独立的思考，才能根据不同的要求，进行灵活的变化。

怎样建立有个性、有创意表达的语言系统？我想，学生要掌握、打好语言的基本功，语言是思维的外在表现，观点明确的表述和层次清晰的论证，以及信手拈来的古今中外的事实材料，都得依靠语言这道“铁门槛”，对此，没有捷径，只有靠积累。这种积累不是口头语言的随意应用，而要从书面的文学语言中汲取。比如高考要求背诵的诗词曲文，阅读中的精美语句，只有熟化于心，写作时才能把优秀的文字表达转换成自己的语言，才能纵横捭阖地展现自己熟知的提炼出的生活。只有练好语言基本功，我们才能笔下如汩汩清泉，取之不尽，用之不竭。

角度小和角度新，是衡量最佳写作角度的两个标准。议论出新意，是取决于我们认识生活的深度。而清晰地表达思想，艺术地生成篇章是更高的要求，这就要求教师在教学中尤其要注意对学生进行语法、逻辑和哲理的培养与提升。《课程标准》提出：能围绕中心选取材料，在表达实践中发展形象思维和逻辑思维，发展创造性思维。语言是思维的外在表现，作文是学生对生活的发现和认识。而学生对生活的认识，又取决于老师帮助学生建立题目与生活的联系点，这个联系点就是学生的个人相关经历和捕捉到的“有内涵”事件，并以有个性、有创意表达的语言和负责任的态度陈述自己的看法，表达真情实感，这样的作文才是“文为心声”。

总之，生活是作文的“本”，思维是作文的“魂”，作文审题过程是思维的演练过程，写出的作文是我们生活的再现。这里的生活不是在简单地重复，而是借助语言深刻、形象、准确、艺术地表达自己对生活的认识和思考。捕捉生活中的事件，提高认识生活的能力，才能推开横亘在作文与生活之间的那扇门；寻找作文与生活的联系，再通过有个性、有创意的语言表达，负责任地表述自己的价值观和世界观，这样的作文才能显出一个合格的高中生所具备的整体素质。

清晰的思维是笔随心到、文从字顺、行云流水的前提，只有与生活联系起来，才能写出有生活、有想法、有创新的优秀作文。

掀起你的盖头来
——基于2013年北京市中考作文阅卷的教学思考

董秀梅

北京市2013年中考这场看不见硝烟的战争已结束了，但烽火硝烟仍然弥漫在每一个角落。一年一度秋风劲，人们都愿意收获金色的秋天，而教师们在春风化雨的工作里更期盼学生取得优秀成绩。

所以，在硝烟的余尘中我们回首经历的一切，面对成绩，我们要分析试题情况与学生答题中的亮点和出现的问题，从而掀起中考神秘的面纱,以一颗平常心,从容淡定、科学理性地进行日常教学。

一、作文试题的解读

好奇,指的是对不了解的事物感到新奇,发生兴趣。有人对星空的奥秘感到好奇,于是就去观察探究;有人对“小人国”的故事感到好奇,于是就去读《格列佛游记》;有人对身边的变化感到好奇,于是就去了解这变化的原因……好奇,会使你有很多新的发现,会使你的生活更加丰富多彩。请以“好奇”为题目,写一篇文章。

“好奇,指的是对不了解的事物感到新奇,发生兴趣”指出“好奇”的内涵。“星空的奥秘”偏自然科学,“小人国”的故事偏人文,“身边的变化”是指学生身边真实的社会生活,可以写人、写事、写景的变化,以及更多;“好奇,会使你有很多新的发现,会使你的生活更加丰富多彩”指出“好奇”的意义,正面的作用。可以写记叙文、议论文。

二、作文试题的评价

贴近学生实际。这个年龄的学生都有“好奇”的本能。试题能激发学生写作的兴趣与欲望,故而选材可以新颖而丰富,体现“我笔写我心”。

关注现实。“课标”倡导“引导学生关注生活”,关注生活,可以“我笔写我见”。

防止宿构。把准备好的“母爱”“父爱”“友情”等直接套,是行不通的,必须会换角度。如写父爱,学生写父亲每次给他做糊饭,引起他的好奇,最后发现是父亲因为孩子的胃不好,怕他不消化而特意做的糊饭，故而“我笔书真情”。

利于区分。中考是选拔性考试，作文是区分学生平时写作立意属于高、中等或较差水平的最好平台。应注意几个区分点：(1) 是不是“好奇”。如学生写对自己的拼搏很好奇就不合适。(2) “好奇”有高下之分，不能太浅，而应写出好奇的分量，选择合适的角度。如学生写对桌子上纸包着的东西好奇，打开看是一瓷杯，妈妈说他时他一慌张摔碎了瓷杯，好奇让他懂得了什么，就有些浅薄。而好奇的分量，选择合适的角度可以表现为：如学生好奇“蝉蜕”，详细地写出观察的内容，从而写出自然科学的奥秘引发他的好奇。学生折纸飞机，发现自己的纸飞机没有其他学生的飞得好，引发对空气、流线弧度等的好奇，然后进一步探索其背后现象的科学原理。还有对同学的手表发出声音的好奇，通过借手表、拆手表、修手表、还手表等一系列波折，最后得出好奇还得尊重他人的感受、友谊等。还可以写兴趣爱好，如十字绣、滑旱冰等。

三、阅卷中的作文亮点

(一) 选材新颖丰富，“我笔写我见”

比如，一考生不相信别人所说的“小草生命力是顽强的”“不相信如此卑微的小草经得起暴风雨的洗礼”，对小草的生命力充满怀疑也对它的顽强力充满好奇。于是在一次大雨中，考生冒着雨观察小草，看到了经暴雨洗礼的小草更加葱绿。雨中观草，不仅满足了他的好奇心，也领悟到生命的真谛。难能可贵的是，考生作文结尾写道：“当我们因为一件事情而感到困惑、好奇时，也应该积极探索，去证实自己的想法，也许在你证明的同时，你也会收获到让人受益匪浅的知识。”

还有一考生开篇就写“书中自有黄金屋”,“我很好奇,为什么书中会有一个黄金打造的屋子?”于是,每次拿到新书就好奇地左翻右找,妈妈知道后并不制止,而是让他边读书边再找找看。书读了很多遍,好奇心愈强,也愈加勤奋,读《悲惨世界》、读《红楼梦》、读莎士比亚、读李白……在读书中,考生明白了“黄金屋”的真正内涵,进而由衷感慨:问来的终究是别人的,寻来想来的才是自己的,同时也明白了妈妈那句“再找找看”把他引进书海用心良苦的爱。

还有对一首老歌的好奇,有对“逝去是不是失去”的好奇,有对那么多人喜欢爬山的好奇,有对舞者“从容而舞,形舒意广”的舞姿的好奇,有对爷爷爱喝茶,爱得根深蒂固而好奇,等等,考生能根据试题要求,在很短的时间里寻找自己熟悉的生活,写出自己独特的生活和独到的感受,符合学生的年龄心理特征。

(二) 紧扣好奇,以小见大,“我笔写我心”

比如,一考生写对蜗牛的好奇。作文一开始就一句“空山新雨后”,自成一段,不仅营造了故事发生的场景,而且恰到好处地引用一句古诗,给人清新灵动之感。第二段,考生写道,“我坐在花坛边,无聊地打发着时间,忽然看见墙角边一个微小的身影,我好奇地奔了过去”,开篇入题。接着,考生给我们描述“一双小小的触角从壳中轻轻地展开,是一只蜗牛,我好奇地伸出手挡住它前去的路,心想,看你怎么办?”淘气的动作,很符合孩子好奇的心理,点题“好奇”。“果然,它又羞涩地缩回壳中,寻求庇护。不一会儿,好奇心的驱使又让它蠢蠢欲动,微微探出了头,向前蠕动着,我将手向前移了移,蜗牛再次怯懦地低下头,但又悄悄打量着面前的‘大山’……”又是一“好奇”,从孩子好奇的眼光看眼前之物,眼前之物皆着好奇之色彩!接着考生写自己哈哈大笑，心情得意，在小小的蜗牛面前，他是上帝，只要他一个念头，蜗牛就会粉身碎骨。继而写道："可是，我又真的好奇，它会怎么办？""好奇"之心推动情节的发展，蜗牛似乎也看出考生的善良，露出身体向前移动。面对蜗牛的努力与坦然，考生写道："我的好奇心愈发强烈，它真的不怕我下杀手吗？"又一次提到"好奇"。最后，考生写自己心一横，提起蜗牛，准备让它跌落深渊，然而，蜗牛依然用灵动的双眼打量这个世界，毫无畏惧。到此，考生写道，"不禁为伟大的好奇所折服，轻轻放下蜗牛，手上留下一道湿漉漉的划痕"，"这是好奇的痕迹"。一句话自成一段，紧扣试题。

考生对一只蜗牛的好奇波澜起伏，事情写完了，结尾升华主题："望着小蜗牛的身躯，我不禁浮想联翩，我不正是因为好奇才一步步成长到现在？我的老师、同学、父母不正是因为坚持自己的好奇，才一步步向目标探索、追求？我们的生活，不正是因为好奇的存在，才绚丽多姿、异彩纷呈？"由自己好奇一事上升到所有人的成长和生活层面，升华主题。文章处处点"好奇"，符合孩子的心理，自然入题，自然点题，自然收束，浑然一体。

还有一考生对传说中 2012 年 12 月 21 日"世界末日"充满好奇。开头以题记的形式点题"末日到底存不存在？无人敢言。那便索性让我试它一试，又何妨？"接着，以特定的场景开篇："漆黑的夜幕笼罩着大地，偶尔一股寒风卷过，草叶沙沙声格外清晰。这便是冬季的夜晚，寂静而深沉。一点荧光从小窗中钻出，微弱而不灭。我躺在床上，静静地注视着手机荧光屏上的时间23:45……"表达自己面临"世界末日"前的平静而又好奇的心理。接下来考生写自己与同学在 QQ 群里聊天，叙描共同的心理——期待而又好奇，在等待中既希望末日一说只是笑谈，又希望自己是天崩地裂的历史见证人。

时间在一分一秒地向 21 日迈进，考生好奇的等待中多了害怕，开始胡思乱想，心跳加快，当他颤抖地按下锁屏键显示时间 00:02 时，一切平安！内心的激动与兴奋将胆怯淹没。QQ 群里又热闹起来了！

考生由末日前的好奇产生体验之举，继而感慨“末日论真不着调！”到此，考生紧扣好奇，以小见大上升到一个认识：“我忽然又开始好奇了，这次不是对于末日论是否真实，而是 90 后的我们究竟是怎样的一种性格。我们对未知事物的好奇，会让我们忍不住去探索，探索的旅程中，我们斗志昂扬；遇到问题，我们会心有胆怯，但绝不退缩。我们是年少的一代，正处于轻狂的年龄，所以我们会好奇，会害怕，更会怀着激扬的状态迎接未来。”

（三）合理转换，灵巧转身

石景山区初三期末统考作文是《其乐无穷》，一模作文《多彩的初三生活》，两次作文都体现“课标”精神，即“引导学生关注现实，热爱生活，表达真情实感”。我们两次统判发现不少的好作文，真的看出学生以我笔写我心，在“乐”中，在“初三生活”的叙述中，表现我的生活，我的世界。

而北京市中考作文是《好奇》，体现“课标”精神，“引导学生关注现实，热爱生活，表达真情实感”。有许多学生就结合平时的训练以及这两次的统一练习，进行合理的转换，灵巧转身。比如，一考生写一次雨后，伫立在窗前看到难以置信的绿色，突发好奇：雨后的春天是怎样的。在好奇心驱使下走进了自然赐予的“桃花源”——大草甸，并遇到平日不太爱说话的同学。于是，那个美妙的上午，他们伴着布谷鸟的“嘤嘤成韵”，诵着白居易的“几处早莺争暖树，谁家新燕啄春泥”，在知识的道路上“行不足”了，在清丽的雨后春天“行不足”了。

文章围绕好奇，写出了好奇下的雨后春天的美和同窗共读之美，并赞扬好奇令他的生活丰富多彩。不难看出，考生是在《多彩的初三生活》这篇作文上进行了合理的转换，灵巧转身。写“多彩的初三生活”，不仅有闲趣，还有友情，生活是丰富多彩的。写好奇，也是写初三生活，一次雨后到大草甸上复习，背古诗词，遇到同班同学也在复习，从而发现雨后春天的美和同窗共读之美。一个多彩，一个好奇，异曲同工之妙——源于自己的生活。

（四）语言峭拔，行文灵动，积累丰富，“我笔书真情”

有很多考生写自己读书，对历史朝代、文人作家、历史名人充满了好奇。例如写对李煜的好奇：“他们都说你是一个亡国之君，我不了解，只得点头，我不相信，只得去寻找。”再如：“远去了古道西风，黯淡了旧时宫闱。历史的长河中留下了太多传奇与奥秘，我忍不住好奇也忍不住去探寻。”“我好奇，是谁的妖娆舞遍江山，是谁的笑靥藏尽泪光，是谁以一颗无悔的心温暖了盛世的迷惘？翻开史册，那是你，昭君。”“我好奇，是谁‘仰天大笑出门去’，高呼‘我辈岂是蓬蒿人’，又是谁在‘安能摧眉折腰事权贵，使我不得开心颜’中愤然离去？翻开诗篇，那是你，李白。”“我好奇，是谁在故国的废墟上哀叹，又是谁在绝望中纵身入江？翻开《离骚》，那是你，屈原。”

中国历史悠久，文化博大，考生平日充分阅读积累，博观约取，方可在考场上厚积薄发。正如考生所写：“历史长河中有太多奥秘，我好奇于是探寻，探寻于是发现，发现于是收获。它带我领略昭君的无悔，李白的浪漫，屈原的悲伤，它还带我体会很多很多，只因为我好奇。”

一考生写自己对父亲究竟爱不爱他充满了好奇，行文与语言有特色。考生第一段就奇峰异起:“对于你,我大抵是不了解的。你就好像一座孤傲的岛,有自己的城堡,而我就像上不了岸的潮,也只能将你围绕。”

接着,另起一段点题:“因为好奇,所以我一步步地去了解你,了解你的一点一滴。”考生接着写道:“生活中的你给我的印象是冷漠的、刻板的。你总是板着一张脸,仿佛万年不化的冰山,无论我有怎样的热情,遇到你,一切似乎都是空欢喜一场。我并不了解你,虽然你是我的父亲,但或许是因为相隔两地,每次见面都似乎是相对无言。

“有时候,我也会突然很好奇,好奇你是否会在那里时刻思念着我,是否会将一切的思念都冰封在你那严肃的表情之下。

“有时候,我也会突然好奇,好奇于你那冷漠的外表下是否有一颗火热的心,好奇于我从未了解过的你对我的爱。

“我无数次的好奇,又无数次的失望。后来在与你每一天的相处中,我慢慢发现,你的爱是那么的无声。记得我好奇地打开你的手机,你对于我这个联系人的称呼是“宝”,虽然只有一个字,但它是何其珍贵。

“我想,父亲就是这样子的吧,他们与母亲是截然不同的。母亲用满满的爱来温暖我们、呵护我们,而父亲,他们需要作出一副超人的样子,一面用严厉和苛刻教导我们,一面用他们内心最无声的爱来保护我们。

“不知与父亲一起度过了多少个春秋,待父亲你慢慢渗入我的生活,待我慢慢从好奇到了解你,你不再是一座孤傲的岛。而我,永远围绕你的潮汐,也慢慢懂了你的爱。

“因为好奇,所以了解;因为好奇,所以懂得爱。”

亲情,父爱,因考生峭拔灵动的描述和演绎显得真切而感人。

(五) 议论文,讲理有理有据,体现了一定的辩证思维

一考生论述“如何做到成功的好奇”,文章层层论述:首先,论述“我们对任何事物应抱有好奇心”,用正反对比论证,好奇,会发现丰富多彩,不好奇,会一片灰暗,最后得出“只有好奇的人才能成为生活的欣赏者”。接着,论述“好奇要趁早”,好奇心人皆有之,年轻人尤“勿丧”,随着年龄增长,很多对事物的认识和思维容易形成固定模式,很难再像小时候一样容易好奇。道理很简单,论述清楚。最后,考生写道:“最重要的一点,有了好奇心要付诸行动”,不付诸行动,只是空谈,就是“光说不练假把式”,不会有好结果的。以《送东阳马生序》作者宋濂为例,论述“他若仅对学说抱有好奇心,而不‘尝趋百里外,从乡之先达执经叩问’,不从师,恐怕也难成为伟大的文学家了”。还以司马迁为例,写他“对历史产生好奇,并访名川、走大山,成就‘无韵之离骚,史家之绝唱’的《史记》”。考生再次假设论证,“如果说有好奇心的人是生活的欣赏者,那么,像宋濂、司马迁那样把好奇心付诸行动的人才是生活的优胜者”。

全文论述完毕,考生发出金石玉声:“我们作为新时代的中学生,有资本有能力做到成功的好奇者,那么何乐而不为呢?毕竟好奇让生活多姿多彩,不是吗?”讲理有理有据,论据充分,辩证思维让人信服。作为初三学生是篇难得的议论文佳作。

四、阅卷中发现的问题

(一) 写回忆类的居多,不关注身边的事

许多考生把目光投向童年,犹如一位老人在深情回忆童年

趣事，如写三岁时对小刀好奇，玩小刀时划破手，好奇让他学会远离危险。六岁时因对自行车好奇，学会骑自行车，好奇让他掌握一项技能。

（二）不会写真实的生活

有考生天马行空，写穿越剧。如写自己随唐僧师徒西天取经，一路好奇。还有故事新编的写法，古今人物因好奇而引发的大战，荒诞离奇。

（三）材料仅是罗列，与“好奇”间没有内在的联系

如一考生作文用三个小标题写“好奇植物让我收获果实”“好奇桥的结构让我收获荣誉”“好奇同学让我收获友谊”：看到草莓园的草莓长得大，很好奇，买回种子回家栽培，经过一番浇水施肥长出大草莓；看到桥的坚固好奇，上网查资料自己设计纸桥，参加比赛获得荣誉；看到新来的同学孤僻而好奇，主动交谈帮助获得友谊，等等。还有考生写好奇使我学会拼搏，好奇使我学会乐于助人，好奇使我懂得感恩。

怎么好奇？经过如何？没有扣住好奇的心理及好奇下的探究而展开，仅仅是举着“好奇”的大旗，大旗下招罗几个兵，至于这个兵是不是真心与我走，走得好不好，不管。

（四）几件事没有内在联系，详略安排意识不够

如文中写了无数个因为好奇而产生的疑问，有落叶的千姿百态，永丢不尽的暖手套，剪刀石头布的奥秘。几件事没有内在联系，给人感觉就是“十万个为什么”。

（五）是非不分

考生随妈妈到菜市场看到两堆不一样的西红柿，于是好奇之下趁人不注意偷走西红柿回去研究，还有看到别人的自行车很好奇，于是偷自行车回家探究，还有对人类的起源充满

好奇，于是看书，最后看到《圣经》，得出“人是上帝创造的”的错误认识。

五、对今后作文教学的思考

（一）审题的指导要到位

尤其是提示语，一句句审，提示语提示选材角度，立意选材一起走。

2012年中考作文是《少年风采》，命题作文，“风采”很抽象，但从提示语中我们可以立意行文：(1)“风采”指人美好的仪表举止和精神风貌。——解释“风采”，界定为“美好的(外在的、内在的)”。(2)对于十四五岁的少男少女来说，举止大方、个性鲜明、积极向上……都是动人的风采。——例释“动人的风采”。(3)个人有个人的风采，群体也有群体的风采，家庭、学校、社会都是展示少年风采的舞台。——提示写作范围：个人、别人(如同学)、群体(几十个少年组成的班集体等)。(4)请以“少年风采”为题目，写一篇文章。——这句是题目要求，少年是十四五岁，如写的不是少年，就不合要求，等级是四类。

2013年中考作文《好奇》也是命题作文，“好奇”是一种心理。但从提示语中我们可以立意行文。(1)“好奇，指的是对不了解的事物感到新奇，发生兴趣”，指出“好奇”的内涵。(2)“星空的奥秘”偏自然科学，“小人国的故事”偏人文，“身边的变化”指学生身边真实的社会生活，可以写人、写事、写景的变化，以及更多。(3)“好奇，会使你有很多新的发现，会使你的生活更加丰富多彩”，指出“好奇”的意义，是正面的作用。可以写记叙文，也可以写议论文。

怎样审题呢？我们可以学习特级教师郑小龙的审题方法：

先拆词分解本义，然后合解喻意，接着个别到一般概括观点，最后相似联想搜集材料。

（二）关注学生写作中的认识，而不仅仅是写作技巧

写作技巧只是作文外在的包装，而作者对生活的认识才是作文的核心。作文教学在某种程度上是教师挖掘学生思维的深度与广度，帮助学生梳理整合思维的过程，而学生思维的敏捷、深广和精密性又是与作文立意、表达相结合的。因此，从直观上看，作文教学是教师引导学生拓展思路，展现科学思维的流程，而实际上，应是学生在教师的引导以及学生之间的讨论中，寻找作文与生活的联系点，提高认识和感悟生活的能力，从而再现生活的一个思维过程。

提高认识生活的能力，首先就得培养学生热爱生活、关注生活、积极热情地参与生活的态度，并培养学生辩证地分辨是非，评判真假、善恶、美丑的能力。《语文课程标准（义务）》也提到："写作要感情真挚，力求表达自己的独特感受和真切体验。多角度地观察生活，发现生活的丰富多彩，捕捉事物的特征，力求有创意地表达。""在写作教学中，应注重培养学生观察、思考、表现、评价的能力。要求学生说真话、实话、心里话，不说假话、空话、套话。"我们可以依托阅读课文及课外的一些好的文章，发掘其评判因素，让学生评判。也可以把家庭、学校、社会上发生的有评判价值的人和事，包括学生作文反映的人和事拿来在课堂上评判。评判时，让学生自由地发表看法，各抒己见，让学生在心灵、思想的碰撞中形成正确的认识。

（三）引导学生关注生活，多积累，多感悟，写真事，书真情

生活是大舞台。《语文课程标准（义务）》指出："引导学生关注现实，热爱生活，积极向上，表达真情实感。""加强对平时练笔的指导，提倡写日记、书信、读书笔记等。”

解读“课标”，结合个人的教学实践，我认为：作文是一种生活体验，是一种情感再现，是一种思想认识，是我们生活中一滴灵动的水；教师担当的是鼓励与发现，鼓励学生表达真情实感，引导学生发现生活的真善美。

作文是表达自我的，表达自我，起点是“自我”。最重要的是要写出自己独特的体验与感受。用一颗敏感的心去捕捉感悟，收获感动，这不仅仅是作文写作所需要的，也是我们在成长中学会观察、学会尊重、学会理解、学会做人的必由之路。它能使我们在生活中体验，在体验中成长，在成长中表达。

时间、空间和学习材料是学习环境中三个极其重要的部分。创造良好的教学环境，是每个教师应尽的责任。教师在作文教学方面，不仅要在语文教育资源的合理安排与利用上起主导作用，而且更多的是要在思想上、知识上促进学生产生新的增长点和兴奋点。“超越教材，超越学科，超越课堂，引导学生在广阔的背景下学语文、用语文”，这才是一位具有大语文思想的语文教师教学生写作文的最佳途径。

教师可以引导学生发现并关注那些引起情感共鸣的世俗民风，可以捕捉时代风云变化的热点和焦点事件，还可以反思让人困惑与争鸣的世界观、价值观。学生只有积极参与生活，体验人生，关注社会热点，才能随时捕捉到为我所用的作文素材。一缕晨风，一束阳光，一抹微笑，都是生活无意的泼洒！春听鸟鸣夏听蝉，秋观月影冬赏雪，这都是一种生活的姿态。而这其中难以言传的情绪，就是我们作文中的影子。

叶圣陶老先生说：“生活犹如泉源，文章犹如溪流，泉源丰盈而不枯竭，溪流自然活泼泼地流个不歇。”作文与生活天然联系在一起，作文反映生活又服务于生活。对学生而言，作文本身就是一种特殊的生活。只有敏锐地捕捉生活事件，在积极的思考和感悟中有意识地积累生活素材，才能建立自己的资源库，才能走出“巧妇难为无米之炊”的困境。

（四）建立有个性、有创意表达的语言系统

有个性、有创意表达的语言系统，应是能考虑不同的目的要求，以负责任的态度陈述自己的看法，表达真情实感，文中流露的是科学理性精神，而不是无病呻吟或剑走偏锋。

怎样建立有个性、有创意表达的语言系统？我想，学生要掌握、打好语言的基本功，语言是思维的外在表现，观点明确的表述和层次清晰的论证，以及信手拈来的古今中外的事实材料，都得依靠语言这道“铁门槛”，对此，没有捷径，只有靠积累。这种积累不是口头语言的随意应用，而要从书面的文学语言中汲取。比如中考要求背诵的诗词曲文，阅读中的精美语句，只有熟化于心，写作时才能把优秀的文字表达转换成自己的语言，才能纵横捭阖地展现自己熟知的提炼出的生活。只有练好语言基本功，我们才能笔下如汩汩清泉，取之不尽，用之不竭。

（五）可以从仿写美文、名篇开始，先模仿，再创新

我们在现场发现一篇文章，写姥姥每隔几分钟喊姥爷，他很奇怪，便一探究竟，在这个过程中他也淘气地模仿姥爷回答，直到姥姥解答，他的好奇心才得到满足。

文章以“好奇”贯穿，充满了童趣，也充满了理趣。文章结尾，考生由衷感慨：“在我的好奇心得到满足的那一刻，我明白了，对于姥姥来说，最幸福的事，不是荣华富贵，不是功名利禄，而是自己最爱的那个人在身边存在着、幸福着。”“从姥姥一声声

呼唤中，我懂了，你在，整个世界都在！”

也许我们都看过和这篇考场作文类似的文章——《你在，我就心安》。题材相同，这篇文章结尾写道：“这是人世间最美好的风景所在。粗茶淡饭有什么要紧？年华逝去又有什么要紧？你在，就心安了。我想，所谓爱，便是如此。就是我所爱的人，我惦念的人，必得在我看得见的地方，我听得到的地方，我手能够得着的地方，好好地活着。你在，我就心安。你在，整个世界都在。”

有模仿，也有创新，考生灵活借鉴题材，加入自己的叙描以及感受等新的元素，情感真实。

我还在《语文导报》(2013 上半年第 6 期)上看到一篇作文《冬天里的春天》，这篇作文模仿朱自清《冬天》(初三期末考试现代文阅读)的写法，也运用蒙太奇的手法。

朱自清的《冬天》这篇文章，开门见山，点明题目“冬天”，先描写父子四人围坐在“洋炉子”旁边吃水煮豆腐的情景。那高高竖起的“洋炉子”，熏得乌黑乌黑的“小洋锅”，以及“嫩而滑”“热腾腾”的豆腐，一个个物象，呈现在读者的面前，凸现出冬天的寒冷和父爱的温馨。第二段写作者和两个朋友月夜泛舟西湖的情景，皎洁的月光、“软软的水波”、淡淡的山影、浅浅的微笑，这一切，虽时隔十多年，只因友情的珍贵，作者记忆犹新。第三段，写寂寞山城中妻儿天真的微笑，作者一生漂泊，居无定所，但即使客居他乡，生活在寂寞的山城，有了妻儿天真的微笑，冬天也“老是春天”，寂寞只属于屋外空旷的山城，而不属于屋内情意绵绵的家。最后总括全文，点明即使是冬天，“想到这些，我心上总是温暖的”。全文就像一部无声电影，质朴、自然，一个个特写镜头，都流露出深厚的思想感情——亲情、友情和爱情。

而这篇《冬天里的春天》，描绘了冬天里的三个典型的特写镜头：一家人围在一起吃火锅，妈妈准备汤料和食材，爸爸负责电磁炉，我负责摆碗筷，一家人边吃边聊，一家人开心地待在一起仿佛置身于春天般的温暖；寒假里同学们相聚，互相调侃、开玩笑，一人一杯热奶茶，奶茶的醇香萦绕在嘴里，温暖直抵心间；公交车上乘客互谅互让，包包裹裹之间每张脸都充满善意与真诚，“车厢外，依旧是寒风凛冽的冬天，可我分明感到春天的气息扑面而来”。三个场景都发生在冬天，表现了在寒冷的冬天里也让人的心里充满温暖的感觉。

文学大家的构思、文学大家的情感都值得我们学习与模仿，在模仿中建立个人的作文风格，在模仿中再创新，这也是许多学生的作文成功之路。

作文是一种生活体验，是一种情感再现，是一种思想认识，是我们生活中一滴灵动的水。我们教师指导学生吸收教材营养，带着学生走近优秀文学家，开展系列阅读课程实践，拓宽学生生活空间，营造表达和交流的平台，在潜移默化中，在言传身教中，引导学生认识并发现生活的多姿多彩，而作文就是掬起生活中一滴灵动的水。这一滴水，只要心纯意美，即使是一颗无名的露珠，也会在太阳下晶莹剔透，折射太阳的光辉！这一滴水，只要意正醇香，即使渗入泥土滋润花草，也会化作幽谷里绽放肆意的芳菲！

我想待到来年的中考，我们的学生会从容地掀起作文的盖头来，在“我笔写我见”“我笔写我心”“我笔书真情”中呈现更多的轻盈澄澈的水晶般的心灵。

含英咀华，融会贯通，追求实效

——作文教学的实效性初探

董秀梅

作文教学一直是语文老师颇感棘手的事，如何训练学生发散聚合的思维，如何培养学生言之有物的技巧，如何落实批改后的课堂实效性等问题，让每个语文老师费尽心思，所以作文教学的研究具有极强的针对性，给不同学校不同的老师带来专业探求的空间，体现出教学的个性并形成特色。下面，我以我的一堂作文研究课为例谈谈有效教学的思考。

这次作文研究课是高三议论文专题教学中的一节，课题是《含英咀华，为我所用——学会使用教材论据》。当时，学生进行高三会考前文言文的复习，在重温一篇篇古文时，学生本就对文言文不感兴趣，更别提领会文章中蕴含的道理，如果不改变教学方式，复习的功效微乎其微。再结合学生会考前议论文的强化训练，我想，何不以复习文言文为基点辐射到写作领域，从而有效地利用课堂时间以读促写，以写助读，就地取材，一举两得呢？于是，我整理高中前五册教材，对能当论据的课文进行初步的归纳，确定议论文教学的一个方面——学会使用教材论据，并从论据的选用入手教会学生深入说理。为提高作文课堂教学效率，我确立本课题的三维目标：能说出并掌握议论文的一种或两种说理方法；能根据中心论点，巧妙地借用转换教材，学会深入论述；激发学生关注并积累教材中有学科价值的人与事，提高学生写议论文的兴趣。

教学目标明确了，在具体的实施中，我的每一环节紧紧围绕目标进行教学。第一环节是导入，通过高考成功作文片断的再现，使学生明确教材与写作的关系，唤起学生重视语文教材的意识。第二环节是以学生熟知的陶渊明为例，明确选材的要求，进一步把握议论文写作论点和论据的关系。第三环节是以具体的一篇《游褒禅山记》为论据，运用例后归因、例后假设等说理方法论述，并再次以具体课文《邹忌讽齐王纳谏》为论据，进行片断作文。学生在这一环节中，先口述，再写片断作文，在细研文本中，含英咀华，巧妙移用教材，为写作的目的服务。

在这堂课中，学生通过我的下水作文实例，学会分析事理，并且充分意识到：语文教材是丰富的，只要我们努力地含英咀华，就能融会贯通，为我所用！同时，通过这堂课的备课、上课以及全体老师的评课，我深深地意识到：校本教研是老师专业提升的空间；教师的教学必须针对学生实际情况解决学生最需要解决的问题；同时，要做到每堂课都有设计意识，目标明确，程序流畅，教师得始终处于教学的研究琢磨状态！

回顾这堂课的全过程，其实，它应是我们学校语文作文教学校本教研的一环。学生在高二阶段基础差，底子薄。针对学生实际情况，我们进行校本教研系列活动：第一，确立议论文教学思想，即低起点，跨小步。第二，教学思路是先从区分表达方式入手，弄清各种表达方式的不同，尤其是区分议论与说明、叙述的不同点。接着以叙述、说明、议论三种表达方式来训练学生写议论文和说明文的写作思路。第三，通过开展不同作文文体语言的讲座，并结合作文例文剖析，让学生把握议论文说道理的特点。最后，强化训练，一边抓思想认识水平的提高，一边抓写作技巧的指导。在循序渐进中,使原本对“议论”全然不知的学生茅塞顿开。

而到了高三,学生面临的是会考复习,议论文论据的选用、论据丰富、说理充实及思想的深刻性尤为重要。在对课本的回归中,如果采用“炒剩饭”式单纯的回归,没有生成的空间,只会一节节课流于形式,既培养出懒惰的老师,也助长学生厌学情绪。故而我认为,立足课本,站稳脚跟,读写结合有效开掘课程资源,才更能针对学生实际情况,解决实际问题,即教会学生会利用教材中的人物、事件为写作服务,使学生有方法可寻,有话可说。

虽然确立这样的作文课题有一定的挑战性,因为学生对课文的认识有差异,对教材是“横看成岭侧成峰”,但只要我们老师带着学生用心去揣摩,用心去审视教材,都可以拿来为我所用。结合学生实际情况,设计一堂课,首先唤起他们重视教材的意识,然后小组一起探究具体的课文,在老师的启发下,他们触摸到教材的灵魂,这样不仅促进对课本的理解,而且又学会了利用教材增强写作能力,学生便不会再对写作感到无话可说了。可见校本教研给了我仰望的星空,它让我求本务实、因材施教,它让我对教材的理解,对学生的切身体会有了不同的高度。

另外,一堂有效课的实现,还需要教师有清晰的设计意识,明白学生会在哪一环节上存在“坎”,教师该如何帮他跨过这道坎。记得我在另一个班试讲中发现学生存在两个困惑:第一点,面对片断作文,学生不会提炼论点;第二点,知道课文的内容,不知如何转用。于是,我根据实际情况写下一个片断,先让学生掌握提炼论点的方法。然后,我以陶渊明为例,结合课文《漫话清高》中选用陶渊明的事例来为论点服务的实例,使学生明确借用转化课文论据还得紧扣中心论点的原则。在层层铺垫,并且学生之间采取小组合作探究的形式学习之后,他们很快学会转化方法,深入论述,从而成功地口述并写下片断作文。看来,只要教师心中的目标明确,掌握学生的现状,研究琢磨调整教法,一堂课下来,学生的迁移能力会得到培养。

反思这堂课,我认为本次以教材作论据只是有效开发课程资源的一个起点,我们还可以深挖教材,进行专题系列更细化的训练。如在充分挖掘课文方面,可以以文言文《六国论》为例,学习论证的结构,学习论述语言的严谨、简练;可以以《邹忌讽齐王纳谏》为例,学习一材多用的技巧;可以以话题的形式,把教材中的素材归类,等等。围绕不同的教学目标进行作文专题教学设计,学生只有真正做到对课文融会贯通,写作时才能信手拈来。

这堂课还给我两点启示:第一,使用教材论据还应该进一步细化,即按照文体分类,说理式的课文该如何用,有事有理的课文该如何用,散文化较强的课文该如何用,否则,学生会有模糊的认识;第二,作文课堂的生成性很强,教师要时刻关注学生的情况,对学生的学习状况要及时点评,给学生明确的反馈。

一堂研究课只是一次教学的呈现,而支撑我们教学行为的应是先进的理念。《语文课程标准》要求教师"应创造性地理解和使用教材,积极开发课程资源,灵活运用多种教学策略,引导学生在实践中学习"。一位教育理论专家曾说道:教育基本理论,就是教师需要时常仰望的专业发展的星空。是的,面对变革,特别是频繁地更换教材和革新教法,许多教师已经厌烦,感到痛苦,甚至有些不堪重负。教育受累于整个社会浮躁的急功近利的大氛围,已然是不争的事实。"课改"理论层出不穷,新概念新词汇花样繁多。其实,教育的根本、根基应该是相对固定的，教育的规律更是非短时期内所能变迁的。那么，我们教师如何才能坚守教育的本真，保持头脑的清醒？如何才能避免“照猫画虎”“邯郸学步”的现象出现？这无疑需要教师个人在理论上成熟，在实践中探求，脚踏实地，因材施教。含英咀华，融会贯通，得之在俄顷，积之在平日。所以我认为，《语文课程标准》给了教师仰望的星空，它教会教师有效地驾驭课堂，它提升教师专业发展的空间。

作文新思考：披情以入境，情动而辞发

董秀梅

莲花，曾是古往今来文人笔下高歌咏叹的对象，如《诗经·郑风》中“山有扶苏，隰有荷华”，屈原的《离骚》中“制芰荷以为衣兮，集芙蓉以为裳”，李白的《古风》中“清水出芙蓉，天然去雕饰”。但大多数文人都是惊叹于它的清姿素容，并将其形诸笔端，而周敦颐的《爱莲说》则独辟蹊径，通过对莲的形象和品质的描写，歌颂了莲花坚贞的品格，从而表现了作者洁身自爱的高洁人格，不与世俗同流合污和对追名逐利的世态的鄙视和厌恶。因其文道出了莲的高风亮节、清雅脱俗，后人评价他“怜君独自高格，爱莲谁若敦颐”。

然而，对于《爱莲说》的教学，教师仅仅做到让学生在朗朗上口的吟咏中，品味莲的“出淤泥而不染，濯清涟而不妖，中通外直，不蔓不枝，香远益清，亭亭净植”的卓绝脱俗的人格魅力吗？

我认为，对于古文中一篇难得的精品短篇，其价值应该远不止于此吧！尤其是当今多元价值并存，教育界各种声音并存的情况下，我们语文教学的最终目的应该守住，《爱莲说》对学生思想和灵魂滋养的作用不应变！尤其是学生正处于价值观、世界观逐步形成的关键时期，学生感受人文情怀，在潜移默化中做一位圣洁清新的君子尤显重要。

根据《爱莲说》的教学内容，我结合本单元的综合性学习任务，与学生一起进行一次与生活相连的读写结合的写作之旅。

首先，学生个人自学疏通《爱莲说》的内容，小组合作理解文意。我们通过朗读与交流充分感受周敦颐在《爱莲说》中所描写的莲花形象，感受莲的精神。“出淤泥而不染，濯清涟而不妖，中通外直，不蔓不枝，香远益清，亭亭净植，可远观而不可亵玩焉”，这是一朵清新高雅圣洁的莲。

接着，感受作者情怀。透过描写莲的画面，我们体会出莲花身处污泥之中，却纤尘不染，不随世俗，洁身自爱，不牵扯攀附，凛然不可侵犯的高尚品质，这是一位傲然不群的君子！

当学生充分领会周敦颐的托物言志，以莲喻人，通过对莲花的描写和赞美，表达了他不与世俗同流合污的高尚品格和对追名逐利的世态的鄙弃和厌恶的情怀后，下一步就是搜集有关“莲”的诗句，根据自己的观察思考，点评和写“我心中的莲”的作文。

这一环节，实则是拓展阅读和写作相结合。学生通过查阅积累相关资料，开阔视野，深入认识“莲”的特点和品质，并写出自己对莲的认识。而写作“我心中的莲”，则是我的最终目的：让莲以它淡雅恬静、亭亭玉立、沁人心脾的姿态，深深地根植于我们的生活与精神世界中。

最后，学生展现自己的作品。

有的学生点评搜集到的诗句和有关莲的画面，有的学生朗读自己的作文，学生们在进一步的交流中提升自己对莲的品质的认识。

因有了对周敦颐《爱莲说》的理解，学生披情以入境，情动而辞发，写出了自己心中的莲。

如唐亦方同学抒发了她的一腔挚情："夏天的早晨，池塘里美丽的莲花高低参差，肩并肩紧密连着；露珠随着风儿的吹拂，在莲花上滚动。莲有很高的观赏价值：'出淤泥而不染，濯清涟而不妖'曾被多少诗人赞誉。记得那篇《爱莲说》吗？作者把莲喻成了自己心中的一片净土，因为它有君子的美好品德——可远观而不可亵玩焉，因为它不同流合污——出淤泥而不染，因为它有君子的美好资质——香远益清，亭亭净植，因为它正直不阿——中通外直，不蔓不枝。"

追名逐利似乎是人之天性，安贫乐道则不易做到，因为当一个精神上富有的人是艰难的。在世风日下、物欲横流的时候，用莲花的高洁品质来洗涤我们的心灵吧。

而双胞胎妹妹唐亦圆同学则饱含深情歌咏莲花："淤泥无法吞噬你坚定的信念；微风无法带走你美丽的容颜，是你描绘出生命的瑰丽与辉煌——莲。你不和别的花争奇斗艳，只是孤独地立于水中，站在风里，站在雨里，送走一个晚霞，又迎来一个朝霞。可是，你的生命是短暂的，只能过一个夏季，你把自己的圣洁都奉献给了我们。"

张晔同学由衷地感慨："世界上的花，多得数不胜数，我喜爱面对困难从不退缩，生长在恶劣的环境中却依然亭亭玉立的莲。它的外表令人陶醉，'清水出芙蓉，天然去雕饰'。它的无私奉献精神让我们肃然起敬，从花到叶、到籽、到根，可入菜肴，可作良药，它将这些毫无保留地奉献出来。”

潘仕妍同学心中的莲是多元的：“绿叶丛中，一枝枝莲花亭亭玉立，像娇羞的少女，满脸绯红，微微含笑。一朵朵莲花，紧紧依偎着碧绿滚圆的荷叶，在轻柔的雨丝沐浴下，显得更加清秀、雅洁、妩媚、可爱了。我眼中的莲是美丽的。亭亭的翠叶如盖，片片相依，相连，相拥，充溢着一派勃勃生机：一朵朵饱满的花蕾，粉荷初露，在灼灼阳光下显得出奇的艳丽、鲜亮，婀娜多姿地摇曳在清新、生动的碧绿中。我眼中的莲是坚强的。”

陆宏苑同学深情地赞扬：“在我心中，莲是一个色泽鲜美，却不起眼的贝壳。它外表美丽、洁净，生长在淤泥里却不被污染。它不像别的花一样争先恐后地展示美貌，它默默开放。”

更让我意想不到的是，在交流“心中的莲”后，许多同学意犹未尽，在随后的随笔本中进一步谈到自己的认识。

郭寅风同学写道：“听着同学们的交流，再进一步读《爱莲说》，我有了更多的感受，其中感受最深的，是莲不随波逐流的品质。学习莲的精神，整个社会才能进步，整个国家才有希望发展。”

杨鸿森同学写道：“同学们的作文让我更加清楚地领略到了莲的用处、特征、种类和象征。以前，我真的是忽略它了。那些贪官如果能学习莲的精神，做为国为民的好官，两袖清风的君子，那中国的明天会更好。”

易鑫同学说：“一个人若能做到身处污秽之地还能保持自己身心的健康、纯洁，那么这个人便能够被称为君子、贤人。而这也正是我所要追求的人生目标之一。但是要做到‘出淤泥而不染，濯清涟而不妖’，不是一件容易的事。所以从此时起，我要努力磨炼自己的意志，力争做好每一件事，并从中培养出自己良好的习惯、独特的风格。”

一次文言文教学与写作相结合的实践，让我进一步深信：语文课就是老师带领学生在古今中外的名篇佳作里畅游，老师和学生一起去领略文学大师飞扬的才思和深邃的思想，去探察作品里展示的社会风貌和人物的内心世界，去品尝可以滋养心智的“文化大餐”，去欣赏可以陶冶性情的“灵山秀水”——是“看那满堂的华彩”，而文言文教学与写作相结合更是加深我们的文化积淀，提升我们的人品的一次精神之旅。

语文教材一变再变，但那些经过前辈们精挑细选，永远保留在教材中的优秀文章，其价值不仅仅是让学生读懂它，背诵它吧。如果教师充分利用语文课程资源，设计好教学内容，让学生披情入境，在品味课文精髓的同时，心中的情感由衷而发，那么，对美好事物的认识以及对美的情怀就能形之于笔。以读促写，读进去，读出来，一篇古文的教学价值就不仅仅是课堂体现，它更多的是引领我们走在学习经典的路上，做生活中美的发现者和引领者吧！

因势利导，激发学生写作积极性

董秀梅

语文学科知识面广大、灵活，语文老师要具备广博的知识才能驾驭教学。作为语文老师，似乎都有一个共同的体会：语文学科难教，作文教学尤难。难在学生的“无米下锅”，难在学生的语句生硬，难在学生作文辞不达意，更难在学生面对作文有畏惧的心理。怎样才能克服这些困难呢？我想每位老师都在认真探索路径。我国文学巨匠茅盾先生说:“伟大的作家,是以人类有史以来的全部智慧作为他们创作的准备的。”可见,离开了生活积累和知识积累就写不好作文,我们语文教师在作文教学中就应该从学生课内外着手,注意激发学生学习动机,提高整体素质,从而提高学生的作文水平。下面,我根据语文教学特点,谈谈自身的作文教学实践及体会。

一、明确写作目的,制订努力目标

动机与目的具有不可分割的关系,有动机就必须有与之相伴随的目的,反之亦然,它们可以彼此交替,相互转化,共同推进。国内外心理学家对学习目的的大量研究表明:学习目的明确的学生,学习成绩一般比较好,而且具有进取精神。可见,学习目的是激发动机的重要因素。故而学生从初一开始,我就给学生订下三年的目标和计划,充分利用课余时间,使学生在课余的知识积累中培养写作的兴趣。

有些研究者注意到,优秀的教师尽管没有有意识地去激发学生学习教学内容的动机,但他们在教学的最初阶段所说的话,所做的一些事,确确实实会激起学生学习的动机和兴趣。众多的资料表明,学生确实需要说明学习的理由来激发学习动机,因此,在真正开始授课前,我就向学生说明写作应具备的知识及带来的好处以及奖励措施,尤其是讲清其重要性与培养方法,从而引起学生的注意,激发学习动机。

二、课内与课外结合,激发学生的积极性

(一)读佳作,找“朋友”

俗话说“熟读唐诗三百首,不会作诗也会吟”,读佳作,可使

学生从阅读中吸取营养，不仅能积累词汇，开阔视野，也能学习各类文章的写作规律，解除作文难的顾虑。我要求学生每天读一篇佳作，可读古今中外名著，可读健康报刊，还可读语文书中的课文。为开拓学生视野，我鼓励学生订阅《中国校园文学》《中华少年》《作文导报》《语文报》等，并组织每位同学向班级捐献一本好书，成立“图书角”，每周定时进行读书心得交流活动，比一比谁的“朋友”多。一学期下来，学生的阅读能力提高，欣赏水平见长。许多学生在作文中不自觉地引用名言警句，他们在书中找到了“朋友”，有了精神食粮，明确了努力方向。学生的思想境界通过一篇篇佳作得以提高，其作文立意也深刻了，字字句句中闪烁着他们的理想。有的同学在书的影响下，把自己稚嫩的笔投向社会，如某学生一篇小品文在《校园文学》上发表，使整个班的同学读书兴趣如饮醇酒，久而弥笃。

当然，老师要因势利导，有目的地培养学生积累知识，让他们知道并学会如何正确地看待社会，看待人生，学会如何分辨真善美和假恶丑。长此以往，学生作文时，有了思想、生活、技巧上的指导，有了可借鉴的范例，进一步激发了学习动机。

（二）写随笔，练思维

叶圣陶先生说得好——“自己动手写，最能体会文章的甘苦”，有自己的亲身体会，写出的作文才能真实。我要求学生每读一篇佳作后，尝试着写出自己当时的感受。开始可以写一句两句，训练一段时间后，瞬间的思维活动在不经意的笔触中如一朵朵白云般浮现出来。“文章千古事，得失寸心知”，自己反复练笔，不断修改，作文思维能力才能提高。学生每每看完一篇文章或一本好书，脑海中瞬间的“火花”也应捕捉于笔端，久而久之，情缘事而发，思维变得敏锐，条理清晰，作文水平日趋见长。

对待学生的随笔，老师采取“导”的方式，尊重学生的体会，通过随笔与学生进行感情交流，在某个问题上达成共识，激励他们的信心，激发学生的写作动机。

（三）谈见闻，积素材

生活是丰富多彩的，学生的读写活动只能局限于自己的所见所闻，而要让每个学生都来分享自己的感受，则必须通过更快的形式——语言交流。于是，上课前的三至五分钟成了学生们的“练口”时间，也即是课余所得在课内再现。为培养积极性，“练口”的内容呈梯度，先是讲一则故事、一句格言，内容较浅显，叙述清楚即可，老师给予鼓励性评价，激发动机。学生有了信心后，训练的内容加深，如对喜欢的诗词作赏析，评论某部影视作品，对当前国内外重大时事进行评说。通过训练，培养学生选材料和完整叙事的能力。学生之间相互竞争，课余时间《中学时事报》《北京青年报》乃至《作家》成了同学们关注的焦点。电视中的“焦点访谈”“东方时空”“每日观察”也成了学生们的课余必修课。这种“练口”形式既开阔了学生的视野，丰富了学生的课余生活，也为写作积累了素材，更重要的是，培养了学生好的精神面貌和气质，作文的“活水”会清澈明亮。

课外的作文教学效果不是一朝一夕就能训练成的，而是要经过师生共同的持之以恒的努力。学生的天性是好动，且对许多事物新鲜感不会持久，故而老师在实施这一系列措施时，还应不断“强化”，激励学生，培养学生的毅力。如写随笔，可以组织比比谁最“富有”，在谈见闻中，可以组织辩论赛、演讲赛，或者进行看图说话，解说内容。如在讲课文《从宜宾到重庆》时，我根据解说词的特点及课文解说的内容，剪辑电视画面让学生配电视画面进行解说。有的同学在课文的基础上加上自己所掌握的有关长江上游的知识，言之有序，与画面配合完美，收到很好的效果。这样因势利导，训练学生综合分析能力，也体现语言表达能力，为学生写作创设氛围，把课内外有机地结合，使学生的写作积极性提高，作文的源泉也不会枯竭。

课外的作文教学，是在潜移默化中进行的，学生的作文水平是在“春雨润物”的氛围中提高的，课内的作文教学则是对课外作文活动的一种检验和升华。在几年的作文教学中，我坚持的教学原则是：作文主体是有灵魂、有朝气、可塑性极强的学生，教师绝不能以自己的思想局限学生，学生的作文内容应是充满赤橙黄绿青蓝紫的有个性的色彩，教师应培养学生写作文的兴趣，因势利导，逐步养成自改的习惯。在这种作文教学思想指导下，我的作文教学形成了自己的教学模式。

（四）倡导“写、读、评、议、导”的作文模式

在实行“写、读、评、议、导”的课内作文教学中，老师的主导是适得其所，不能架空，也不是批改权全盘下放，而是因势利导，激发学生写作动机，充分调动主体的积极性。学生既当作者又当评委，增加了参与意识，也培养了自信心。如我班几个足球爱好者每次作文都离不开足球，无论叙事还是写人，他们都能与足球牵连上，为此，本班专门开设了“足球作文俱乐部”，把未来的足球裁判、球星、教练的作文称之以发扬足球精神，大大促进了本班的写作兴趣，丰富了写作内容。

新的作文教学模式，适应时代特点，以极快的速度进行信息交流和反馈，学生写完作文，能“趁热打铁”很快知道得失，强化知识，并且在单位时间内扩大阅读量，培养读书兴趣。教师的有目的教学激发学习动机，每位学生参与写、读、听、说都是一次训练，综合能力得到提高。我们的作文目标是“自能作文，不待老

师改”，学生写特色作文，人人动脑动手，以我心写我文，“横看成岭侧成峰”，在生活的真实基础上闪烁自己亮丽的色彩，形成一种“百花齐放，百家争鸣”的作文局面。老师适当的鼓励和表扬、评分更是促进了学生的写作积极性。

课内的作文教学是学生整体素质的再现，它离不开课外学生作文素质的培养。课内的写作与互评又极大地促进学生课外的知识积累和文化修养，两者密不可分。教师的因势利导，处理好两者关系，激发学生写作积极性需要有长远目标，要制订计划，有目的地进行。叶圣陶先生早就指出“作文教学自有它独当其任的任，那就是阅读与写作的训练”。学校是一个小的社会，它能够创造具有动机作用的社会气氛。教师应当充分认识这种气氛，因为它对学习动机有很大的影响，为此，教师应当花大力气创造出一种好的气氛，学习气氛的浓厚与否，对学生的学习会产生直接的影响。动机激发是一项复杂的工作，依靠课内外教学之外，还可利用其他因素激发学生的学习动机。在此，只略谈自己某方面的初步体会。

三和十三的故事

董秀梅

学校实行“6+1+1”形式的课程方案，在语文学科方面就体现每周有四节正课，一节八十分钟的活动课，一节六十分钟的语文阅读课。八十分钟安排什么活动呢？对于初二的学生来说似乎长了点，且新学期伊始，既没有新授课的作业，又没有练习册，语文自读课本还没发给学生，安排什么呢？新方案的执行还得结合学生的实际情况来定教学内容，看来，只能讲作文、写作文了。

学生最怕写作文，一开学就让他们写，他们会乐意吗？节奏一成不变的课堂肯定不受欢迎，老调重弹的教学内容肯定激发不了他们的兴趣，看来，只有与以往不同的授课，才能有神奇的魔力帮学生度过漫长的一堂课。

想到此，我就尽全力找准本堂课的话题，本堂课的依托点。在静心琢磨中，我认为，每个人都有自己的生活，每天都会有故事发生，每一个故事都是学生成长的生长点。教师要营造一个好的环境，帮助学生重新审视曾经稍纵即逝的故事，挖掘小事的意义，从而丰富我们的心灵世界。

当然，要让学生敞开心扉畅所欲言，教师就得真诚地说出曾经触动过自己的生活故事，引起学生的兴趣，并唤起学生说话的欲望。于是，我就提炼暑假期间游学爱尔兰的故事。

作文活动课开始了，果如我所料，当学生一听说写作文，眉头就紧锁起来，当听说先听老师讲三个故事时，有的学生长长地吁了一口气。看到建立了“学习场”，我先讲了一个自己在爱尔兰的囧事：不懂中外文化的差异却装懂，最后满是尴尬，逗得同学们哈哈大乐。紧接着，我又讲了一个让我心情沉重的故事：爱尔兰的人文环境和自然环境与中国的巨大差异。此时，我看到学生若有所思。于是，我“乘胜追击”，告诉同学们，生活中有囧事，有乐事，还有愁事，关键是你如何认识这件事在你成长中的意义，还有，你还得把这件事讲得生动形象。我请同学们仔细听，老师是如何讲述第三个故事的。

我又讲了第三个故事：与西班牙、意大利的大学生进行研究性学习。我先描述故事的经过,接着感叹外国学生的学习品质和学习精神。

此时,学生中有人举起了手,安荻讲她到维也纳演唱的乐事。

接着又有几位同学举起了手,成然讲她到维也纳演唱的郁闷。

都是到海外的故事,得换故事内容了。在我的启发下,举手的多了,刘思雨讲参加社区志愿者的故事,塔娜讲她草原骑马的故事,郭寅风讲登黄鹤楼的故事……最让我意外的是,一直坐在工作室后面的班主任刘清翠老师,也高高地举起了手,并按捺不住地走到讲台前讲起了自己在英国的故事。

班主任的意外加入,让学生群情激昂,课堂气氛热烈,大家分享彼此的快乐。学生每讲一个故事,我都专心地听,与他们一起回味、品尝。讲故事的同学越讲越兴奋,安荻激动地讲了三个故事,成然、刘思雨也不服输,各讲了两个故事,其他同学也一次又一次地举起了手。

看着学生们激动的样子,我紧跟着提示学生,得抓住故事最能触动你的地方,为什么让你难忘,让你遗憾,让你郁闷,让你激动,等等。

学生经过一阵思索,又有人举手了。看着一直憋红着脸不说话的肖剑,我决定让他说说自己的故事,因为,肖剑是一个腼腆的孩子。虽然,肖剑讲得不流利,但是,他的故事太有代表性了,一个宅男啊!

其实,不管何种生活,只要你发现这种生活有耐人琢磨的地方,或快乐或伤心或畅快或尴尬,每一种体验都有它的价值,只要我们当生活的有心人,作文何愁无米下炊啊!

老师的三个故事不仅引出学生的十三个故事，还激发了学生创作的热情，点燃了思想的火花。

有创意才能有新的生长点，作文教学也可以尝试！

古诗能否这样教

董秀梅

古诗该如何教？怎样让古诗的生活与我们的现实相关？我想，除了一遍遍吟诵诗歌，感受诗人的情感外，还应把诗歌、诗人还原到现实生活中，那么，写作就是一条绿色通道，通过写作，让学生设身处地地感受，读进去，读出来，这不失为一个好的方法。当然，学生在写作中还需要老师的引领，从而更好地认识诗人，认识历史，表达自己对生活的认识。

比如有着“诗圣”称誉的杜甫留下许多有较高艺术价值的诗歌，比如妇孺皆知的“朱门酒肉臭，路有冻死骨”的名句，脍炙人口的诗篇《春夜喜雨》等，而《望岳》《春望》《石壕吏》三首诗是杜甫不同时期的代表作，其中的名句“会当凌绝顶，一览众山小”“感时花溅泪，恨别鸟惊心”更是让我们体会到杜甫“大济苍生”、忧国忧民的爱国情怀。

然而，杜甫生活的年代久远，学生不一定能正确理解诗人的情怀和他高贵的灵魂。因此，学习本篇课文，除了落实诗歌教学的常规任务外，更应从历史的角度看杜甫，深入每一首诗的时代背景，对诗人和历史有全面的了解，知人论世，从而培养学生做一个对社会负责，对自己负责的敢于担当的优秀公民。于是，我以《给杜甫的一封信》为作文题，要求学生学完诗歌后给杜甫写一封书信，从而深入理解诗歌的内容，感受作者人格的伟大。同时通过写作，培养学生查阅资料、搜集资料和处理资料的能力，感受唐朝由盛而衰的气象，深入一步走进杜甫的内心世界，进一步理解每首诗的思想感情，感受作者人格的伟大，从而净化心灵，做高尚的爱国志士。

三首诗歌句句朗朗上口，内容不难理解。学生们饶有兴趣地吟诵、背诵后，再查找相关资料，并在讨论交流中进一步理解了杜甫的身世。因目标明确，材料翔实，学生们思接千载，写出了自己的真情实感。如杨鸿森同学以杜甫的老友"一轮愁月"的身份，写出了想象合理、情真意切的一封信："你说到处饥荒何以安家，就弃官举家西去，千里奔波，艰苦备尝，你们一家生活的苦况已到了天人同悲的地步！你一定深知百姓们也被战争所劳累，心中的万般同情全部写在了那著名的'三吏三别'中。两年后，你们终于到了目的地成都，建造了一间茅屋——这就是被后人称道的杜甫草堂呀！你一生劳苦、颠沛流离，却心系百姓，写下了众多脍炙人口的诗句！千年之后的今天，你已成我中华的诗圣！"

这一次写作中，许多学生忘了书信的基本要求，即写出真情实感，作文中仅仅罗列杜甫生活时代的一堆历史事实；还有的学生忘了是自己在与杜甫说心里话，作文中摘抄许多杜甫的诗句，等等。于是，学生交流作文时，老师也适时展现自己的同题材作文，比如，我在给杜甫的信中写道："其实，我知道，您写诗不是为了赢得身后千秋名，您只是在游历祖国河山，登泰山时看到'造化钟神秀，阴阳割昏晓'的景致，抒发了'会当凌绝顶，一览众山小'的勇攀人生高峰的雄心壮志；您只是在困守长安十年中，过着‘朝叩富儿门,暮随肥马尘’的屈辱生活时,发出了‘君不见,青海头,古来白骨无人收’的叹惜;您只是在安史之乱爆发时,在和老百姓一起逃亡的路上,如实记下‘国破山河在,城春草木深’的凄凉景象。更难得的是,您无论生活上怎样苦,也不论漂泊到什么地方,总是心系着国家的安危和人民的疾苦。秋天登高,您看到‘无边落木萧萧下,不尽长江滚滚来’时感慨‘艰难苦恨繁霜鬓,潦倒新停浊酒杯’;登上岳阳楼,您想到‘戎马关山北’就‘凭轩涕泗流’。您不管穷达都要兼善天下,当自己的茅屋为秋风所破时,您却想到天下的寒士们,并发出‘安得广厦千万间,大庇天下寒士俱欢颜’的宏愿;看到劳动人民创造的物质财富养活了达官显贵,您一针见血地指出‘朱门酒肉臭,路有冻死骨’。”

教师通过自己写的作文,让学生看到杜甫的诗歌是在不同的经历中产生的,是诗人真实生活的再现,是郁结于心的真情。

我还在信中由衷地赞扬:“杜公啊,您的沉郁顿挫是与国家命运相连,您饱含泪水的双眼俯视着黎民苍生,您的每一首诗歌都是为人民而泣而歌,在语不惊人死不休的顿挫中,一个伟大而高贵的灵魂升起来!您不是为写诗而写诗,您是用生命给后人再现那段历史,面对历史,我们该如何做?”

通过老师作文的引领,让学生明白,真情实感和材料真实是书信最基本的要求,而要写好书信,则是必须深入地走进杜甫的生活,并想象与之面对面地交流,这样的书信才能引起读者的共鸣。

以写信的形式落实对杜甫诗人情感的把握,是一次爱国情怀零距离的对话,我想,对话之后更应是心灵的净化,是人生旅途中面临选择的一个精神支柱。培根说,“阅读使人学问渊博,讨论使人反应敏捷,写作使人思考精确”,而只有以写促读,才能使学生真正去探察诗歌的意境和诗人的内心世界，去领略和传承文学大师们深邃的思想。有意识地在积累、感悟和运用中，提高自己的欣赏品味和审美情趣吧。

想想也温暖

董秀梅

亦如许多的深夜，我俯身灯前。桌上有整齐的书籍，眼前有凌乱的备课笔记，窗外有远处高楼上零星的灯光，窗隙不时有寒风吹入。喧嚣的世界归于宁静，而此时的我，心中却涟漪荡漾……

"今天的作文课要讲的是议论文应如何叙例。"按照我的教学设计，作文课堂教学环节一环扣一环地进行着。上午九点，太阳斜射窗棂，将金色洒满教室，在这金子般的时刻，面对金子般年龄的学生们，我的心里充满了喜悦与温暖。讲解、提示、讨论、思考，大家沉浸在流淌着的思绪里。为了不辜负斜射阳光的"恩惠"，又不影响学生的视力，我将窗帘拉上，教室里显得更加温馨。微风阵阵，不时地撩起帘子晃着学生的眼睛。于是我用挑杆把帘子压上，让我的学生能更加集中注意力构思。就在大家用心思考之时，突然听到一声尖叫："老师——"几乎同时，一个学生箭步冲到我的身后，接住了那个被风兜起的挑杆……在我的惊诧中，教室里响起了如雷的掌声。瞬间，原有的平静打破了，学生们的脸上个个写着激动，也写着庆幸。我深知，这不约而同的掌声是有着怎样的分量，它是送给身手矫捷的程强同学的，也是送给有惊无险的老师的。师生之间有着怎样的情谊，无须苍白的语言，也不是蹩脚的文字所能注释得了的……应着这深沉的掌声，我深深地鞠了一躬，深情地道了一声："谢谢——！"教室里再一次响起如雷的掌声。

听着一次又一次的掌声，看着同学们的表情，我想原来拟定的作文题不得不更改了。于是，我告诉同学们："刚才的一幕有的同学看见了，有的同学可能没有捕捉到，请看到整个过程的同学用你的笔进行情景描述，没有亲历的同学谈谈感想。"这时，同学们个个跃跃欲试，发言十分踊跃。有描述情景的，如张鹏同学描述："只见挑杆向老师砸来，三米——两米——一米——"也有抒发感慨的，如王皓月同学感慨："我们爱这样的老师，她的举手投足牵引着我们，不能让'飞来的横祸'成为现实，我为见义勇为的程强叫好。"还有的同学为刚才没充当勇士而遗憾："虽然我没有冲上前去托住挑杆，但只要老师安然无恙，我仍会祈祷，老师一生平安……"教室里掌声如潮，在掌声中，我们听着同学用心的描述，在掌声中，我们感受着师生间的爱的传递。

一节作文课，只是长长进行曲的一个乐章。用心谱写的歌，很多时候是余音绕梁。记得我刚接手这个班的语文教学工作，当我说出作文教学计划时，看到学生流露的是一种漠然的眼神，交上来的也是为数不多且缺乏活力的作文，我的激情很快就被不安和焦虑取代了。静下心来仔细一想，这个班是经过几次"筛子""筛"下来的，又刚刚组建新集体，学生基础差又缺乏自信是不能更改的事实。但不能因为学生基础差，而减退你的教学热情，正如不能因为树长得矮小，而吝啬太阳的光辉。有一句话说：你不能改变天气，但你可以改变心情；你不能掌握生命的长度，但你可以把握生命的宽度。尤其是看到《爱与责任》一文中说“爱与责任，是师德之魂”，“没有爱就没有教育”时，我警醒了，老师从事的工作不正是用爱与责任扶植幼苗茁壮成长的工程吗？越是歪脖子树，越需要扶正啊！

于是，漫长的谱写爱之歌的作文教学之路开始了……现在想想，道路虽然泥泞不堪，但是我们师生一步一个脚印，共同走过来了，而雨后的彩虹更能让人感到温情啊！

爱可以创造更多的爱，希望可以点燃希望。

我们的教学，其实就是过程的产物，过程与结果相辅相成，过程提供充足的养分和底蕴，结果彰显过程的意义。播种春天，收获秋天。

想想也温暖……

寻

董秀梅

往事如烟如雾，如丹枫白荻，如凤笙玉笛，袅袅娜娜镶嵌在记忆中，成为氤氲的回忆。的确，那是在记忆的河口，沿着碧水清波，我在寻觅着，寻觅——

那个明媚的春天，她在白玉兰的芳香中飘然而来。

记得那天，高三学生刚刚进行完石景山区第一次模拟考试，北京市教研员来到我校进行视导，我很幸运地被视导了。

区教研员纪秋香老师经验丰富，认为高三“一模”结束后，阅读课应定位在从遵从语文阅读规律出发，规范学生的阅读习惯，让学生认识读懂文本的重要意义。根据学生情况和教学情况，我进行“读懂文章，提高能力”的小阅读复习指导，设计自主、合作、探究的学习方式，让学生学到一些阅读方法，并抓住能见实效的地方进一步培养学生读懂文章的能力，从而全面提高语文阅读能力。

那节课的课堂生成性很强，有学生“血淋淋的”卷面情况呈现与分析，也有现场活生生的问题解答和评分，还有小组热烈的讨论与归纳方法，更有学生总结规律后当一次老师的讲解经历。

课后，市教研员刘宇新和区教研员纪秋香老师对我校语文组的教学情况给予高度的评价，肯定了我们语文教学的思路。

夜阑人静，白玉兰花在夜色中送来缕缕芳香，我在回味整个教学过程中也闻到她的芳香——学生是课堂的主体，问题从学生中来到学生中去，学生是学习的主人。

嗅着她的一缕芳香，我继续追寻——追寻——

那个酷热的夏季，她在亭亭红莲的怒放中嫣然回眸。

记得期末考试刚刚结束，张希武校长就紧锣密鼓地进行为期五天的“绿色课堂”培训。他给我们品鉴《学记》里的传统经验，讲述生命平等共同成长，讲到关注学生身心发展的特点，尊重认知的规律，适时、恰当地帮助学生找到适合自己的发展方式，促进学生形成自主、终身、可持续发展的愿望和能力。

理论学习完毕，接着进行一次全新的教学模式培训，即导学案的实施。

我又一次很荣幸地在“绿色课堂”的培训结业式上，以高二年级的《想北平》这篇课文实践导学案的授课模式。

记得上课的前一天，张校长问我借班上课对学生情况有把握没有，我很肯定地回答，没问题。其实，利用培训的空间，我只与学生见过一次面,进行过泛泛的交流。没想到,张校长像看穿了我的小聪明,进一步强调,对学生有没有把握是建立在你对学生导学案的熟悉程度上,你对学生自学课文的情况要了然于胸!到底是专家,眼光敏锐,洞悉一切。

一语惊醒梦中人！导学案的课堂模式是建立在自学基础上的高效课堂,是培养学生自主学习能力的绿色课堂,是展示学生合作探究成果的生命课堂!

抓住了理念的核心,我的《想北平》以全新的面目在全校教师前展现。在对歌曲《念故乡》谈感受中进入课堂学习,再以《我的故乡是北京》走出课堂进入现实生活。教师营造民主、平等的氛围,学生个人、小组的展示异彩纷呈。学生们以导学案为抓手,掌握了老舍选取平凡事物表达情感的写作手法,感知老舍在国难当头时对故乡深情的眷念。在情不自已中,学生们想到故乡的人,写下动情的恋歌,流下晶莹的泪水……

导学案带来课堂的变化让我感受到她的曼妙——课堂是生命旅途中长者与后辈的真诚对话,是用智慧点燃智慧的精神互动。

那几天虽然四处像着了火一样,热浪灼人,酷热难当,但我的心里却有缕缕清风拂过,因为,我知道,我追寻的她与我越来越近,我似乎都能看到在清风吹拂的尽头,她在亭亭红莲的怒放中嫣然回眸……

在她的魅惑下,我义无反顾地一路前行——前行——

这个火红的秋季,她在金菊飘香中美丽地绽放。

开学初,全区"第八届教学设计和说课大赛"拉开帷幕,我很幸运参加了大练兵并代表学校参赛。

如同所有的参赛选手一样,我们都处于紧张忙碌亢奋而又疲惫焦虑的状态中，但是在我心中却有那一抹绿——茵茵绿草，萋萋芳草，给我忙乱中清晰地指出方向，即导学案的教学模式是营造和谐与可持续发展课堂的绿色通道！

她悄悄地稳稳地开放在我心中，给了我一个美丽的支点。

比如，当我设计第一环节“初识秋”时，她告诉我：我们的课堂应该关爱、尊重学生的生命和价值。于是，我给学生提供展示导学案作业的平台，学生的配乐朗读录音，学生绘的图画以及学生给诗歌配的背景音乐无不体现学生对“秋天”的认知。

再比如，当我设计第二个环节“品读秋”时，她提醒我：我们教师应构建生动、活泼、民主的教育环境。于是，我设计欣赏学生作业的一个活动，即配乐朗读录音，让学生在美的氛围里对诗歌再次感知，对诗歌有整体印象。同时还能在欣赏别人的朗读中发现自己学习时存在的问题，也为后面的各种形式的朗读留下伏笔，这是教学的一个生成点。

还比如，当我设计第三个环节“表现秋”时，她告诫我：我们语文教育是培养具有人文素养与科学精神、敢创新、肯实践的新一代人才。于是，我选取导学案中画第一节诗歌的绘画作品为切入点，先请绘画的学生介绍画面的景物，然后请学生默读第一节，找出诗歌中有哪些景物，景物有什么特点，在品味诗歌语言的过程中明确作者选取秋天典型的景物表达热爱之情。

往事如风如歌，乘着歌声的翅膀，我们一路走来。秋天是一缕送来稻香的清风，秋天是一片温馨的金色阳光，而我们语文教学的秋天却是那一抹永恒的绿。因为那抹绿，我们的课堂处处都有她美丽的身影，她给了我们一个支点，因由这一支点，语文课堂充满了诗意；因由这一支点，语文课堂绽放着美丽。

学名师授课的苦涩

董秀梅

近段读《听王荣生教授评课》一书，当读到《行云流水般的家常味——郑桂华老师〈安塞腰鼓〉研习》一章时，我不禁深深地折服于名师郑桂华老师的教学艺术，同时心中悄悄地升起一个念头：为什么不学一学，做一做呢？

正好，下一阶段我们也要学习课文《安塞腰鼓》，于是，我认真地读课文，寻找相关资料充实自己的素材库，然后按照书上所介绍的流程：看打腰鼓视频——学生谈感受——自读课文——谈读后的感受——自读课文——找相关语句——小组讨论语言特点等进行教学环节、教学内容、学生活动的设计。

我自认为，备课已相当充分了，只等上课那一天的到来。

我的第一个班的第一节课开始了，学生在“锣鼓喧天”中走进“安塞腰鼓”，随着强烈的鼓点，本来就好动的学生更是兴奋，有的学生还情不自禁地比画起来。视频播放完毕，学生仍热血沸腾，在叽叽喳喳中大家你一言我一语兴奋地说出自己的感受，基本上都是“亢奋”“激昂”。导入很顺利，一看学生的神情，我感觉学生对这课比较感兴趣。

然而，当我要求学生带着问题自己读课文时，学生表现各异，听话的学生压着声音小声地读着，不听话的学生极不情愿地怪读着，有的小组还时不时爆出笑声。

自由朗读完毕，请学生说出读后的感受，学生的兴奋点仍在视频带来的感受上,回答的答案还是上一个环节的“亢奋”“激昂”,全然不是我想象中的争先恐后地说自己的感受。我试图像郑桂华老师那样启发学生看书,分析语句内涵,然而学生怎么也走不进课文,回答问题的学生寥寥无几。

问题出在哪儿?为什么是这样?

来不及分析原因,我只得按照设计好的流程,进行完下两个环节。

一节课在我没有感觉的情况下推进着,在学生的木然中结束了。

我很郁闷!

是我学名师学出了的问题,还是我的学生对课文不感兴趣?

我郁闷地呆坐在工作室里,以往那种课后的激情和成功之感荡然无存,酸涩、失落,还有莫名的怀疑包围着我……

还有一个班没有授课,是不是应该调整一下教学环节和教学内容?如果不调整,我还应在哪方面下功夫?

静下心来,我再一次读课文,抛开那些设计好的问题,直接以一个读者的身份与作者刘成章交流,读他的每一句话,读他的每一段话——

在一遍遍的读书中,我明白了,教师设计课堂学习的内容时,首先要考虑一篇文章的教学要义,其次还要考虑学生的实际情况,还得考虑作者的写作意图。

《安塞腰鼓》是一篇“风情——神韵散文”,应重在让学生感受黄土高原上的男子汉们用气壮山河的安塞腰鼓呈现出的一曲茂腾腾的生命之歌。故而,学生对语句的感受是重要的教学内容。名师郑桂华的教学内容没错,而我在学习时并没有更多地揣摩课文,只是照搬名师的教学框架进行,教师自己没有过多的感受，就照搬名师的流程，所以当课堂上学生回答问题打不开思路时，教师对学生的调动和追问就显得苍白。

名师郑桂华的教学环节流程通畅，教学的起点到终点都是有方向的生成。而我在学名师时，只考虑环节的相扣，没有考虑学生真正的兴趣点在哪儿，学生的实际情况如何，只是为学名师而学名师，导致忽略了课堂上生成的教学资源！比如，有一学生在交流分享优美的语句时，因她是杭州人，故而对“多水的江南是易碎的玻璃”很有感触，她想举例谈评弹艺术时，就被我叫停了，仅仅是因为这是下一环节进行的内容，且从教学内容的角度上我没有深挖南北方不同的艺术。因为我的设计和视野局限，而没有让这位学生展开说，很好的教学资源流失了，很遗憾！

其实，反思这一环节，我完全可以让学生谈江南的评弹，再看黄土高原的腰鼓，从学生的实际出发，在比较中明确不同的地域特点和不同的艺术形式，不同的艺术反映共同的主题——生活是充满希望的！安塞腰鼓是对生活在贫瘠土地上一群不失希望的人们的讴歌！是刘成章饱含深情，用诗的语言告诉我们：这里的土地是有希望的，只要生命还在搏击，重生之日并不遥远！

很美的课文却在我照搬名师的授课中没有发挥它的极致，怪谁呢？

还有，我们采用导学案的模式，学生在授课前就已经感受到安塞腰鼓的气势，我为什么不直接让学生谈感受切入课文呢？视频资料很好，完全可以放在最后一个环节，让学生由感性的认识到理性的分析再到感性的冲击，在热血沸腾中结束新课的学习，岂不更完美？

好在，我只是走歪了一小步，调整步伐还来得及！

或许，我们的教学之路就是这样的——每天都有遗憾和欣喜，教学故事就是一个个遗憾之后的反思，在反思中提升自己的教学艺术！

学名师授课的苦涩，学名师授课的收获！

一石激起千层浪

董秀梅

什么叫群情激愤？什么叫一石激起千层浪？今天我算领教了！

与以往一样，一个早读下来，检查战果的时刻到了。我一边嘱咐同学们拿出语文本，一边开始了思想教育：看看你们的背诵，七班整篇的默写，你们……语未毕，我的声音就淹没在一片嘤嘤嗡嗡的声潮里——听不清学生在说什么，但从那涨红的脸和不满的眼神中，我看出了学生们的反感。

“怎么啦？不下功夫还怕老师说？”看到同学们那种不买账的样子，我也忍不住提高了声音怒喝道！

“我们怎么没下功夫了？”李洋的声音。

“七班哪里比我们强？”韩欣的声音。

“我们比数学！”崔圣鑫的声音。

“看理综！”一男声。

“七班有飞行员吗？”一女声。

教室里此起彼伏，一浪高过一浪，我都辨不清谁在说，谁又在说些什么！自以为反应敏捷的我一时语塞！

原本检查默写仅需五分钟的时间，因我的口头禅而延至十分钟！

当然，群情激昂的结尾由我来书写，因为他们也知道我的良苦用心。

冷静地想想，我做得也太过了！经常拿他们与别班比，且比得也不很客观，也难怪他们“狗急跳墙”。

总希望他们是最好的；总希望他们让我自豪；总希望他们永远使我称心——但，中国有句古语：物极必反哪——他们虽已长大，但仍是需要我们处处呵护的大孩子！他们是血气方刚有棱有角的青年，仍会意气用事的！尽管明知道你为他们好，但说翻脸就翻脸，此时的他们就是六月的天说变就变！

再说，士气只可鼓不可泄。如果经常把别人的长处与自己的不足相比，只会越比越灰心吧！

由此，我想到平常我们家长对孩子的教育，在夸某某时，会不会在无形中让他掉进绝望的深渊？情同此理，感同身受，是该好好反省自己的言行了！

教育工作者最伟大之处莫过于激发学生兴趣，给干渴的心灵以雨露！冷嘲热讽下只会令心灵扭曲！

难忘的一节课！

尊重，浇灌生命之花

董秀梅

带着一丝遗憾宣布下课，因为没有完成既定的教学内容。

带着欣喜与自豪走出教室，因为我见证了二十七朵生命之花尽情绽放的难忘时刻。

矛盾的心理，两难的选择，但我却在瞬间作出了正确的选择。那是因为，“尊重”二字随着大语文教育观，随着绿色教育理念早已刻进了我的心里。尊重学生，使得一堂课虽然没有按照既定的程序进行，但却让课堂愈发精彩。

按照教学常规，课前三分钟是口语表达训练，经过一年的训练，学生表达的内容由最初的自我介绍到文章的解读到时事点评，表达的形式由看稿到背稿到互动提问到视频和背景音乐的播放。看着学生充分利用课前几分钟，尽情地展现自己，我由衷地高兴，也为一些学生的精彩发言而自豪。

但今天这节课，却真的让我措手不及。演讲的学生黄仕林带来一个视频——《伟大的卫国战争》。原以为几分钟的视频不会占用很长时间，谁曾料，黄仕林同学在播放视频前却巧妙地设计一个环节，即播放一段音乐，让同学们感觉，并提问听到音乐想到什么。这一下子激起了学生的兴趣，大家纷纷谈自己听完音乐后的感受。紧接着，小黄同学播放《伟大的卫国战争》视频画面，自己担任解说员解说战争的进展。在他不流畅却简短的介绍中，同学们进入了冰天雪地、炮火连天的列宁格勒保卫战中……

讲历史呀？专家讲座呀？这哪里是我要求的课前演讲呀？我刚想叫停，可是当我看到小黄同学拿着教鞭煞有其事地结合画面介绍战争，再看看学生们，凝神端坐认真地听着小老师的讲解时，我打消了我愚蠢的念头。可不是吗？文史不分家，谁又说这不是语文的天地?!

五分钟过去了，十分钟过去了，同学们听得很认真，二十六双清亮的眸子充满了佩服，充满了惊喜，有的学生还时不时发出惊叹声。一场战争讲完了，小黄同学又不紧不慢地解说莫斯科保卫战了，简短，从容，自信！我也平静而欣慰地享受我的学生带来的这难得的战争知识。

紧接下来的自评和点评环节更让我喜出望外。黄仕林同学感慨："历史课上没完成的在语文课上过足了瘾。"成然说："是专家讲座。"董立芳说："颠覆了原来的形象——由随随便便到认认真真地完成任务！"安荻说："很简洁，口头表达越来越流畅。"

时间在学生的点评中悄然而逝，而未点评的学生一个接一个举手，仍意犹未尽，直到时间过了二十分钟后，在课代表成然的提醒下大家才结束课前演讲内容，进入语文课文的学习。

然而，同学们还沉浸在黄仕林演讲的内容——伟大的卫国战争中，怎样过渡到《敬业与乐业》新课的内容中？略一思索，我迅速找到切入点，说道："二战中，日本的铁蹄对中国践踏，在中国犯下滔天罪行，年轻的我们该如何做？下面我们先听听一个声音——少年智则国智，少年富则国富，少年强则国强……"

因我的巧妙处理而水到渠成地让学生进入语文课堂。

学生们在我的引导下，齐诵梁启超《少年中国说》的片段，并很快进入他的演讲《敬业与乐业》这篇课文中。虽然留给我的时间不多，但效果颇佳。因为学生的情绪已被调动，他们再一次在激昂的情绪中全身心地投入到新的学习内容中。

一节课虽然没有完成既定的目标，但是学生们得到了锻炼，他们自信地解说，他们敞开心扉地点评，他们还搜集音乐和历史资料，他们还了解了梁启超，重温了《少年中国说》，他们的脸上洋溢着收获的喜悦……在我的尊重与默许中，每位学生都体验到语文学习的快乐，这样的课堂因学生生命之花的绽放更精彩！

虽有遗憾，但只要是能给学生提供尽情绽放的舞台，我不后悔！

我们与导学案同行

董秀梅

2010年7月4日至9日，我校为期五天的“绿色课堂”培训圆满结束。尤其是9日，四位教师的导学案示范课，给全校老师耳目一新的感受，他们的授课也从不同程度给老师们定了一个导学案的基本模式：学习内容前置，课堂小组合作探究，小组展示。

导学案的实施使课堂形式发生了根本性的变化。课堂由原来的老师讲解为主，转化为以老师引导下的学生小组合作学习为主。学生逐渐成为课堂的主人，教师由原来前台的演员变成了编剧、导演，成为学生学习的引导者。为了引导学生有效地学习，我们老师精心设计方案，既要坚持课程标准，实现教学目标，又要便于学生以小组合作学习的方式理解和掌握，促进学生的自主、合作、探究式学习。

在体验着导学案带来的理念和行动变化的同时，我们也在一路跌跌撞撞中摸索着前行。首先遇到的一个问题是：学生不适应导学案的学习方式，拿到导学案，仍然等着老师讲。针对这个问题，我们几人商量，提前两天发导学案，再收上来查看学生做的情况，然后根据学生做题的情况有重点地设计问题并进行交流和讲解。

遇到的第二个问题是：我们设计导学案时，总怕遗漏了某些知识，故而导学案比较繁复，导致学生面对几张篇子，由原来的充满新鲜劲变得逐渐懈怠。

针对这一问题，我们决定给导学案做手术，即让其去华就实。导学案是什么？不是教案，也不是纯粹的学案，导学案的本质在于“导”。因而，我们决定首先要明确一课的学习目标和学习重难点，再设计好自学提纲，要让学生通过自学就能大致掌握自学内容，同时要提高学生自学的积极性。我们在设计自学提纲时，注意将学习内容问题化、生活化、趣味化。

比如在《走一步，再走一步》的导学案中，我们就设计一个问题：生活中，你遇到过类似的问题吗？你是如何处理的？学完这篇课文后，你觉得应该如何处理更好。再如，学习《蝉》，我们就设计一个问题：这是一只什么样的蝉？学生根据课文和已有的知识，通过小组讨论很快能把握文章精要。

还比如，学习《紫藤萝瀑布》，我们就以一个大的问题统摄全文：世界上有无数的花，作者为什么独独钟情于紫藤萝？《童趣》一文，要求学生创造性地复述和回忆自己的趣事，这样既落实文言文知识，还能激发学生做一个有情趣的人。

当然，不是所有的学习内容都可以生活化和趣味化的，但是，每堂课总要设计几个这样的问题，这样的问题设计得好往往能成为一堂课的亮点和高潮。这要求我们老师特别关注本学科与生活的联系，走出学科的象牙塔，让学问平民化，将知识生动化。

在实施导学案的过程中，我们遇到的第三个问题是：学生没有完成导学案，没有预习，导致课程进展慢。

针对这一问题，我们认为最好的办法是——读，并简化环节。“课标”要求：能用普通话正确、流利、有感情地朗读。所以，我们设计小组间朗读竞赛，在读中解决学案中的问题。

随后而来的第四个问题是：导学案的后期监测无法落实。课堂学生抓不住重点，没有时间更改答案，课下抓不住学生。

针对这一问题，我们决定每周拿出一课时，结合自习课，专时专用有重点地解答。

一路走来，我们遇到的第五个问题是：参考书和自己编的导学案关系如何处理。

因考虑备课中出现的知识遗漏和阅读量的扩大，我们给学生配备《名师导学》参考书，而在实施中又发现，必须将两者有机地结合，即不要重复做无用功。于是，我们将导学案中涉及的知识点落实在《名师导学》上，且导学案更多体现上课的思路、课文的重点难点，《名师导学》更多为训练学案，落实课堂所学的知识。我们要求学生将导学案夹在《名师导学》中，上课时一起用，合二为一。

紧跟着，第六个问题浮出水面：展示环节有耗时多、展示内容少、浪费时间的现象。学生没写完导学案，利用课堂时间做导学案，课时不够，学生教师都倍感时间紧张。

静下心来思量，我们究其原因，是老师设计的展示方案不够科学合理。导学案是引导学生开展自主、合作和探究式学习的方案，因此重点在引导。不仅要引导学生开展好自学，更要引导学生开展好展示、交流和探讨。我们觉得，学生自学要全面，但展示可以不必面面俱到，各小组可以在学生自学和小组合作研究的基础上展示不同的内容。这样既节省了时间，又增强了各小组的责任感，因为他们觉得这一内容只有我们小组在展示，我们就必须展示好，好让全班同学较好地掌握本部分内容。同时展示不同的内容还能促进小组之间的相互质疑和交流，加深了对学习内容的理解。

在与导学案同行的日子里，我们初一年级备课组一直是处于琢磨状态。我们常就某一问题深入开展研讨，并不断改进导学案课堂教学。改革是前无古人的事，没有现成的例子可以照搬照抄。即使有改革成功学校的经验，那也是在人家的田地里盛开的鲜花，搬到我们这儿就不一定成活。要想在自家的田地里开出鲜艳的成功的花儿，就必须用辛勤的汗水去浇灌。我们必须深入开展研讨，在不断的改进中提高导学案课堂教学的效率。还有，教师要多写课后反思，分析课堂教学的现象和问题，找到解决的方法和途径。同时，教研组经常开展多种形式的研讨，如经验交流、研究课、教师沙龙等。在不断的研讨中点亮思想的火花，不断改进导学案设计和课堂教学，为导学案课堂教学的长期开展打好基础。

导学案，给了我一个美丽的支点

董秀梅

说课大赛如同一股热浪，裹挟着众人或喜或忧或得或失的情绪，席卷着众生万般感触飘然而去。忙碌、充实、紧张、团结的战斗场景在我们的咀嚼中渐行渐远，留给我们坚实、清晰而美丽的背影，面对背影，细数故事，沉淀下永久的记忆。

最美丽也最令人回味的是：导学案已深深植入我的心田，悄悄地生根，悄悄地发芽，悄悄地开花，就在我不经意的一回眸中，她已傲然挺立，给了我一个美丽的支点。因由这一支点，语文课堂充满了诗意；因由这一支点，语文课堂绽放着美丽。

一、导学案，让我找到依托点

记得大赛前三天，当得知我也被“点将”了，在慌乱中我捧着语文课本一目十行囫囵吞枣地浏览《秋天》，在忙乱中我搜寻着资料胡吃海塞地填充大脑，在疲惫中我给《秋天》全副武装粉饰一番仓促上场演练。然而，一顿无情棒当头打来——“你脑子一团糨糊啊”！

是啊，我咋忘了区里进行大赛的主题：探索和谐与可持续发展的课堂。大赛不是你个人表演绝技的舞台，而是展现一个学校教研风气和教师基本功的舞台。它促使教师立足课程标准和教材，关注学生学习，研究教学过程和学习方式的改进，探索提升课堂教学效率的途径与方法。而我为了大赛而大赛，却忘了最根本的东西，最能体现绿色课堂的教学模式——导学案！

痛定思痛，深刻反思后，我豁然开朗。于是，我依托导学案对原有的教学设计进行大的手术，让学生由导学案进入诗歌的学习，获得初识秋的体验后，再在课堂品读秋、表现秋，整个课堂处处可见导学案的影子，在环环相扣的教学情境中带领学生浸润在诗歌的意境里。

二、导学案，让我找到切入点

《秋天》教学设计的第一个环节是初识秋，主要是展示导学案作业：配乐朗读录音、绘的图画、给诗歌配的背景音乐。

这一环节利用导学案，既是检查学生们提前自主学习的结果，又是让学生带着自己的感受进入课文，激发学生的学习兴趣和欲望。更重要的是，展示作业作品，是进行本节课学习的起点，即画面的景物和朗读的节奏、语速、语调等，都体现学生对诗歌的认知，而经过老师的引导，同学们的交流、研讨、展示后，在各种形式的朗读和各种形式的活动中，一堂课下来，他们对诗歌的语言、情感以及诗歌的意境会有新的领悟。

只有学习任务前置，我们的阅读教学才有了更多的情感体验，语文课堂才能实现尊重学生的情感体验，让学生焕发生命活力并实现学生可持续发展的教学过程。

三、导学案，让我找到生成点

设计《秋天》这堂课，我从六个环节达成本节课的目标，而其中就有三个环节与导学案紧密相连，就如同打回力球一样，每一个问题由支点生发开，解决学生存在的问题后再返回支点。

比如，在第二个环节“品读秋”的“整体感知”这一步骤里，我设计一个活动，欣赏学生的作业——配乐朗读录音，实则是利用导学案，让学生在美的氛围里对诗歌再次感知，对诗歌有整体印象。同时还能在欣赏别人的朗读中发现自己学习时存在的问题。另一方面，针对学生的朗读，激发其他学生：“你也能读得这样美吗？”为后面的各种形式的朗读留下伏笔，也是我教学的一个生成点。

再比如，为了让学生更形象地体会到诗歌中用哪些景物表达怎样的感情，我选取画第一节诗歌的绘画作品为切入点，先请绘画学生介绍画面的景物，然后请学生默读第一节，找出诗歌中有哪些景物，景物有什么特点。这一关键的步骤还是利用导学案，教会学生抓关键词，在品味诗歌语言中明确作者选取秋天典型的景物表达热爱之情。

四、导学案，让我绽放美丽

虽然不是头一次参加说课大赛，也不知道本次大赛的结果。

但是,参加本次比赛,不管是从理念还是实践操作上都是全新的,让我无尽回味。导学案的实施,如同新生婴儿呈现在我们师生面前,我们小心翼翼地抱着它、琢磨它,寻找最好的方式喂养它,让它在我们的探索中健康成长。随着时间的推移,这新生儿的光鲜与顽强的生命力也给了我们些许的欣喜,在欣喜中绽放美丽。

记得说课答辩时,教研员意兴正浓,对我的导学案内容很感兴趣。听完我的陈述后,教研员让我在区里给其他老师再说一次我的教学设计。反思我的设计,其实亮点就是导学案的实施。

导学案给了我们绽放美丽的支点,而围绕这个支点,有曹彦彦校长和张希武校长的精心引领,有语文组同行的无私奉献,有历史老师李芳的热情帮助,还有总务处老师们的默默关怀。回想每一个细节,都会暖意盈怀,汩汩清泉浸润心田。在与导学案紧密相依的日子里,不知不觉中,我已深深地迷恋上它,不仅仅是因为它给了我们教师一个美丽的支点,还给了我们学生一个驰骋梦想的空间。

导学案,给了我们一个美丽的支点,我们将撑起教学的春天!

在体验式学习中落实古文的背诵

董秀梅

随着学生学习的深入,初二阶段文言文由原来初一时散见于各单元的编排而变为集中编排,在整套教材中就占了三分之一的篇幅,且每篇文章都有背诵的要求。对于教材的变化,诗文教学,尤其是文言文是不是仍然一段一段地读,一句一句地讲,一字一字地解释来理解内容和背诵呢？我认为,这种教学方法不仅使学生都处于被动地位,他们会感到枯燥无味,毫无兴趣,而且,课堂会出现节拍慢、费时间、一锅烩的现象,这自然是与新课程理念相违背的。

《语文课程标准》指出：学生是学习和发展的主体,应倡导自主、合作、探究的学习方式;诵读古代诗词,有意识地在积累、感悟和运用中,提高自己的欣赏品味和审美情趣;阅读浅易文言文,能借助注释和工具书理解基本内容,背诵优秀诗文。

针对“课标”的要求,结合学生的心理特点,我在教第五单元的《核舟记》《桃花源记》时,采取体验式学习方法落实文章内容的理解和背诵。

体验式学习是指从阅读、听讲、研究、实践中获得知识或技能的过程,是以学生为主体,教师创造出值得学生回忆,让学生有所感受,留下难忘印象的语言活动,这一过程只有通过亲身体验,在形体、情绪、知识上参与才能最终有效地完成。

《核舟记》写的是件“长不盈寸”的雕刻品,作者经过细致的观察,按照空间顺序、逻辑顺序生动地再现了著名人物的掌故——“大苏泛赤壁”,显示了我国古代工艺美术的卓越成就。所以,要让学生通过它平实、洗练的文字想象出这件艺术品所表现的内容,是我教学的重点。为了让学生很快掌握和理解核舟的内容,我设计了两个活动,让学生亲身体验出雕刻艺人的手艺精湛之处。

活动一：个人自主学习,小组合作绘制核舟示意图并简单解说。

学生们按照我的要求,带着任务自行疏通文意,之后小组人员分工合作，兴趣盎然地左描右画，然后，小组推荐代表通过实物投影展示并解说。

经过六个小组的展示和解说，同学们对文意有了初步了解，尤其是对核舟各部分的内容有了整体的了解。当然中间有一个小组的同学因为对人物的座次关系没理解，空间方位出现偏颇，还有一组同学因直接参考网上的资料，而出现只画苏轼、黄庭坚、佛印三人游览图，对《核舟记》的内容体现得不全面。但是，不管示意图是否成功，同学们经过自主学习，小组的合作体验，对课文内容的理解要比老师讲解的更直接、更深入了。

在学生理解每一段的内容后，我紧接着又设计一个活动：小组合作表演苏子三人和两舟子的衣着、神情与动作。

带着既定的任务，同学们在小组合作学习中很快理解了“峨冠”“多髯”“相比”“诎”等词的含义，导演、演员、旁白、剧务分工明确，每一个小组都投入地揣摩课文中每一句话的含义，边比划不同人物的动作边做出“如有所语”“矫首昂视”的神情。学生们不仅自己当演员当观众而且还当评委，在观摩和评比中加深对课文第三段和第四段内容的理解，更重要的是，一篇文言文中，说明和描写性的内容在体验式学习中内化于心，背诵起来就容易多了。

而在学习《桃花源记》这篇文章时，因许多学生在暑假时到湖南桃花源实地游览、采访，对课文内容比较感兴趣，再加上我所任教的班级学生比较活跃，喜欢语文，喜欢表现自己，在结合学生的实际情况和课文特点的基础上，我对本课的设计如下：

首先是个人自学课文，疏通文意，落实文言字词。接着以小组为单位改编成剧本进行演出展示，以自己的表演再现桃花源的环境、桃花源的生活、桃花源人的热情好客等淳朴风俗。

在片段式的演出展示中，学生们对《桃花源记》中的关键语句熟记于心，更重要的是，在自编自演中，学生们体会到桃花源生活的美好——“黄发垂髫并怡然自乐”，在世外桃源里看到东晋的陶渊明的内心操守和追求，即“种豆南山下”“悠然见南山”的隐士情怀。

通读两个单元的诗文，我认为所选的诗文都是中国古典文学的精华，是中华民族宝贵的文化遗产，学好这些诗文，不仅对提高学生的语文水平至关重要，而且对传承我国优秀文化有着重要的意义。而在学习大量古诗文的过程中，我们教师不妨采用体验式学习方法，只有在情境化学习中，教师把传授的知识融入能激发学生兴趣的教学过程中，调动学生，才能使学生真正成为教学过程的主体。

向青草更青处漫溯

——“读黄州诗文，悟苏轼情怀”专题教学反思

董秀梅

专题学习完毕，教学校长告诉我：高一开专题学习课意义重大，一定要把学生的学习情况记录下来，并好好反思与总结。我笑答：写是肯定的，但必须是在“思无邪斋”、“四顾寂寥”之时，“遗世独立”之际，方能“羽衣蹁跹”啊！

趣答之余，我不禁陷入沉思：苏轼，你该是如何的一位豪士雅客？你有着怎样的刚直不屈的执着风节？你那一颗善于解脱的智慧心灵为什么千年之后仍然被我们称道？

我们都喜欢读苏轼的作品，而我，尤其爱读苏轼的黄州诗文。因为，我的故乡是黄州，也因为苏轼，黄州有了文化沧桑感，有了灵魂。

记得，我在第一次教学曹操的《短歌行》时，被一代枭雄曹操的求贤若渴、建功立业的雄心折服，在思潮澎湃中写下《曹操——读你千变味百转》。更记得，那年屡遭挫折，那个寒假我回到故乡黄州，在流连赤壁风光，在与苏轼的石像合影时，摸着冰冷的大理石，想起曾经带着学生大声地朗读他的“大江东去，浪淘尽，千古风流人物”“一蓑烟雨任平生”“也无风雨也无晴”时，我不禁感慨万千，把对苏轼的崇敬与喜爱写进文章《我的黄州，我们的苏轼》。

读着他的诗文，踏节而歌，物我两忘，教苏轼诗文该如何令学生体会他的旷世奇才，领略他的人格魅力呢？在教研员南海涛的帮助与指导下，我尝试打通必修二与必修四教材，并确定专题教学目标：在诵读、品读、讨论、交流中走进苏轼的内心世界，感受苏轼黄州诗文中蕴藏的人格力量，思考并评价苏轼的人生态度，思考自我生命价值与生命态度。同时，在专题性阅读学习中，培养学生聚焦特定主题，进行深入阅读探究的专题学习意识与能力，为下一阶段的专题学习打下良好基础。

专题教学历时一周半，师生一起读作品、读苏轼、读社会、读自己，从学生一次次作业中，我看到他们由迷茫到欣喜，由困惑到佩服。比如，高一(3)班安荻同学的第一次作业是完成我的问卷调查，她提问：“苏轼被贬后为何如此洒脱？难道他一点也不念朝廷之事吗？在他赏景作诗时，看似美好，但他心里真如表面上那般吗？”第二次作业是提出自主阅读中的疑惑，她问：“《赤壁赋》中友人的箫声如此凄凉，而苏轼心里一直如此乐观吗？他安慰友人的同时，他心里究竟是何滋味，他也是在安慰自己吗？"第三次作业是鉴赏精彩句子，体悟作品中的意象和情感，写一段鉴赏分析的文字。安荻的鉴赏这样写道："'客'就是苏轼自己，全文便是他自己的一个心理斗争。先由景色写出心中欣赏美景之乐，再用箫声引出自己心中怀才不遇的苦闷，把自己的无奈与哀伤写得淋漓尽致。读罢不禁让人心中生悲。但到最后，笔锋一转，安慰自己道：天地万物瞬息万变，而他们却又都是永恒的，何必羡慕滔滔不绝的江水呢？不如让自己过得闲适一些啊！"第四次作业是写感受并完成专题阅读的写作。安荻同学由衷感慨："这次对于黄州诗文的研究，不仅仅停留在诗本身，而是由点及面，看苏轼整个黄州时期的心理变化和心态。通过这次学习，我对于苏轼有了更加全面、更加立体的了解，仿佛他就在我面前，他的喜怒哀乐我都能体会到。被贬黄州时期，出了那么多好的诗文，《赤壁赋》一文中，他看似已经放下了，却还是放不下，放不下他那一腔热血，放不下天下苍生……这次，以余秋雨的一篇写苏轼的文章作为背景和切入点对他进行研究，我很喜欢这种形式，对这段历史的了解对我们理解他黄州诗文的情感和中心非常有帮助。对于专题学习，我认为可以一学期搞两到三次，这样不但可以培养同学们如何对某一专题进行研究的能力，提高同学们学习的热情，使我们对自己感兴趣的名人或是事件有更深入的了解，也为我们大学的论文写作过程作好了铺垫。"

从学生的一次次作业看，专题阅读确实是阅读量大，沟通课堂内外，从学生问题始，到解决学生问题终，很大程度上锻炼了学生的自主学习能力。专题阅读教学也对我们教师的专业水平提出了挑战，教师应该有比较广博的阅读范围和一定的阅读深度，否则难以指导学生进行专题的学习研究。教师还要用更多的时间，对大量资料进行筛选、甄别与确定，还要对学生情况全盘把握，掌控整个教学流程，对每一个阶段的任务进行跟进，等等。总之，教师除了要以自己的热情与专业带着学生学习外，更重要的是带着学生走在学习语文的路上。

在教研员南海涛老师的指导下，我在区里进行本次专题学习一节课的展示，研究课的题目是“读黄州诗文，悟苏轼情怀”，这也是深入学习专题教学理念和提升专题教学实践能力的一次历练。教研员南老师和听课老师的激励评价也给了我莫大的鼓励，他们说：“专题阅读，有量的积累，从横向角度扩大学生视野，从纵向角度，学生就某一问题深入探究并提升认识。”

我深知，高一专题教学仅仅是开始，要深入精细地带领学生一步步走下去，读进去，在合作与探究中进一步认识到语文的魅力，还需要我们进一步探索。比如，苏轼的诗文“质而实绮，癯而实腴”，“发纤秾于简古，寄至味于淡泊”，高超的语言技巧怎样让学生体会到？教师应进一步依据学生的疑惑点、兴奋点、成长点，以专题学习方式，向青草更青处漫溯！

不能言到能不言

——“鲁迅小说选读”专题教学体会

董秀梅

轻轻合上学生的专业本，揉了揉酸涩的眼睛，推开一摞刚刚批完的作业本，我站起身，习惯性地伸伸腰肢，左右晃动几下，在运动中也沉淀我的思绪。我知道，鲁迅小说选读专题的学习到现在为止已经结束了，是的，但只是学习任务结束了，而学生被我激发的新思考没有停止，被点燃的新火花在闪烁，新疑问还层出不穷。这不，随笔本上刚刚写上了“涓生到底在悔恨什么”，紧接着专业本又提出“子君不回家会怎样”。作业是批完了，但鲁迅真精神已经在学生心中生根了，开花了，他们在运用自己的眼光重新读鲁迅，重新思考专家已有的结论。

回顾整个学习过程，学生的学习状态可以说是由一篇文章不知从何读起、不解其味到含道映物，攻其一点，带及其余。而我的授课也经历了从不能言的焦虑、憋屈到能不言的从容！

我们的专题学习经历了不断调整的四个阶段。

第一阶段，轻松地读、写、听的感性认识阶段。学习内容为看鲁迅生平事迹，看相关人士对鲁迅的评价，听我讲鲁迅的故事，从而明确专题学习的价值与必要性。起始阶段用了三节课，进行了大量的阅读，如《鲁迅年谱》《鲁迅是谁》《鲁迅之生活及其精神进展上的几个阶段》《鲁迅：深刻和伟大的另一面是平和》《回忆鲁迅先生》《怀鲁迅》等，通过多维视角看鲁迅，学生消除了对鲁迅文章的恐惧感，正如安荻同学所说：“其实先生也是个有很多种情感的人，他不是只去一味地批判，里面夹杂着太多对这个人物的情感。”汪晓宇同学也说：“消除了曾经对他的作品的偏见，原来，他的作品不只适用于那个年代，即使在现在，依然有许许多多的人饰演那些角色，而那些角色仿佛成了一种通性，我们却从未意识到。”学生对鲁迅不反感，也有意愿进一步学习。

这一阶段，我还把初中所学的鲁迅文章从七年级到九年级分别有哪些课文，在哪一单元，承担什么任务都作了一个梳理，穷尽所知地讲鲁迅，也充分吊起了学生的胃口，学生愿意听，对鲁迅有一定的感性认识，教学态势较好。

不过，现在回想，这一阶段应该把我讲故事或初中所学课文改成进行由学生讲鲁迅故事、学生知道的鲁迅知识的大比拼更好，这样既能促进学生学习的积极性，而且信息量更大。因为一个人的力量毕竟有限，而且任务驱动下所了解的知识会变成学生永久性的知识。只有真正参与了，才能更深刻地了解。更重要的是，听老师讲，只是锻炼老师的讲述能力，培养了懒汉学生。

第二阶段，阅读、赏析、交流的精英学生代读阶段。这一阶段，我从现代文学的开山之作《狂人日记》开始。南老师的教学设计要求：快速阅读《狂人日记》，摘录精辟生动或触动你的语句。思考你认为小说表达的主题是什么？从艺术角度看，你觉得这篇小说写得如何？你读后有什么问题想深入思考探究下去？

这一任务一改往日备教材的备课模式，也一改往日一篇文章由整体到局部，由内容到写法，由中心到拓展的流程，完全是放手让学生阅读、摘录、思考、探究，真正体现个性化阅读，真正体现“课标”提出的课程基本理念：与文本展开对话，通过阅读和思考，领悟其丰富内涵，探讨人生价值和时代精神，以利于逐步形成自己的思想、行为准则。养成独立思考、质疑探究的习惯。乐于进行交流和思想碰撞，在相互切磋中，加深领悟，共同提高。学习从习以为常的事实和过程中发现问题，培养探究意识和发现问题的敏感性。学习多角度多层次地阅读，对优秀作品能够常读常新，获得新的体验和发现。

教学设计很好地体现了理念，但是一到课堂，看着学生两眼盯着书目光停滞，看着学生满书画线，不加思考，看着有的学生索性闭眼趴下等待的状态，我很想一声大喝打断课堂进程，自己开讲！然而一想到南老师在教学设计中强调的话语：教师大胆放手，让学生在充分自主阅读的基础上自主质疑探究，教师的主要作用是提供阅读质疑的相关要求，提供助读资料，监控阅读质疑的质量，引领深化提升学习效果，鼓励学生自由表达对文章艺术水平的评价，我只好平心静气给学生做工作，纠正学生的观念——别等着老师讲，运用自己的眼光读课文，自己与作品对话。

估计南老师也意识到会出现此种情况，及时发来短信强调：老师们还是先致力于让学生沉下来、读进去，致力于让学生自己去质疑、去思考、去解答，先不必急于给学生答案，看看学生在较全面阅读与思考的基础上会产生怎样的效果。

什么话也不能说了！不能言！那就放手让学生带着任务静心读书吧！

当然也不能坐以待毙，对于学生漫无目的的学习状态，我对教学设计个别环节作了改动，即：摘录精辟生动或触动你的语句。为什么打动或触动你了？说出理由依据。沉寂的课堂有了回声，个别学生开始说出自己喜欢或受触动的语句，我根据学生对句意的理解提出问题，激发思考，最后，学生在没有答案的情况下再读。一节课下来，我很是焦虑：怎么讲？讲多少？学生兴趣点在哪儿？疑惑点又是什么？教师的主导作用怎么体现？正好在一次区教研活动中，其他学校的老师也深有同感，南海涛老师组织我们一起讨论，根据南老师的提议，结合学生课堂情况又作了调整。

第三阶段，阅读、质疑、解疑的众人攻坚阶段。

当堂读书，边读边圈点批注，提出疑问写在纸条上，我再把学生的问题归纳出几点进行全班交流，或者先写人物形象或就感兴趣的一点写批注，再以点评作业的形式进行读书。比如对《祝福》一文，学生提的问题很多，如“年底毕竟再像年底中的‘毕竟'怎样理解?""为什么说老了?""柳妈为什么要说那些话?""为什么要说竹篮是空的?""人死后到底有灵魂吗?""祥林嫂到底相信人有灵魂吗?""祥林嫂为什么要反抗?""祝福是什么含义?""鲁镇乃至整个社会都麻木无知吗?"等等。我对学生提出的问题归纳共性,以一个大的问题推进学生交流与深入思考。如:"祝福"含义及主题怎么理解;祥林嫂周围的人是怎样对待她的;"祥林嫂必死无疑",文中怎样体现出来的? 三个问题提出来,激发学生进一步看书思考,并下发助读资料,人人动脑、动手,结合助读资料写自己的思考,然后交流、点评作业。

这一阶段我基本做到能不言,问题从学生中来,最后又由学生自己解决。不管答案是否完美,但是经过自己的思考,得出的答案经过老师的指正才能真正提升学生的探究能力。当然,能不言是有区别的,对于必须掌握的《祝福》《阿 Q 正传》《伤逝》《药》《狂人日记》我是稍加提示,不作详解的,学生有所不懂,才有所懂。而对于涉及的其他篇目,比如《离婚》《示众》《在酒楼上》《孤独者》《风波》,我是略而不讲,不求甚解,这也是按照南老师的要求进行的:学生充分独立地阅读思考之后教师精当而有感染力的讲解引导是可取的,要讲就讲出效果,感染学生。阅读前激发、阅读中点拨、阅读后总结提升。

第四阶段,阅读、总结、提升的丰收阶段。

读完鲁迅的 11 篇小说,我再以《聪明人和傻子和奴才》一文,解读鲁迅小说中的三类人,与学生一起总结人物形象,从而明确人物特点、写作方法、鲁迅的态度。再以《〈呐喊〉自序》《杂文两篇》引导学生认识鲁迅的成长经历与思想发展轨迹以及对青年人殷切的希望,更好地理解鲁迅小说的创作目的"引起疗救的注意"和"民族魂"的内涵,从而进一步落实本主题的目标:感受鲁迅小说蕴含的"立人"理想和深刻的自省、批判精神，珍视人的个体生命价值与尊严；正视自身与社会存在的问题，敢于批判，乐于建设，培养健全人格。

这一阶段中，学生回顾所学篇目的重点，并依据自己的兴趣点或疑点确定论文研究方向，在相互交流确定题目依据与写作思路中提升对作品与作家的认识。

一个月的鲁迅专题学习，我欣喜地看到一些可喜的变化在悄悄发生着。

比如，一天早读，进教室前，我看到一个班级的学生因未完成作业而站在楼道里，这时，我班的张志诚同学迎过来说："老师，他们在示众！"我一顿，明白他所指，继而追问："你们是看客吗？""不，老师，看客也是被示众的。我们不愿当看客更不愿被示众。"在与学生的调侃中，我知道，学生在不自觉地运用自己的眼光对常见现象进行不平常的思索，是谁在无形中影响他们呢？——鲁迅！他的"颈项都伸得很长，仿佛许多鸭，被无形的手捏住了，向上提着"已深深印入学生的脑海中！看客的无聊，而充当示众的材料更是可恨的！鲁迅的文章辛辣讽刺，让学生以平常所见的罚站现象来反省自己，要有尊严地生活！张晔同学在论文《当今社会是否需要读鲁迅》中说："鲁迅的文章是一面镜子，是放大镜也是哈哈镜，它会放大你的丑陋，让你在哈哈大笑中幡然悔悟，它能无情地直视你的丑陋，让你无处藏身。"张晔认为，在学生时期更应该多读鲁迅的文章，因为他的文章让我们反省自我，有利于形成正确的价值观。

个性化阅读的个人风格正在形成。每次收专业本，我会看到其中呈现不同的学习习惯。学生根据自己的兴趣点关注着不同的内容，有的学生关注重要词语，挖掘词语内在的含义；有的学生关注自然环境的描写语句;有的学生关注人物描写的语句。更让我惊奇的是,有的学生在不懂的地方提出疑问,自己上网查找资料,获得答案后又产生新的问题。这样的阅读习惯不正是体现我们专题目标中的“充分阅读思考中与文本展开对话”,“培养独立思考、质疑探究的习惯”吗?

好的阅读习惯和好的阅读方法正在形成。每篇文章,学生在我简短的充满“煽动”的语言下进入阅读状态,在安静的氛围里默读,摘录积累,写出自己的疑惑与发现。尤其是,有的学生提出问题,经过师生交流后,再在问题的旁边写下答案。这种从问题始到问题终的阅读过程正是我们专题学习倡导“着力培养质疑与探究能力”的学习过程。一天要进行九节课的学习,学生要接受很多新知识,但他们不会忘记,或者会依稀记起那个语文课堂:初升的朝阳照进教室,同学们潜心读书,只听见翻书声、写字的嚓嚓声和与老师小声交流的声音,心中偶尔升起某种感觉,这种静谧与美好会像无声电影深深烙进脑海里(亦如我们现在一样,那远去的时光沉淀下初中或高中的某一节语文课,某篇课文的阅读场景与感受)。他们的阅读由问题始到最后解决问题终,哪怕是有问题遗留下来尚待查资料解决,也是一个美好的学习过程。正如杨蕙宁同学所说:“鲁迅的文章很有意思,关键要看有没有心思去读。那鲜活的人物跃然纸上,令我为当时人的麻木而胆寒。我不再认为他的文章枯燥,相反,他的文章是相当的生动且耐人寻味!”汪晓宇同学说:“真正伟大的作品必须是砍向我们内心冰封大海的利斧,唯有静心读它,才能有深切的感受,如此,才对我们的民族、人性的纯良有益。”刘可同学也由衷感叹:“表面枯燥,但枯燥中细读之后也是精彩的。”

在社会实践中探究,形成学习的持续化、序列化。最让我惊喜的是，有的学生按照我的要求走进鲁迅博物馆，由课堂走进社会深入开展专题学习，面对鲁迅的大量实物深入感受作家的人格魅力和文学作品的力量。安荻同学写下自己的所思所感：

“这里游客很少，只有几位大学生讲解员，给我们讲解时，只不过是照着展示的东西来读，时不时加几句承接的句子，此外便再无其他。我想，若是要介绍先生，必须要有自己的见解与想法。先生是一个观点分明的人，介绍他的人怎能不熟悉先生的文章就来讲解，至少，也得有自己对先生的看法吧。

“最后的部分，是先生生命的倒计时。距先生去世还有一个月时，他还在出席朋友的一些活动，我的心，不由得揪了起来。距先生去世还有一周时，他还在写文章，我的心，乱了，因为我意识到，一个伟大的生命即将逝去，我不知道该怎样面对了。距先生去世还有一天时，他给朋友写了一张纸条，说是身体不适，不能出席活动了。这也是先生的绝笔，看到这里，我不敢再挪动一步，因为我发现，我根本无法面对先生的死亡。但是，该来的，总会来的。

“再抬头时，眼前赫然放着一幅先生与世长辞时的照片。先生的双眼紧闭着，还是标准的一字胡，颧骨突出，瘦削不堪。望着那张熟悉的面孔，我潸然泪下。惋惜、不舍还是心痛？或许，都有吧。再回头，看到的便是一块白色的布，上面分明地写着‘民族魂’三个字。这是盖在先生棺椁上的，或许，这是对他倾尽一生的付出的评价吧。

“或许，先生只是太累了，他做了很多，也承受了很多。或许，他只是想小憩一下而已……”

当然，最深切的感受就是教师的教学观念进一步改变。上学期，我在南老师的指导下尝试过苏轼“黄州诗文”专题教学，因为时间短,重点篇目集中,诗词朗朗上口,不像鲁迅的文章深奥难懂,所以,对教师少讲的痛苦还没有充分体会到。而这一次,作品的思想性再加上学生已经对鲁迅有一定的认识,难免形成不同的看法,尤其是反语讽刺性,以及对时代的批判性,到底讲不讲?看似漫不经心的一段叙述有什么深意,需不需要学生深挖?我困惑了。当然,有的学生刚开始不适应老师放手让他们读书提问的习惯,发来短信诉苦:"老师,您上课时精彩的讲解让我惊叹与喜欢!我好留念您讲课的课堂啊!"

面对学生的呼声,我在不能言的教学策略上稍作调整——适度讲,但必须是导入新课和学生提问或提及相关的问题才讲!比如,学习《阿Q正传》时,许多学生在交流中都关注到结尾《大团圆》一章中"他曾在山脚下遇见一只狼,永远是不近不远的跟定他,要吃他的肉","这些眼睛们似乎连成一气,已经在那里咬他的灵魂"。这是运用象征的写法,象征麻木的看客,不仅充当看客,也充当统治者的帮凶,一起来吃掉阿Q。但是这篇文章最主要的写法学生还没有体会出来,于是,我提示学生体会《革命》一章中的开头:"宣统三年九月十四日——即阿Q将褡裢卖给赵白眼的这一天——三更四点,有一只大乌篷船到了赵府上的河埠头。"这种特意加上事件来解释有何用意?并且激励学生,你提的问题有价值,引起我们的共鸣,我们会一起来探究,人人都是老师,大家一起讲鲁迅。

不能言到能不言,从做人的角度讲,是一种修养,而从教学角度上讲,则是一种胸中藏兵千万,对课文的重难点排兵布阵,俯瞰一切的气势。它要求我们教师进行海量的阅读,还要有自己的见解,重读鲁迅的作品,思考专家的文章,联系现实问题。这样一来,无形中提升了我的专业空间,使我重读鲁迅,重新审视他作品的思想价值与艺术价值。虽然鲁迅生活的时代离我们遥远，但我们还是感觉到“先生他离我们不远，等你了解了一些的时候，蓦然回首，他依旧在灯火阑珊处”(安荻)。

教师教学观念改变，教学手段就改变了，教学效果也不一样了。学生的论文让我们看到了鲁迅专题学习的效果，如杨蕙宁同学的《小议〈伤逝〉中子君悲剧结局的原因》，写出了自己的见解：“子君的离去，是偶然也是必然，没有经济的保障，没有亲朋好友的祝福，没有经久不灭的爱火，分离，是个最合理的结局。”

张格格的论文《“聪明人”都死了吗》反观现实，写道：“聪明人断然是不会都死掉的，只要有比他们还弱的弱者存在，只要他们还留有一丝封建礼教的思想，就还是会有的。”

汪晓宇的论文《涓生悔恨的是什么》分析有深度：“在他的心里，子君就是他对社会美好向往的寄托，他需要她。新叶来，紫藤花开。”“曾经的涓生，是有斗志的，然而他的斗志却是一片混沌中的一点星光。这黑夜里独自点燃的光焰，终究抵不过茫茫黑暗。这就是那个时代知识分子的悲哀，真正觉醒的人实在太少，因此便是鲁迅也只能彷徨了。彷徨里的爱情既盲目，也脆弱。涓生最终定会是为自己悔恨、悲哀的，因为他早已融入了这混沌，他用遗忘来麻痹自己，用谎言作为前导，他唯一能做的只有写下来，写下来而已。他恨他败得如此迅速，如此彻底，败在了时代的脚下，也败在了自己的手中；悔他是在借爱情欺骗自己，用生命祭奠曾活着的自己，用血淋淋的双手为自己挖下坟墓。这是刻入灵魂深处的悔恨！”

赵小寒的论文《小议“看客”》中一语中的地指出“看客”的本质：“所谓‘看客’，自古已有，庞大、无处不在却又无处去找。当‘看客’其实已经成为国人的习惯：明哲保身、自扫门前雪。鲁迅的每一篇文章中无不有看客的影子。他们并非主要角色，偶尔走个过场，却又滔滔不绝，一点点渗透在每个角落。他们并不一定心存恶念，却又一次一次让人痛苦，积少成多。他们其实是冰冷麻木自私的代言人，并不一定会在危难时落井下石，却会在旁边冷漠地看着你一点点灭亡。他们对强权者趋炎附势，对弱小者弃之如草芥。"

安荻在论文《子君不走会怎样》中大胆提出设想："如果子君不随她的父亲回家，最后故事又将如何发展？……换个活法，他们也许也会幸福，不是吗？……顺从当时的封建礼教，向父权与夫权低头，做一个只为生活而忙碌的女人，听从父亲与丈夫的一切，不再想反抗什么，慢慢让自己麻木，做一个'傻子'。"然后，通过分析涓生与子君的性格与追求以及社会环境等，文中最后得出结论："没有了爱情和经济来源的子君，她，是不得不走了。其实，他们的爱情生活只不过是一碰即碎的泡沫，他们的构想，没有任何的支撑。而子君，便是这个想象生活中的一个牺牲品。她没能达到涓生所期待的，便被他'理所应当'地抛弃了。涓生所构想的完美爱情生活，最后尸骨全无，而这牺牲的，是子君的全部。或许，她的离开，于自己来说，也是一种解脱。"

当然，还是有学生读不懂鲁迅作品，像学生杨馨雨所说："有的文章看完一遍之后，并不知道他说的是什么，他想要表达的是什么。读他的文章总有雾里看花的感觉，总感觉他写的每篇文章都是有用意的，但我却不能找到他的用意所在。多半还是能懂些的。我可能还并没有真正做到读懂鲁迅的文章，但我却感觉到我离鲁迅的文章更近了一步，这就足够了，值得了。"是的，读经典作品，尤其是鲁迅作品并不能很快让学生豁然开朗，但是，在高一阶段，让学生感受鲁迅，阅读鲁迅，研究鲁迅，言说鲁迅,懂得一个大意,有点了解,这就够了。正如南怀瑾先生所说:“在心灵纯净的童年时期记诵下来的东西,如同每天的饮食,会变成营养,成为生命的一部分。”虽然,学生不是在儿童时期读鲁迅,但是把鲁迅的文章汇集在一起学习,这样的教学举措意义重大,一定会影响深远。

通过此次专题学习,我还深刻地感受到,教师的引导和个人的喜好对学生有重要的影响。鲁迅是文学家、思想家、革命家,作为文学家的鲁迅,我们应看到他作品中的艺术价值、思想价值以及现实意义。南老师在教学设计中定的教学目标也明确:“从中发现和提炼鲁迅小说独特的思想价值、艺术价值、现实意义。”而从学生的小论文看,除了郑羽萌同学的一篇《小议鲁迅的独特笔法》外,几乎都论述作品中思想的深刻性,而作为文学家的认识,几乎微乎其微。这在某种程度上与我的教学引导、关注点有关。鲁迅以其独特的语言系统(如“二丑”、“工头”)和独特的思维系统(从正经处寻出幽默),恣意而又开心地撩起荒谬的面纱,描绘了一幕幕 20 世纪中国社会的广阔时空中的人间悲喜剧,同时也完成了一个真正文学化的个体生命。“拒绝同化并坚持在差异中的写作”,这是鲁迅文学性的根本特征。重读鲁迅,应当领略他的诗性的智慧,如何引导学生认识到这一点,体会到作为真正文学家的鲁迅价值?这是对我重读鲁迅的视角的挑战,思维的挑战。就如同在既定的路上走久了,就习惯了沿途的大致风貌,全然不察风景中的独特之处。由此,我想到在进行专题“苏轼‘黄州诗文’”的教学时,南老师曾经对我的教学提出中肯的指导意见:深入到具体语句的揣摩品味上去,如学生说词中的水是“雄奇壮阔”,只是反复背诵了“大江东去”“惊涛拍岸”“卷起千堆雪”几句,没有具体鉴赏这几句何以就“雄奇壮阔”了。教师宜在这里引导学生进入语句,具体鉴赏,比如体会“拍”的力量、“千堆雪”视觉上的震撼与美感,等等。所以,专题学习,既要有阅读量的要求,更要有思维力度的培养。教师不仅仅是设计师、导演,还是引领学生去进行独到发现的向导。

鲁迅小说选读专题已告一段落,读着学生写的论文,再回看南海涛老师所写的教学设计,我对南老师的睿智与深扎一线从教的教学功底深深佩服。南老师的专题设计不仅抓住了课程标准中对经典名著的要求,也抓住了鲁迅小说的精髓,更体现了语文教学的实质与规律,给我们指出专题教学的方向并提供了可以学习操作的设计模板。现在再体会张彬福先生的一席话就感到大有深意了,他说:“语文学习是实践性和经验性的。只有老师教而没有自己的实践,终究学不好语文。阅读一篇文章,不管是一课时,还是十课时,关键是学来干什么。一篇文章不管分析多么细致,学生终要独立阅读。给不够学生锻炼的机会,读写水平低,是因为读写量太小。半年学 30 篇课文,何来阅读能力?”我们的专题教学不正是通过大量的阅读提高学生的阅读能力的实践吗?

三 问 英 雄

——《老人与海》专题教学浅记

董秀梅

听说即将开《老人与海》的专题教学,有的学生瞪大眼睛,好似我说的是天外来物一样,有的学生面无表情,全然没有开小说专题课的兴奋。找学生聊天才知，他们小时候曾看过动画片，觉得《老人与海》讲的就是一外国船夫打鱼而失败的故事，且没有什么故事情节，更没有吸引他们的优美的语句，还要学八节课？

学生与我当初读外国小说的感受是一样的。外国小说大段大段的心理描写让人半天抓不着重点，且故事情节也没有中国小说那样跌宕起伏，让学生自己读进去确实为难他们了。我又想起当初学《项链》时候的情景。学生只对借项链、丢项链、赔项链、识项链的情节感兴趣，而对序幕，即玛蒂尔德的梦想一点也不感兴趣，全然不顾作者莫泊桑在大段的心理描写中暗示主人公的梦想与现实的矛盾，从而导致其命运的悲剧性。

看来，教学设计得从学生的实际出发，设计出能让学生读进去的问题，让学生在任务驱动下走进老人世界，走进书的海洋。于是，我以三个问题驱动学生进行探究性的阅读，完成本专题学习。

设问一：什么是英雄？你心中的英雄是谁？针对你心中的英雄形象，看看老人是否为英雄。

适逢周末，我让学生带着这个问题进行自我阅读。没有课堂的限制与约束，学生在最本真的状态下读书也许会有另外的发现。但是，我很快就遇到打击。周六的晚上接到我的课代表，也是最喜欢专题学习形式的张晔同学打来的电话："老师，我读不进去。""能理解！试着找找文中他的行动。""可是，我还是读不进去！""你是不是觉得太长？那就先看《斗鲨》那一章，也许，你能适应外国小说的节奏。"

电话放下，心中却是忐忑，继而想，也许只是个别同学如此，男同学肯定感兴趣吧！那就从最吸引人的"斗鲨"情节开始吧！

课堂教学很顺利，学生能通过交流概括出老人斗鲨时的矛盾心理：沮丧、惋惜、痛苦、绝望与执着、乐观、拥有希望、不屈不挠地斗争相交织。这是一位不一般的渔夫，不平凡的老人，是打不垮的硬汉子。

设问二：在“斗鲨”情节中，老人身上体现出不服输的“硬汉精神”，老人与马林鱼的相持中你又发现了什么？老人是否为英雄，硬汉就是英雄吗？

学生由“斗鲨”情节转到捕马林鱼，抓住心理描写，总结老人身上可贵的品质：在无人喝彩的孤独中不懈地追求目标并坚持自己的目标，是硬汉，也是英雄，是失败的英雄，精神的英雄。张晔同学学完专题后由衷感慨：“知其不可而为之啊！他是硬汉也是勇士，更是英雄。他敢于去挑战命运，敢于挑战自己。其实最后客观上的输赢早已没有任何意义，他战胜了自己，他就是最后的赢家！”

设问三：一个平凡的人物因不服输，坚持自己的目标就是英雄，是否所有在困境中坚持理想的人物都是英雄？谁是英雄？文学作品中哪些人物形象是英雄？

我要求学生结合中国神话、金庸的武侠小说和鲁迅作品等谈自己对英雄的理解，并以辩论会的形式结束我们的专题学习。

让我惊奇的是，这次以辩论代替写论文的形式很受学生欢迎，两个班论题不同，高一(3)班的论题是“是力量还是精神造就英雄”，高一(4)班的论题是“老人是硬汉还是英雄”。学生们热情高涨，论据充分，由文学作品联系社会现实，在辩论中提升了对《老人与海》这一作品的理解和对中西方英雄的深层认识。

专题学习结束了，再看学生写的感受，真是别有一番滋味在心头。我更加坚定，最好的课堂教学还是以学生的认知为主，放手让学生读，让学生大胆说出自己的观点，这才是心灵之花的绽放,这才是生命在场的课堂。

三问英雄,英雄谁属?非我风华正茂书生意气挥斥方遒之青年学生莫属!

这是一种不可企及的妩媚

——“老庄陶潜生命的追求”专题教学反思

董秀梅

每每说起“老庄陶潜生命的追求”专题学习进行的情况,我的脑子里就出现一个画面——一轮孤月之下一株孤独的树,这是一种不可企及的妩媚。

这个画面也是实施专题学习以来感触最深之处:老庄与陶潜,不管是思想还是文学都是我个人修炼与教学上的一种不可企及的妩媚!

首先,需要教师深厚的积淀。当初,我不知天高地厚全凭兴趣慨然选择这个专题,又在备课时对教研员南老师意味深长的嘱咐欣然应允。直到真的实施教学时,我才感到这个专题无论是思想性还是文学艺术性都跟我们有一段距离。《老子》一书,言简意赅,博大精深;《庄子》文章汪洋恣肆,幻化无方;陶潜诗文清新自然醇厚。教师要理解《老子》《庄子》的选读文本和陶潜的诗文,同时,还得引导学生调动原有的知识积累,联系自身的经历、体验举例正确解读。所以,教师懂了,并不意味着学生能理解文本,学生会读会背,并不意味着学生能领悟。如有学生问我:老子讲的“上善若水”,这个“善”与佛家所说的善有善报有什么联系？学生有比较意识，这也就意味着我们教师不仅要研究老庄的道家思想，还得对儒佛道之间的区别与联系有所涉猎，还得对道家的核心思想有自己独到的认识与见解，并能深入浅出地引导学生理解道家思想。《老子》求自然、淡名利，谦冲宁静、爱身轻欲的精神气质在简洁精辟的语句中呈现，需要我们在课堂上恰到好处地朗朗上口地背诵，讲课时还能纵横捭阖，可我没有做到。故而，在专题实施中，我就感觉远远看见了老庄陶潜向我走来，欢天喜地奔上前握手时，却看到一个高大的背影，仪态万方，令人感到难以企及！

其次，需要教师的教学睿智。专题教学涉及《老子》八十一章，庄子《齐物论》《至乐》《逍遥游》及寓言故事、陶渊明诗文等，尤其是《老子》在两课时里完成哪几章的重点教学，学生要掌握什么，如何调动学生学习的积极性，学生会出现哪些理解上的问题，等等，这些都是我们备课时需要考虑的，更需要精心的教学设计。所以，在本次专题教学中，我最大的收获是，专题教学不仅仅是围绕主题进行大量的阅读，更是需要教师针对学生阅读中出现的问题进行聚焦教学，并设计科学的学案，完成具体的学习任务。如在学习《庄子》选文《至乐》中的几段时，学生提了几个问题，有对语句“察其始而本无生，非徒无生也，而本无形”不理解的，有对庄子的先慨然后鼓盆而歌的做法不理解的，更有对庄子的“是相与为春秋冬夏四时行也”的认识不理解的。面对诸多的问题，教师应该寻找核心问题，只有聚焦问题，并能借助好的途径解决，这样的课堂才能有张有弛有序。我针对学生的提问，利用教研员南老师提供的一篇文章《对庄子“鼓盆而歌”的解读》进行教学，借助相关文章，在讨论交流中，许多问题迎刃而解。而在前面几节课中，尤其是讲《逍遥游》这一篇文章，我没有聚焦问题，也没有设计有效的学案，故而，学生读不懂的地方，我就没有讲透彻，费时费力且常常游离于专题教学的实质之外。所以，抓学生的问题并能聚焦分类，这种精深博大的专题教学要有一定的操作艺术，对我而言，是一种不可企及的妩媚。

当然，为了接近那不可企及的妩媚，我们在以后的教学中仍要上下求索，只有做到这些，才能举重若轻，如充分阅读文本和相关的研究资料，要有自己的认识，对文中的语句要烂熟于心，且恰到好处地调动积累。讲解时能结合生活实例，结合学生实际情况。备课时，学生的学习活动要精确些；学案的设计要有具体的任务；学生研讨的内容和研讨的形式要有具体要求。

还有，专题学习的实质还是探究性学习，在本次专题教学中，我尝试进行相关研究的专著和文章的同期阅读，如鲍鹏山的《寂寞圣哲》，读这本书中部分文章，以期帮助学生认识老庄的思想。从学生的读后感中，我看到了那份妩媚。如刘晓晓同学写道："他，睿智，神秘，令人望而生畏。如一道飞鸿划过历史的云层，留下不可磨灭的痕迹。他是老子，冷漠似神人。他说话一针见血，管你是王侯将相还是达官显贵。老子，太难相处。也正因为如此，他是那么的寂寞。"写出了自己心中老子的形象。"他，淡然，偏激，备受人们喜爱。他于濮水之上持竿不顾，宁愿曳尾于涂中也不愿走进仕途。他是庄子，晓梦迷蝴蝶。他冷眼旁观世人，但不代表着他心中无情，谁又能看穿他那冷酷无情的外表下一颗柔软的心呢？他一生朋友不多，就只有惠子一个。每次见面，总少不了一番唇枪舌剑，相爱相杀便是对他们最好的形容。"写出了对庄子的理解。

还有安荻同学，在随笔中谈及："世人或崇儒家，或惧法家，而我独尊道家。百家争鸣过后，道家思想便从社会中渐渐褪去，只留下了一抹浅浅的痕迹。在学习老庄思想之后，我身边还有人认为老庄是'疯子'。我失落良久，他们殊不知人心是要淬炼的，而道家思想则是那炉火。茫茫人海中，多少人迷失自我，失去心灵上的自由，又有多少人心浮气躁，不能踏踏实实做自己的事，这时，为何不读读道家思想呢？将心灵升华，脱离世俗，俯瞰大地，才能找到你的'本心'，才能得到心灵永久的宁静。'上善若水'，仅仅四个字就能让你懂得很多，你若学会了，便可以避开诸多麻烦，若不会，则这一路注定要磕磕绊绊。老庄的智慧，至远、至深……"

学生能结合专著进一步体会老庄思想，并能在随笔、读书笔记、论文中论及自己对老庄陶潜的认识，虽然稚嫩浅显，但小小心灵中能装入中国文化元素，已属不易。

专题教学是我们高中阅读教学的主要方式，漫漫长路，上下求索，教师在教学探究中有自己的真实体会与认识，能针对学生的实际情况进行教学设计，能在大语文思想指导下形成自己的教学风格，有那么一天，我们或许也能成为那不可企及的妩媚！

专题教学中课程资源开发的实践与思考

董秀梅

高一上学期，我在教研员南海涛老师的指导下尝试进行名为"踏破红尘情未老，山水风月不曾空"的苏轼黄州诗文专题教学。

本次专题教学是根据《高中语文课程标准》精神进行的：必修课五个模块的学习可在高一至高二两个学期半的时间里循序渐进地完成，也可以根据需要灵活安排。对于模块的内容组合以及模块与模块之间的顺序编排，可根据实际情况变通实施。而北京版必修二和必修四分别选录了苏轼的《念奴娇·赤壁怀古》和前《赤壁赋》，对于苏轼同一时期的作品，我们可以打通必修教材之间的联系，跨越高一高二的学习阶段，以专题学习形式开发课程资源，并通过深入精读苏轼重要作品开展教学与学习，从而深入领会作品的内涵和作者的人格魅力。

《高中语文课程标准》强调：语文教师应高度重视课程资源的利用与开发，充分发挥自身的潜力，加强必修课和选修课的建设，创造性地开展各类活动。结合"课标"中对课程资源开发的要求，本次苏轼黄州诗文专题学习实则从学生的需要出发，充分挖掘课程资源，拓展学生的学习空间。

高一学生上学期正处于初高中衔接阶段，跨入新的学段，会出现学习上的不适应，他们人生阅历尚浅，对人生逆境与困难的认识不足，缺乏磨难意识的教育。从学生的人格教育与长远发展考虑，有必要以典型人物的美好精神来影响学生，教育学生，以达到"文以载道"的目的。他们在初二时学过《记承天寺夜游》《江城子·密州出猎》《浣溪沙·游蕲水清泉寺》，对"横看成岭侧成峰"(《题西林壁》)、"水光潋滟晴方好"(《饮湖上初晴后雨》)等名句耳熟能详，对苏轼有一定的了解，也很喜欢他的豪迈洒脱。然而学生虽会背苏轼的一些诗词，虽理解了诗词的内容，但是，大多停留在解释诗词内容的浅层面，未能较深入地理解诗词之美、诗人之情，以及诗词所承载的中华精神文化内涵。而开发课程资源必须根据学生情况，因为诗词文的理解需要一定的背景资料，更要靠学生对诗词文的个人感悟。要让学生在读写中去认识时代风貌，去感受大家的人格魅力。因而，高一时打通教材、开发课程资源的专题教学不仅顺应学生发展的要求，更是对教师挖掘课程资源专业深度的考验与挑战。

结合"课标"理论及要求，考虑教材和学生实际情况，在教研员南海涛老师的帮助下，我进行专题教学中课程资源的开发与运用，并获得一定的认识。

一、开发课程资源是专题教学中必经的一个重要环节

苏轼为豪放词的创始人，以雄大的才力、开阔的胸襟融入词的创作，极大开拓了词的题材、意境，创造出迥异于前人的风格与表现手法。苏轼的散文随物赋形，挥洒自如，活脱灵动，文采粲然。他的诗文，尤其是贬谪黄州时期的诗文创作寄寓着许多文人面对坎坷的人生际遇对生活依然乐观和豁达、身陷泥潭仍然对理想葆有一腔热血的情感。苏轼的黄州诗文不仅让我们看到他悲喜交加的人生经历，更被他的旷世豪情和深刻的哲思所感染。让我们从黄州的山水风月看到苏轼的心路历程，看到他在苦难中的挣扎与超越，最后走向成熟。

背景知识对了解文意很重要。怎能让学生抓住已远逝的文学家的手走进中国古代文明的重要阶段——宋代？怎能让学生感同身受，体会苏轼身上融会的儒释道思想？开发课程资源势在必行，而面对浩如烟海的资料如何选择，也是考验语文教师的甄别与提炼能力和对文学作品解读的思考深度。

为了帮助学生理解背景知识，我选用林语堂的《苏东坡传》（重点是十五、十六章）、余秋雨的《苏东坡突围》和蒋醺的《"淡"

是人生最深的滋味》，引导学生了解何为苏轼的“黄州时期”，并组织学生自行查阅资料，要求他们写一篇小短文介绍苏轼黄州时期生活的前因后果、经过与意义等。学生通过读研究苏轼的著名学者的文章明确了专题学习的内容与目的，在经典作品阅读中深入感受黄州时期在苏轼人生中的重大意义，真正走进苏轼的内心世界。比如，学生郑羽萌在“你对黄州时期苏东坡的认识”的调研材料中写道：苏东坡虽然被贬黄州，也写过诗来表达自己的才能不被人懂的情感。但也变为一个追求安然自在的生活的农民、隐士，笔风也随之从紧张、愤怒变为亲切宽和。所以，黄州时期的苏东坡享受了生活，改变了自己。”

二、开发课程资源是专题教学中阅读深度与广度的有效统一

苏轼的魅力是一个谜，他的身上包含了最大限度的人性的丰富性和发展的可能性，所以能通过他这个载体一窥中国浩瀚悠久的文化景象，而研究这一景象仅靠学生初中所学的苏轼诗文和高中教材涉及的一词一赋是远远不够的，必须经过既有广度又有深度的阅读和有效学习，而学生阅读面的开阔(即广度)，需要教师进行课程开发，深度的思考也需要教师进一步整合课程资源。

为了对黄州时期的苏轼有全面而精准的了解，我以必修教材选定的两篇诗文为基点，与学生共同开发课程资源，精选同一时期其他作品，如《出狱次前韵二首》、《初到黄州》、《定风波》(莫听穿林打叶声)、《浣溪沙 · 游蕲水清泉寺》、《水调歌头 · 黄州快哉亭赠张偓佺》、《西江月》、《临江仙 · 夜归临皋》、《卜算子 · 黄州定慧院寓居作》等，采取泛读与精读代表作相结合的学习方

式,即课上精读和课下泛读黄州诗文相结合,沟通课堂内外,读写结合,让学生在诗文的探究与浸润中进一步认识苏轼的旷世奇才,进一步感受苏轼的人格魅力。

而课堂精读《念奴娇·赤壁怀古》和前《赤壁赋》,使学生在诵读、品读、讨论、交流中走进苏轼的内心世界,感受苏轼黄州诗文中蕴藏的人格力量。同时通过我适时引入王国维、林语堂、余秋雨精当的点评以及我本人对他的认识所写的文章,使学生不仅思考和评价了苏轼的人生态度,也思考了自我的生命价值与生命态度。

三、开发课程资源是专题教学中尊重学生个性差异的体现

《高中语文课程标准》指出:阅读教学要注重培养学生的独立性和自主性,引导学生质疑、调查、探究,在实践中学习,促进学生在教师指导下主动地、富有个性地学习。教师应尊重学生的人格,关注个体差异,满足不同学生的学习需要,创设能引导学生主动参与的教育环境,激发学生的学习积极性,培养学生掌握和运用知识的态度和能力,使每个学生都能得到充分的发展。

专题学习、读写结合的方式能促进学生对诗人、对作品有更深的全面把握,师生一起开发课程资源。我们可以通过网络的形式互动交流,也可以网上阅览相关作品,如《论苏轼黄州时期的作品与心态》《苏轼黄州时期的作品及美学价值》等文章,还可以精读专题研究式的书籍,如林语堂的《苏东坡传》、余秋雨的《苏东坡突围》,还可以借助古诗文网中的“苏轼诗词鉴赏”等,各种资源的开发与利用真正体现了学生个人的特点与喜好,满足了不同学生的学习需要,激发了学生的学习积极性,培养了学生

掌握和运用知识的态度和能力，使每个学生都能得到充分的发展。

学习完毕，安荻同学由衷感慨："通过这次学习，我对于苏轼有了更加全面、更加立体的了解，仿佛他就在我面前，他的喜怒哀乐我都能体会到。被贬黄州时期，出了那么多好的诗文，《赤壁赋》一文中，他看似已经放下了，却还是放不下，放不下他那一腔热血，放不下天下苍生……"而王昕玥同学在感受里说道："第一，跨越教材，对比学习，能把必修二和必修四一起学习，通过对比发现苏轼在黄州时的变化，让我们能够更好地理解他。第二，开发阅读资源，扩展阅读，研究学习相同时期的不同作品，了解一个立体的丰富的真实的苏轼。"

四、开发课程资源是专题教学中教师专业提升的重要途径

从学生课堂上的表现和课后的感悟看，在专题学习中开发课程资源确实是开阔了学生的视野，阅读量大，沟通课堂内外，从学生问题始，到解决学生问题终，很大程度上锻炼了学生自主学习的能力和自主思考的能力。读哪些文章，如何读进去，布置什么学习任务，等等，在专题阅读教学中如何开发课程资源对我们教师的专业水平提出了挑战。教师应该有比较广博的阅读范围和一定的阅读深度，教师的阅读视野决定了学生的阅读空间，教师阅读思考的深度，决定了学生是否能更快驾驭已有的材料，否则难以指导学生进行专题的学习研究。教师还要用更多的时间，对资料进行筛选、甄别与确定，从而更精准地选择阅读材料或者提供阅读信息，还要对学生情况有全盘把握，掌控整个教学流程，以及对每一个阶段的任务进行跟进，等等。总而言之，教

师除了要以自己的热情与专业带着学生学习外，更重要的是带着学生一起开发课程资源，走在学习语文的路上，向青草更青处漫溯。

当然，高一专题教学仅仅是开始，要深入精细地带领学生一步步走下去，读进去，在合作与探究中进一步开发课程资源，认识到语文的魅力和学习的广阔空间，还需要我们进一步探索，比如，苏轼的诗文"质而实绮，癯而实腴"，"发纤浓于简古，寄至味于淡泊"，高超的语言技巧怎样让学生体会出来？还有，我们如何提供更多的阅读材料，使学生全面把握苏轼文中自然天成、平淡简远的风格呢？这些问题，都是我们老师在开发教学资源时应考虑的，也是我们专业的增长点。

总之，专题阅读必须要开发课程资源，对所用资源要含英咀华，为我所用。本次的教学实践只是一个开始，在以后的教学研究中我会进一步依据学生的困惑点、兴奋点、成长点，深入探究，带着学生走在语文学习的路上，向青草更青处漫溯！

绿色课堂是一种境界

——由三次作文实验课谈开去

董秀梅

我校作为石景山绿色教育发展实验区，在北师大专家的指引下，努力践行着绿色课堂的理念，而我校语文组老师们通过参加北师大课题组名为"在行动中改进语文教师的教学行为"的绿色课堂实验，又从鲜活的课例中进一步真切感受到绿色课堂的内涵。

回顾三次听课、评课过程，在一步步的学习与改进中，我进一步体会并认识到“绿色课堂”不仅仅是用“绿色理念”培育“绿色人才”，它更是我们教育的一种境界。

一、绿色课堂是“不愤不启，不悱不发”的生态境界

“不愤不启，不悱不发”是两千年前孔子提出的教育方法。随着时代的推进，许多教育思想、理念兴起，但教育的根本仍然是不变的，即如何使人变成文明人，使社会变成和谐社会。而语文学科在很大程度上担当铸造国民灵魂的重任，语文学习应更多体现语文学科的规律，在诗词篇章的感悟中，在遣词造句的体验中提升人的境界。

众所周知，作文教学不仅是我们语文教学的攻坚重地，更体现我们语文教师的专业素养。教师如何针对学生的问题进行启发、引导？教师的行为决定学生思维过程的流向，以及课堂的思维交流和展示效果。而绿色课堂注重教师营造的学习氛围，突出了学生学习的主体地位，在生生互动、师生互动中形成自然和谐的生态系统。这种生态系统中有教师发现学生的问题所在，即“愤”“悱”在何处，教师能根据学生问题进行启发引导，即在“启”“发”中解决。

于娟老师的三次作文课实则是北师大绿色课堂的专家们针对教师课堂的情况而进行跟进式改进的实验活动。教师课堂教学行为改进的着眼点是学生在课堂中的学习结果的呈现。如在第一次作文课堂中，学生呈现出只会审题，但没有立意和观点的表达等问题，也即是思想认识和语言表达问题为“愤”“悱”之所在。根据这类问题，绿色课堂专家们确定，于娟老师的作文课应

进行审题、立意、表达整套思维的整合，要突出自主学习的思维流程。

然而，第二次课堂上又显露出学生思维过程的不清晰。根据此类问题，绿色课堂专家们确定课堂教学应该针对材料背景和学生个人经验进行思维过程精细化的训练，要抓住核心语义进行多角度的展示。

不难看出，三次作文课堂都是根据学生的情况进行教师教学行为的改进，每一次改进都是从学生存在的问题出发，是为了解决学生的“愤”“悱”之处，这就是绿色课堂倡导的以人为本的生态境界——注重课堂的主体，强调学生是学习的主人。

二、绿色教学是拓宽学科专业功底的和谐境界

于娟老师进行三次“作文审题”课，且一次课一次评议，一次课一次改进。这种跟踪课堂教学，改进教学模式，追求绿色课堂的实验，对于娟老师和我校语文组的老师来说都是一种学习，我校语文组也是第一次这样全体在专家的带领下，围绕一个课例开展三次有针对性、有争论、有前沿性理论的校本教研，获益匪浅。

在整个作文教学实验中，我进一步明白也更坚信，教师专业化发展的道路能走多远，最终取决于他的学科专业功底，而绿色教学实则是教师拓宽学科专业功底，追求师生和谐的境界的渠道。

要拓宽学科专业功底，表现在作文教学方面，就是教师要精心选择教学材料，要学会运用材料。第一次课前，于娟老师准备了十二则材料，课上用了七则材料，而第三次课只用了三则材料，由七则减至三则材料的变化，说明教师要精心备课。作文材

料很多，选择的材料要有代表性，要真正解决学生的问题，而且，选择的材料应有层面性，要体现思维的梯度。比如，第一则材料（2010 年湖北高考作文题）和第二则材料（2010 年北京春季会考题）都有关键词，话题是显性的，第三则材料（2010 年上海高考作文题）由事例联系现实，话题是隐性的。只有精心选择好审题材料，才能在一堂课里牵一发而动全身，课堂思维训练才具有时效性。

要拓宽学科专业功底，还表现在教师的教学语言必须精确。于娟老师第一次课上出现三次无效语言，第二次课上出现一次无效语言，第三次课上语言精练。教师课堂语言的变化，说明绿色教育的课堂对我们的要求高，甚至严。课堂语言应该精当而准确，尤其是语文老师，语言除了要精确外，还应有感召性。所以，年轻老师要锤炼语言，不能太抒情化了，与学生有距离感。而教学年限长的老师要有自己的语言风格，不能有油滑之感，也不能单调疲乏缺少活力。练好语言基本功，是我们创建绿色课堂的重要因素。

要拓宽学科专业功底，还表现在采用合理的教学方式。于娟老师在第一次课上讲述过多，而第三次课上，小组学习、交流多，学生参与面广。课堂局面出现变化，是因为老师补充相关材料，引领学生深入思考并提升了学生的认识水平，而只有从学生的角度看问题，设计问题，才能激发兴趣，发散思维。

比如，学生对第三则材料（2010 年上海高考作文题）的审题，由“鱼”“尺”“数罟”谈到各自的比喻义，这个过程体现了学生思维的广度，教师适时抓住学生思维的火花，把“鱼”“尺”“数罟”与“人”建立相关的联系，师生在思维碰撞中不仅体现教师思维的深刻性，也建立了“场”的效应——我们都在探索与思考！这种师生互动实则是学生的交流展示与教师的引领提升融为一体的和谐境界。当然,因为特定内涵理解有偏差,学生相关经验没有更好地体现,打开思路的教学方式与课堂内容没有联系等因素,第三次课堂上没有实现绿色课堂专家的期望值,稍有遗憾。不过,这也正说明我们的语文教学任重道远,追求绿色的师生和谐的境界是我们每位语文专业工作者毕生的功课。

三、绿色教育是每个教育工作者追求的人生境界

大哲学家冯友兰归纳了人生的四个境界:自然境界、功利境界、道德境界、天地境界。而绿色教育则应是我们每个教育工作者追求的最高境界。

通过专家的指导和引领,我们一次次改进教学行为,在改进过程中,绿色课堂的理念进一步彰显,那就是,把尊重关爱学生的行为落实到每一个教学环节中,遵从学生的认知规律,解决学生的问题。这样的课堂才是培养学生自主学习能力的绿色课堂,才是体现学生生命律动的绿色课堂!

三次作文课的实验虽已结束,但余音袅袅,在回忆上课和评课的每一个细节中,我们感受到专家和教研员的睿智、风趣、坦诚、勤奋和对生活的热爱。我们一方面感动于课题组的敬业精神,春光融融;一方面反思我们整个的语文教学,秋水澹澹。

静心思索,其实,追求绿色课堂,不是轰轰烈烈的一阵风吹过,而是细雨无声地浸润在平时的每一节课中。教师要扎扎实实地从学生认知的角度去教学,只有用心研读教学内容,精心设计教学活动,真心尊重学生认知,放心让学生做课堂的主人,引领学生走在语文学习的路上,才能让每一个生命蓬勃生长,才能让绿色栖息在我们的课堂!

而要做到这一点，我们教师首先要进行自我修炼，就像孟子所说："博学而详说之，将以反说约也"，"自得之，则居之安；居之安，则资之深；资之深，则取之左右逢其原"。学无止境，年轻教师如此，教学经验丰富的教师亦如此，唯有这样，我们的教育才能达到最高的境界——绿色教育！

校本课程开发之管见

董秀梅

随着课程改革的日益深入，务实求真越来越成为全体教育工作者追求的目标。而校本课程的开发，则如一颗重型炮弹，猛烈地炸开了教育改革的瓶颈，让人们豁然开朗，进而领悟到以中国之大，民族之多，教育的方法、课程的开设、培养的人才应是异彩纷呈，而不应"一刀切"。什么是校本课程呢？我们认为，就是要结合学校情况，即教材与学生的契合点，教师找准切入点，驾驭教材，驾驭学生，驾驭大课堂，从而最大限度地使用教材，培养学生成为有用之才。基于此，我校各学科的校本课程也开始了新的探索，并且激活了学校的授课模式。

多年来，我校语文组结合学校实际情况，开始了作文教学的校本课程，其教学理念是：虽无红花满园开放，也要芳草绿遍天涯。听起来似乎我们对培养目标是退而求其次，其实，这是结合我校的具体情况考虑的，纵然没有满园的红花，也要努力培育出芳草，让它绿遍天涯。教师所耕耘的土地，具有怎样的土壤性质，适宜播种什么作物，如何改良土壤，如何让作物适应土壤，这就是校本课程所要解决的“宜”度。下面仅以作文教学为例，谈谈校本课程开发与学生的成长问题。

我们认为，抓好高中的写作教学，是当务之急。我们便从此处着手，确定研究高中阶段议论文教学这一课题。如何抓好高中生议论文教学，我们抓住务实求真的原则不放，因地制宜，结合我校学生具体情况，制订了校本课程的开发计划。

我校的“校情”是，随着重点学校的扩招，生源每况愈下。眼高手低是学生的特点，底子薄、懒动脑是学生的现状。于是我们分析，眼高，其实是难得的优点，说明学生有上进心，不甘落后，能分清优劣，见贤思齐。“眼高”就比“眼亦低”“眼低手也低”要强。“懒动脑”不等于没有脑子，只是懒得动，只要动起脑来，再加上高眼光，他们就具有很大的提高空间。同时，我们不得不承认学生们底子薄，但底子薄已成现状，又非一朝一夕所能扭转得了。路要一步一步走，饭要一口一口吃，底子也要一点一点地积累，只要做起来便是。从另一个方面看，学生毕竟有十几年的书本知识和十几年的生活的积累，两者加在一起，也是一笔不小的财富。老师要善于开掘学生的有利条件为写作之用。这样分析一番，我们不仅认识到教师责任的重大，也感到校本课程找到了一个恰当的突破口，如果进行下去将会给学生带来全新的变化。立足校情，我们充满了信心，也开始了写作课程的开发计划。

底子薄，我们便把起点放低。究竟应低到什么程度，老师不能只凭主观想象，调查研究是务实的第一步。我们要求学生就“大树、风、小草”和“奔跑、成长”分别写两段文字，描述一个情景，表达一种感悟。调查的结果令人吃惊，很多学生居然分不清议论与叙述之别。根据现状，我们认为，要讲议论文的写作，不妨先从区分表达方式入手。弄清各种表达方式的不同，尤其是区分议论与说明、叙述的不同点。通过对作文不同文体语言开展的讲座，并结合作文例文剖析，让那些原本对“议论”全然不知的学生茅塞顿开。

学生感觉自己认真听，跟着老师练习，学到了过去很多年不曾明白也从未想弄明白的知识，对写作有了点滴的领悟。把这些学生领进写作的门槛里，这就是成功的第一步。从实践中，我们认识到：了解学生的起点，从实际出发，让他们跟上，入门是关键的一步。放低起点，表面上看是搭上了一辆慢车，但他能进到门里来，有了些许的写作意识或者写作兴趣，就比根本“不上车”强多了，至少让我们看到了希望的曙光。上了车，再加油，说不定慢车也会变快车，正所谓：磨刀不误砍柴工。

放低起点后，针对学生的情况，强化训练是关键。但要解决议论文的写作问题涉及方方面面，从哪儿入手呢？我们的做法是双管齐下，两条腿走路，一边抓思想认识水平的提高，一边抓写作技巧的指导。两手同时抓，抓法有不同。

写议论文就是要对所论述的问题发表见解，而所论述的问题多是社会性的，否则就没大意义了。因此，得借三条路径丰富学生的思想认识。哪三条呢？第一是就身边的大事小情让学生谈看法，作分析，搞辩论。第二是挖掘教材中可利用的教育资源。第三是让学生从各种渠道分专题收集整理名言警句，并对其作简要的评述。这样做的效果是显而易见的。

例如，我们针对学生读书无选择，上课时看“动漫”入迷的现象，让学生评论：古人说开卷有益，开卷真的就一定有益吗？应该看什么时间开的，开的是什么卷。如果时间地点不对，笼统地说有益，就不科学了。再如，运动会结束了，有的班得了精神文明奖，却蔫头耷脑；有的班得了比赛总成绩优秀奖，于是洋洋得意;有的班两手空空,什么也没得,反而无所谓。老师引导学生分析其中的原因:洋洋得意者自有道理——强者就是强者;蔫头耷脑者大可不必——精神文明不也是奖吗?两手空空者应当反思,一次运动会不得奖没关系,还有下次,但如果青年时代蹉跎岁月,到生命的晚年两手空空,可就没有下一次了。同样,评评做值日偷懒现象——己屋不扫,何以扫天下;论借钱不还,没人缘的情况——失去诚信,孤家寡人;排名次,谈谈利与弊;家长会,说说代沟……总之,利用身边发生的一切,让学生随心所欲地畅谈,力求让想法有根有据。这样既锻炼学生的思辨能力,培养学生正确的是非观,又为写议论文作了认识上的铺垫。作文课堂的正确引导,使许多学生明白了做人与作文的关系,明白了语文即是生活的道理。

再如,教材中的人物、事件都是作文中可以作为论据的材料。如同样记游,游有不同,通过对比,让学生体会议理特色。《登泰山记》是古今对比:“登东山而小鲁,登泰山而小天下”,古代“望晚日照城郭,汶水、徂徕如画”,现在“如在眼前,河山之壮美,令人精神为之一振”;《游褒禅山记》是认识志、力、物在攀登过程中的作用;《石钟山记》是认识事物真相必须目见耳闻。谈到个性:“举世皆浊我独清,众人皆醉我独醒”是屈原的个性,“横眉冷对千夫指,俯首甘为孺子牛”是鲁迅的个性,“安能摧眉折腰事权贵”是李白的个性……面对如此丰富的教材,为什么不利用呢?历史长河中形形色色的人物,文学画廊中异彩纷呈的画卷,只要我们用心去揣摩,用心去审视,都可以拿来为我所用。这样启发学生,让他们触摸到教材的灵魂,一面促进对课本的理解,一面又学会了利用教材以增强写作能力,学生便不会再对写作感到无从下手了。可见作文教学求真务实、因材施教之重要。校本课程的研发对学生有益，因为能写会写，实在是一种受用终身的能力。

学会了“写”，也必然认识到“读”的重要：读、感是写作的源头。通过读书，一方面积累写作素材，更重要的是，学生通过多种渠道——上网，看课外书、课本，收集、整理好的文章和名言警句——提高了认识。学生将名言警句分为不同专题为写作提供理论论据，增加了文章的深度，这样又激发了阅读兴趣。多阅读，反过来为写作积累了材料，这便形成了良性循环，真是一举多得的好事。

总之，尽管我校生源整体水平一般，但我们并没有抱怨，也没想放弃任何一个学生，而是设法调动学生学习语文的积极性和主动性。校本课程给了我们一个有效的途径，使得学生整体水平上升，老师也取得不小的成绩，如罗老师两堂作文课不仅获全区大赛一等奖，而且，作为教学资料被录进石景山区教学资源库里。校本课程的开发是学校保持活力的绿色通道，终有一天，我们的校园定会红花绽放，芳草更是绿遍天涯。

案例教学法在语文教学中的运用和反思

董秀梅

语文课堂能否运用案例教学法去解读课文？能否把语言文字所传达的内容转化为鲜活直观的材料让学生去感悟？我选取了高三的自读课文《千篇一律与千变万化》进行尝试，并在新常规课的理论指导下确定教学目标和教学重点、难点，采用导读课的形式把深奥的内容浅显化，从而达到学习本课的最终目的。

《千篇一律与千变万化》是篇科技论文，传统的教法是把它作为一篇议论文，明确它的论点、论据，以及如何运用论据来证明论点的。掌握全文的结构以及论证方法是本课的重点，如果这样设计教学思路，在老师的灌输下，学生也能了解本文的主旨——重复与变化的完美统一是美的表现法则之一，并且也能掌握该文的论据及论证方法。但根据学生现有的美学知识来看，他们根本不懂什么是艺术中的重复，什么是艺术中的变化，就更不懂两者间的辩证统一关系。论据中，重复与变化的完美统一体现在什么地方，为什么要重复与变化……针对课文的特点和学生的实际情况，设计这堂课时，我甩开"教参"的"束缚"，运用新常规课的教学方法，把课文中的论据作为案例分析，通过实例剖析，引导学生去品味、欣赏艺术中的"变"与"不变"，进而掌握美学法则，我想教学效果会不一样吧。

于是，我有重点地选取课文中的三个例子，结合《清明上河图》、人民大会堂、故宫、颐和园长廊的画面，结合舒伯特《鳟鱼》优美的旋律，讲清了不同的艺术门类之间所共有的艺术表现法则——重复与变化的完美统一。学生通过老师的引导去感悟艺术中重复与变化相统一的美，然后再根据老师的分析方法去感知课文中所涉及的其他例子，最后再运用刚掌握的美学原则去分析自己周围的事物——身边的建筑群和课本中的古典诗歌艺术，看它们在艺术上的"变"与"不变"的辩证关系。一堂课下来，学生们不仅掌握了课文中全部论据的内容以及文章的结构，更重要的是他们学会了发现美、欣赏美。

《千篇一律与千变万化》这篇课文以音乐、绘画、建筑为论据说明艺术领域的相通处——重复与变化的统一，备课中老师必须要熟悉这几门艺术的特点和它们所表现的美学原则。掌握跨学科知识对授课老师既是考验也是挑战，增加了老师的备课难度，也正像俗话所说的，给学生一杯水，老师要有一桶水。尤其是这篇课文重点是讲述建筑上的美，如果老师对建筑美一无所知，何以引导学生去欣赏？所幸的是，我遇上了教育专家王能智老师，王老师给我讲述了故宫建筑群的特点，人民大会堂设计的来龙去脉，并以这两者为例，归结了建筑上的美学要求。在他的讲解中，我才发觉，设计这堂课，以我仅有的一点知识去引导学生远远不够，还应进一步扩大视野，于是我打开学科间的壁垒，在备课时与不同学科的老师通力合作，虚心地请教音乐老师和美术老师，在他们的帮助下我找到了不同学科间的相通处。"新课标"指出：新时期的老师不能仅仅满足于教书匠的角色，他更应该是问题的探究者，学习的合作者。

同时，我们不能仅仅满足于一堂课后的成绩，我们应该经常进行反思。哲人曾说：我思故我在。作为教师，文明火炬的传递者，同样要是一个思想者。以前经常说，给学生一杯水，老师要有一桶水，但现在教学中需要教师拥有的是一眼泉，只有自我反思才能使之奔涌不息。通过对实践的反思，我对研究性学习和接受性学习的关系、讲授法与满堂灌的区别、一堂有效课的标准等问题有了更深的认识。

语文是一门工具学科，工具学科的学习有接受这一过程。很多知识性的内容还是要采取接受性学习的方式进行教学的。有些概念、名词术语等陈述性知识就不需要学生花时间去探究，如古典诗歌的表达技巧有衬托、虚实相生、以小见大、象征……抒情方式有直接抒情、间接抒情；修辞手法有比喻、拟人、夸张、互文、借代……仅靠听讲、阅读等方式就能掌握。

语文学科的人文性质又决定了语文课堂教学的本质不再是教师“教语文基础知识，训练语文技能，强化解题方法”，而是学生在教师的指导下，从人类历史文化中汲取丰厚的精神养料，以健康的心理和积极的取向去关注社会、关注人生，在交际中学习、捕捉、筛选、加工和再生信息，强化语文知识的学习、理解和运用，逐渐掌握学习和生活的基础工具，提高自身的文化品位和生命质量。因此，《千篇一律与千变万化》的课程设计中，既有老师的讲授又有学生的探究。在老师的讲授中，学生理解了“变”与“不变”辩证统一的美学法则；在老师的指导下，他们将这堂课学会的美学法则迁移到古典诗歌中，进一步理解古典诗歌中的重章复唱也是一种艺术上的“变”与“不变”的统一，并审视已写过的议论文，明确论据不仅是典型的，而且有内涵，这样的议论文才能吸引读者。学生在合作探究中，发现了生活中的美。

叶澜教授在他们的“新基础教育”中提出一堂好课的标准应是具有扎实性、丰实性、真实性、平实性、充实性，语文教研员孙淑平老师也高度概括新课程下的好课是课程资源丰富、有用、有趣味和教学有效。解读两位老师的话，反思《千篇一律与千变万化》的教学过程，我认为在这堂课的教学中，学生的认知、交往、审美都得到很好的锻炼。学生在欣赏舒伯特的《鳟鱼》时神态专注，说明他们不仅学到了美学知识，锻炼了审美能力，并且在审美中产生了良好积极的情感体验，而在体验人民大会堂、故宫、颐和园长廊的艺术美时，学生思维相当活跃。由此可知，课程资源的实用性能激发学生进一步学习的强烈需求。最后古典诗歌的教学内容，再次拓宽学生求知的视野，使学到的东西融会贯通，他们主动投入到学习中，投入到生活中。在整个教学过程中，老师引领学生深入浅出，并把课文中的知识转为有效信息，教会学生体验艺术美，有资源的生成，又有过程的生成。“语文是生活的概括，生活是语文的源泉”的含义在这一课中体现得更明显。

也许，案例教学法在语文课堂中的运用有所限制，但针对不同的文体、不同的课文，我们可以去尝试，在尝试中去体会教改给我们带来的观念上的冲击，在尝试中去摸索“新课标”下适应教改精神的教学方法。语文教学不仅仅是教会学生听说读写，更重在培养学生的综合素质、人文精神。教会学生多观察生活，多体会生活中美，并去创造美，这正是运用案例教学法学习《千篇一律与千变万化》带给我的收获。

教出语文的味道

董秀梅

从事语文教学工作多年，参加了全国和北京市的各项教学实验，在各项实验中我观摩学习北京市、区乃至全国的优秀的课例，在专家指导下我以一节节课来践行着新的理念和新的教学模式，收获很多。然而，随着课程改革的深入开展，反思我们的语文教学，我感觉技术性的东西越来越多，语文的味道却越来越少，语文的学科性特点正被许多程式化的东西取代。

什么是语文的味道？语文有味道吗？语文学科到底是智

育、德育还是美育？经过细细回味和静静反思，我认为，语文教学应回归“原生态”，回归语文学科的本源，“把语文当作语文来教，用语文来教语文”，教出语文的味道。

《普通高中语文课程标准(实验)》指出：“语文是最重要的交际工具，是人类文化的重要组成部分。工具性与人文性的统一，是语文课程的基本特点。”就是既要注重语文课程的实用价值和效能，又要充分发挥语文课程的文化教养功能。要求教师既要在实际的言语交际活动中，帮助学生获得语文知识，发展语文能力，又要引导学生在学习语文的过程中获得思想感情的熏陶和感染。

语文教学的味道应是儒雅的，让学生灵魂高尚。

《北京市普通高中新课程教学指导意见和模块学习要求》中明确提出：“阅读与鉴赏的核心目标之一是，提升人的文化品位，构建人的精神世界。只有在教学中坚持丰富学生的情感世界，提升学生的思想认识，才能为学生语文素养的提高和终身发展奠定坚实的基础。”

2008年是我国传统节日的复兴元年。因为，在这一年，清明、端午、中秋成为国家法定节假日。如何让节日不只是假日，如何让传统文化“回归”生活，走进我们的校园？语文教学承担着传承传统文化精髓的任务，让学生在教师创设的氛围中，体味中华文化的博大精深，变得儒雅，灵魂高尚。

秉承这一理念，在我的语文教学中，每逢佳节来临之前，我都会组织学生进行“漫话佳节”的活动，如让学生查找资料，了解节日的来历，明晓有关的传说，背诵相关的诗句，再配以背景音乐，让学生交流展示小组的学习活动成果，语文课堂上弥漫的是对父母与长者的敬爱、对先人和故土家乡依恋的情感。每一个节日我们都要进行一次与古人对话，与古诗为伍，久而久之，手足牵连之情、邻里互助之情、朋友相援之情浸染了我们，久而弥笃，挥之不去。

如在刚刚过去的元宵佳节前的一堂语文课上，看到学生们满是疲惫的神色，我便调整了教学内容，与同学们一起畅谈元宵，由元宵节的传说讲到元宵节的传统，由元宵节的故事谈到元宵节的诗歌。其中，欧阳修的“月上柳梢头，人约黄昏后”，辛弃疾的“众里寻他千百度，蓦然回首，那人却在灯火阑珊处”，唤醒了他们被高考大山压着而逐渐沉重麻木的心灵。我相信，虽然所讲的知识不是应试性知识，但中国传统文化的教养功能会让他们永远记得：在那个特殊的日子里，有那么一位语文老师与他们一起点亮了一盏心灯……

语文教学的味道应是绵长的，让学生深沉内敛。

因为创作的时间久远，文言文中包含有中国博大精深的文化风俗等信息，再加上语言习惯问题，学生们普遍感觉阅读文言文较困难。教师们讲文言文，更多时候是疏通字词，串讲句意，落实每一个实词、虚词，分析文言句式的特点，忽略了文言文弘扬和培育民族精神的基本教学目的。而《普通高中语文课程标准（实验）》明确提出：阅读鉴赏中国古代文学作品是为形成一定的文化底蕴奠定基础，用历史的眼光和现代观念去审视，使学生对传统文化产生民族认同感，增强民族意识，丰富学生的精神世界。

解读课程标准，我们不难看出文言文教学不仅要让学生从词句上读懂文言作品，更应该从精神层面上与作者对话，教师要关注学生的阅读体会，由“言”到“文”。

在“新课标”精神指导下，我尝试改变高三文言文复习的思路和方法，由浅显的寓言故事、成语故事入手，融进 120 个常用实词和 18 个常用虚词，以及特殊句式知识。学生们在寓教于乐中不仅激发了学习兴趣，还体验到“文”带来的全新感受。

比如，复习实词“如”和虚词“而”时，我的教学环节是：先给学生提供一篇没有标点符号的故事《守株待兔》进行断句，学生因熟悉这个故事能很快也很容易地断句，信心倍增。接着，落实故事中涉及的实词“如”和虚词“而”的词义，同时复习短文中涉及的重点实词“亡”“走”“释”、虚词“之”的词义。因有具体的语言环境，学生们也能很快理解词义。第三环节，我要求小组之间交流总结曾经所学的课文中哪句话有此词及其含义。因采取同伴互助、资源共享的形式，许多学生克服了畏难情绪，不由自主地参与小组学习，小组间争先恐后地回忆、总结、交流曾经的知识。接着，我请学生谈《守株待兔》一文所带来的收获，从作文的角度解决了“无米之炊”和思想认识问题。最后，以对一个片段故事进行断句和翻译来检验和反馈。

我没有串讲历年来的文言文高考题，也没有一个个实词虚词地串讲翻译，而是采用贴近同学们实际的成语故事入手，看似不像备战高考，也体现不出什么深度；然而，每一堂课下来，不管是知识的积累、能力的提升还是思想的升华，学生们都有收获，他们会断句，会翻译，作文也有话可说。我想，长此以往，他们面对一篇篇文言文文学作品，不再感觉自己文化底蕴苍白，更不会是精神空虚，而是能够厚积薄发，用历史的眼光和现代观念去审视阅读材料，对传统文化产生民族认同感，民族意识得到增强，从而丰富了精神世界。

同学们喜欢这样的关注他们感受的教学，这样的教学给他们自信，给他们成功的体验！在一次次与成功握手后，他们也会变得深沉内敛了。

语文教学的味道是醇厚的，让学生心灵成长。

高中新课改精神之一是，倡导自主、合作、探究的学习形式，发展学生的独立阅读能力，发展个性化阅读，培养创造性思维。

曾观摩山东省某中学一位老师的语文课，课上学生以多种形式展示他们对诗词的理解。一种是三人合作，两人翩翩起舞，一人动情吟诵《水调歌头》；另一种是一个女同学起舞弄剑，随影吟诵（她的剑是数学教具大圆规）；第三种是整个小组合作，一人吟诵，几个人伴唱；第四种是四人合作同舞共吟《我的思念是圆的》。

这种学生自主、合作、探究的学习形式使得教学内容大大拓展了。他们从“唐宋八大家”谈到“当代六大作家”，讲了苏轼、艾青的故事，列举了他们的作品，分析了诗词的含义，说了自己的理解。有的同学由《十五望月》想到了自己远离家乡的哥哥；有的想到自己的母亲；有的想到台湾，吟出对联，带动全班唱《七子之歌》，强烈的爱家爱国的热情，高度的社会责任感得到升华。

一堂语文课上，老师给学生自学空间，解放学生的思想，挖掘学生的潜力，激发他们的创新能力，捕捉学生的每一个灵感，发现学生的每一种风采，让每一个学生获得成功感，充满自信，从而使学生自然放松地展现自我。

当然，语文的味道是百味杂陈的，它取决于我们对“新课标”的咀嚼程度，取决于学生的实际情况，还取决于教师的语文专业功底，更取决于教师对语文教学事业的热爱。

语文教学，千教万学，她的本色味道是不变的——

儒雅，绵长，醇厚！

透视问题的背后

董秀梅

这两天给学生上曹禺的《雷雨》,在分析鲁侍萍的性格特点时,我让学生假想一下,如果你是侍萍,面对周朴园的五千元钱的支票,你会怎么处理?

第一个班上的大部分学生说撕毁支票,然后狠狠地甩在周朴园的脸上,义正词严地告诉他:“别让你的臭钱弄脏了我的手。”我说如果这样,你会一无所有,学生说为了自己的尊严只能如此。

而第二个班上的大部分学生则说先收下支票,然后严肃地告诉周朴园:“我这几十年受的苦,不是五千元能算得清的。”还有学生补充说增加支票的数目,否则,把他的丑事都抖搂出去。

同一个问题得出的是两个截然不同的答案,难道真的是不同的班级价值观不同?课后与学生聊天我才知道:第一个班的学生是我教的,他们已揣摩出老师的真实想法,故而价值取向尽量与你保持一致,回答问题不离标准答案的左右。而第二个班的学生只是我临时借教的一个班,对老师的提问,没有任何顾忌,流露的是真实的想法。

从学生根据授课老师不同,心灵坦露情况的不同,我们不难看出其人生价值观的差别。第一个班的学生首先想到的是老师想要的答案,即语文书中提倡的宣扬的是什么,就尽量求得正面的答案,给老师一个好的印象,而自己没有真正与课本交流,与大师们的思想进行碰撞;而第二个班的学生首先想到的是我从这件事中该获得多少赔偿,该有多少赚头,而后才想到曹禺的真正用意。

巴金说过:“文学就是想让人变得更好。”第一个班的学生的想法是我们的文学最终的目的,却是变了味的答案,第二个班的学生的想法其实是社会上比较普遍的想法,也是最世俗最功利的想法。陶行知曾说,“千教万教教人求真,千学万学学做真人”,但是很多时候我们没有达到目的。人教版试验教材中大量的文章旨在能提高学生的道德修养、审美情趣、思维品质和文化品位,而经过高中两年的学习,有些学生依然想到的是自己,所以可见语文课上要真正发挥书本的“文以载道”的作用,任务是艰巨的。不过总算有欣慰的地方,毕竟第一个班的学生想到的是正确的价值取向。

曹禺这篇文章文学性很强,能唤起学生对旧中国丑陋社会的认识,激起对反动资本家的憎恨。但仍然有一些学生认为,侍萍的言行似乎太傻了。

我实在无话可说。因为他们的世俗的价值观已经形成了。

教育,意义又有多大?

或许就如煤的形成吧!

路曼曼其修远兮,吾将上下而求索。

对学生评价人物为“自恋狂”认识的探究与思考

董秀梅

按照常规,每篇课文学完,我都要求学生再次谈谈收获或认识。这次学完课文《陋室铭》后，我依然如此，让学生谈谈刘禹锡的形象。没想到，学生张口就说“是个自恋狂”，而且几个学生几乎是异口同声。闻之惊讶，定睛一看，最先说这句话的学生是非常爱语文且领悟能力强的学生，看着她满脸认真一派严肃的样子，我愕然继而哑然！

“自恋狂”一定是病态的表现，但是“自恋”呢？《陋室铭》表现了作者刘禹锡不与世俗同流合污，洁身自好、不慕名利的生活态度，表达了作者高洁傲岸的节操，流露出作者安贫乐道的隐逸情趣。文美情美，而作者刘禹锡竟然在学生心中是一个自恋狂的形象？学生答案与我的认识大相径庭。我满腹狐疑，问题出在哪儿？

在不得其果的情况下，我没有马上否认学生的判断，而是提出一个问题：什么是自恋？什么是自恋狂？你心中的自恋狂分别是哪些人？

带着与学生不同的认识，我进行了“自恋狂”内涵的探究，并且认识到对刘禹锡形象产生相异构想的深层原因。

经过查找资料，我有了一些初步的认识：自我认可、自我欣赏的程度与自身实际情况相比差得太大的就叫“自恋”了，也是一种过于自信的表现。把缺乏自信，富有攻击性的临流自照、顾影自怜的交往方式叫作“水仙花情结”，这样的人就是“自恋狂”。

自恋狂的突出标志是自我标准和自我关注，他们把关注的焦点投射到狭隘的自我身上，并且用自己认定的固定不变的标准来要求周围的人和事。当周围的人或事符合他们的主观标准时，他们就表现出高兴或满足；而当周围的人或事不符合他们的主观标准时，他们就表现出抑制、愤怒、焦虑等不良情绪状态。自恋是我们心灵发展过程中残留的儿童成分，它不仅会严重阻挠我们人格的健康发展，而且还被一些心理治疗大师认定为一切心理疾病的总根源。美国当代最有影响的心理治疗大师斯科特·派克说过，漫无节制的自恋是心理与心灵疾病的主要前兆，自恋表面上表现为一种过度的自我关注。

通过探究"自恋狂"的内涵，我们可以有理由把过于自信、顾影自怜、不合群的心理狭隘的人归结为"自恋"或"自恋狂"。

那么，学生心中"自恋狂"的形象应是怎样的人呢？为什么会产生与我们常理不同的判断呢？

经过与学生谈话调查，我发现，他们所说的自恋狂，是那些有思想有抱负，不被重用却仍然自信达观、热爱生活的人，这些"自恋狂"不仅有刘禹锡，还有李白、辛弃疾、苏轼，最"自恋"的当属屈原——兰花香草美人自比！更让我惊讶的是，学生认为不仅古代的诗人、文学家体现"自恋狂"的特点，生活中那些教学经验丰富、才华横溢、讲课陶醉的老师也属"自恋狂"！

为什么"自恋狂"一词在学生心中产生不同的内涵，真的是时代发展赋予词语新的内涵了吗？就如同现在人们把不谙世俗、坚守原则的高知女性讥诮为"女博士"，把自然淳朴、不懂世故的人称为"农民"一样，是否很多以前的褒义词摇身一变成为具有特定内涵的贬义词，而很多贬义词又随着时代发展增添了新的内涵变为褒义词了？"自恋狂"也顺应时代变为我们称许的意识觉醒、高度自立的痴迷人了？

带着困惑，我再次分析我与学生间"自恋狂"认识相异的根源所在。通过与心理老师、语文老师以及 90 后教师访谈，尤其是与对国学有一定研究的张希武先生交流，我明白了学生的认识与传统认识的差异。

我作为教师，有自己的阅读经验，也有自己的生活阅历，对作者刘禹锡的认识是经过阅读作者的系列作品，经过长期的积淀而形成的根深蒂固的传统认识，即刘禹锡身上体现的是中国士人的可贵精神，不与世俗同流合污，洁身自好、不慕名利、高洁傲岸，哪怕身处逆境，他仍然高歌自己的追求“斯是陋室，惟吾德馨”，这是“自恋”，但这个“自恋”实则是“恋自”，不奉迎，不媚俗，安贫乐道，这个“我”(自)是我们一代代人传承的中华民族的高贵精神，“恋”的是“大我”。而学生对刘禹锡的认识仅仅是通过一篇文章《陋室铭》产生的，虽然了解写作的背景知识，虽然也明白作者身处逆境下的人格操守，但是由于学生的生活环境、阅读经历等不尽相同，对刘禹锡的认识、感受也不完全相同。原有经验不同，建构方式也因人而异，即使在相同的学习情境中接受同样的新信息，不同的学生也会获得不同的理解或解释，即取得不同的学习结果。既然学习过程是学生新旧经验之间双向作用的过程，而学生所经历的生活环境是有其共性的，又处在同一个学习情境中接受同样的新信息，所以他们的相异构想也有相似性，即同一种构想在不同的学生中往往具有普遍性。故而，许多同学异口同声得出的“自恋狂”仅仅是对刘禹锡个人“自恋”极致表现的肯定，不是贬义，是对刘禹锡自我个性张扬的高度肯定。

原来，我与学生的认识产生的差异在于，我是从学科本质、从传统因素、从经验积累的角度出发的，而学生认识刘禹锡，是从自己的经历、自己的心理、时代特点——这是一个张扬个性、凸显特点的时代——出发的。在这一标准下，他们所认为的“自恋”，实则是学生心中的价值标准，即作为个人的独特存在，“自”尤其重要，“恋自”是理所当然的。李白的自恋，苏轼的自恋、辛弃疾的自恋、屈原的自恋，都是“自”的极致表现，都是对自我个性的充分肯定。

一句“自恋狂”让我百思不得其解，经过一番探究，山重水复而柳暗花明了。我也对自己当时的反应暗暗佩服，没有马上否定学生的独特判断，也没有马上终止课堂内容，而是给学生一串问题，启发学生自主探究，激发兴趣，把课堂内外结合起来。经此一事，我认为，语文教学是一门艺术，而要追求艺术美，须做到以下几点：

课堂无小事，尊重个体差异。

语文课程丰富的人文内涵对人们精神领域的影响是深广的，学生对语文材料的反应又往往是多元的。因此，应该重视语文的熏陶感染作用，注意教学内容的价值取向，同时也应尊重学生在学习过程中的独特体验。学生说出“自恋狂”自有其原因，虽然落脚点不同，产生的效果不同，但是反映了学生的认识。课堂里的每一句话、每一个举动都是心灵的反馈，课堂无小事，要尊重每一个学生独特的体验与话语权。

课堂无止境，应加强教学与生活的联系。

中华文化丰厚博大，要吸收民族文化智慧，吸取人类优秀文化的营养，我们不能仅仅局限一篇文章去谈某个作家或某个有民族影响力的人物，而应该积极倡导自主、合作、探究的学习方式，加强语文与生活的联系，让学生积累运用所学知识去探究生活中的某一类现象，发展个性，丰富自己的精神世界。刘禹锡只是《陋室铭》的作者，如果学完他的文章，再看看被贬的文人文章，那种怀才不遇、身处逆境，甚至是身陷囹圄仍坚守自己高洁志向的志士大有人在，他们的郁结之气寄予文字，但抒发的却是爱祖国爱人生的赤子情怀。我们可以读刘禹锡的系列作品，我们还可以看同样被贬不受重用的文人作品，如屈原、苏东坡、辛弃疾、李白等，在同类作品或系列作品中培养学生的研究、探究、辩证意识，在古人情怀的熏陶感染、潜移默化中，培养学生高尚的道德情操和健康的审美情趣，使他们形成正确的价值观和积极的人生态度。文学作品是奇葩，生活是滋养奇葩的沃土，而语文课程就是通过一篇篇文章提高学生的品德修养和审美情趣，使他们逐步形成良好的个性和健全的人格。

让传统文化滋养心灵，促进可持续发展

董秀梅

什么是中国优秀的传统文化？是长城、泰山、长江、黄河；是楚辞、汉赋、唐诗、宋词、明清小说；是春节的鞭炮、端午的粽子、中秋的月饼。语文教学就是要通过各种教学形式，将人类的优秀文化成果内化为学生的性格、气质、素质，使学生热爱祖国文化的感情充盈胸中，使教师进一步探究语文教学的可持续发展，让传统文化滋养心灵，促进自身的可持续发展。

《语文课程标准》明确指出："语文是重要的交际工具，是人类文化的重要组成部分。工具性与人文性的统一，是语文课程的基本特点。"语文承载着祖国的优秀文化和人类的进步文化，其本身就是人类文化的重要组成部分，语文不仅在传承文化，而且在弘扬人文精神。而实践证明，实施文化素质教育，只有走大语文道路，开展各种弘扬中华文化的活动，才能激发学生学习语文的兴趣，提高学生学习语文的能力，从而继承和传播我国优秀的传统文化。

基于《语文课程标准》的理念和语文教学特点，结合我校的办学思想，即培养积极负责的阳光青年和以“传统文化养化人，高雅情操陶冶人，社会实践历练人，国际视野拓展人”为精神的培养途径，我们语文组以中秋节和端午节两大节日为切入点，师生一起挖掘文化内涵，通过文化感悟、探究、展示汇报和实践成果总结的形式进行绿色校本教研，从而在传统文化的滋养下，师生共同可持续发展。

下面，我从我校语文组依托中秋佳节开展的“今夜月儿圆·中秋诗歌吟诵”文化实践活动出发，谈谈传统文化滋养心灵，实践“让学生焕发生命活力并实现学生可持续发展”和“让教育过程焕发活力并实现教育自身均衡、可持续发展”的绿色校本教研理念。

我们的文化实践活动分为三个阶段：(1) 文化感悟、探究阶段：班级以小组为单位，通过访问、读书、上网搜集资料等了解中秋知识；办中秋节的墙报或小册子，展示小组探究的成果；根据自己的兴趣特长，画一幅中秋图，或表演有关的舞蹈，或选择自己最喜欢的古诗词，赏析并背诵；为亲人朋友制作中秋许愿祝福卡。(2) 文化感悟、探究的展示汇报阶段：以班级、年级或小组自由组合的形式进行中秋佳节的展示活动。我们在中秋来临的时刻，师生欢聚一堂，举办“今夜月儿圆·中秋诗歌吟诵”活动。师生一起以讲故事、猜灯谜、唱歌、跳舞、弹琴、朗诵诗词、绘画等各种方式来解读中秋，感悟传统文化的内涵。(3) 文化感悟、文化探究成果总结阶段：以“中秋抒怀”为主题作文，抒发自己的感悟，抒写对远方亲人、朋友的思念之情，或者写“我家的中秋”小故事，开展班级文化墙，许愿展板评比活动等。

举办中秋文化实践活动，我们进行绿色校本教研时设立的三维目标是：从知识目标角度看，旨在让学生通过搜集与中秋、月亮相关的古诗、词、文、故事、对联，了解相关知识，认识传统节日的内涵。从能力目标角度看，学生在活动中通过社会调查、小组探究和与人交往，培养合作、创新和探究的能力；学生在调查、收集、整理资料过程中，培养收集信息、处理信息的能力；以节日为切入点，培养学生经常观察生活的习惯，提高审美能力和写作能力，促进学生读写听说能力的整体发展。中秋节的习俗很多，形式也各不相同，但都寄托着人们对生活无限的热爱和对美好生活的向往。所以，从情感态度价值观角度看，我们希望通过文化实践活动，让学生获得丰富的经验和积极的情感体验，培养学生的合作意识、团体精神，分享合作与交往的快乐，传承民族的文化，弘扬民族的精神，激发热爱生活的积极情感。

中秋佳节是国家以法定节假日的形式来要求我们在共度佳节时更要传承民族的文化，弘扬民族的精神。所以，我们的绿色校本教研的宗旨是：依托传统佳节进行文化实践探究，既是我们语文课堂人文精神培养的外延，也是一次使学生跨越千年的时空与古人对话的机会，让他们在品味诗词歌赋语言和了解风俗传说的基础上，受到传统文化的熏陶感染，滋养心灵，实现人类文明精神火种的传承和发展。

比如，我们齐诵谢庄的《月赋》，感受到“隔千里兮共明月”的情思，我们吟诵李白的《把酒问月》，思考“古人今人若流水，共看明月皆如此”的宇宙和人生的哲理，我们吟唱苏轼的《水调歌头》，体会“但愿人长久，千里共婵娟”的美好心愿，我们还通过嫦娥舒袖的舞姿，体验天上人间的思念和祈盼。在学生演奏的《渔舟唱晚》古筝声中，我们分享着月到中秋时江南水乡的丰收与快乐。学生现场作画《彩云追月》，展现的是对中秋节日话团圆的水晶般的心灵。三重唱《在那银色的月光下》和舞蹈《月光下的凤尾竹》，歌声清越，舞姿婀娜，把我们带入天涯一明月，咫尺共清辉的朦胧意境。尤其是吟诵会的最后，校长曹彦彦语重心长的一番话——"学生为什么要上学，人为什么要过节"，使在场的师生明白了一个朴素的道理：知晓文化，让人高雅。而我们的教学校长张希武老师则现场出对联"歌舞曲艺花正好"，要求学生对下联。学生踊跃对出下联"琴棋书画月儿圆"，虽然不能说是最佳的下联，但从学生的反应和对联的内容能看出中秋节的有关知识和传统文化已对学生有一定的影响。现场出对联，对对联，满蕴文化，使得诗歌吟诵会在猜灯谜之后经历了又一次高潮，在师生共拟横批"难忘今宵"中，在古筝《花好月圆》声中圆满结束。

学生以他们特有的形式展示中秋的内涵，在一个个展示活动中，师生不仅体验到中秋文化的精髓，也构筑了共同的精神家园。诗歌吟诵会后，我们许多学生以稚嫩的笔写下心声。有的学生写道："这一段时间，我的耳边萦绕的是中秋感怀的歌声，看到的是中秋的传说和故事。同学们以跳舞、唱歌、弹琴、背诵的形式迎接佳节到来，我第一次真正感觉中秋节的意义太特殊了。"还有的学生写道："每天中午，我们在语文工作室背诵《乡愁》，唱《中秋感怀》，竞猜中秋灯谜，虽然时间过得很快，也很紧张，但是我们感觉特别充实，特别有意义，老师们与我们一起过中秋，这个中秋给我留下最深的印象就是——语文世界魅力无穷！"

中秋文化实践活动不仅是让学生获得知识和情感体验，也不仅是语文教师来营造校园文化，更是通过绿色校本教研让人类的精神和生命在一种文明层面上代代相传，促进人类可持续发展，这比起任何说教手段都更具感染力。

《中学语文教学》的编者说："语言和文化的紧密关系实在是怎样形容也不过分，脱离文化的语文是根本不存在的，学语文也是在学文化，教语文也是在教文化。"《高中语文课程标准》中明确规定："增强文化意识，重视优秀文化遗产的传承，尊重和理解多元文化，关注当代文化生活，学习对文化现象的剖析，积极参与先进文化的传播与交流……"《义务教育语文课程标准》的总目标中也规定："认识中华文化的丰厚博大，吸收民族文化智慧，关心当代文化生活，尊重文化多样性，吸收人类优秀文化营养……"

是的，语文教材就是展现文化的舞台，从中我们能够看到人类的生命流转，以及一幕幕亮丽的文化景观。《诗经》里流淌出的是远古先人浓烈而炽热的爱情吟唱；《论语》里有着儒家智慧的闪光；唐诗中呈现的是绚烂多姿的文化景致；《红楼梦》更是中华文化的精粹集锦。如何让传统文化的精髓滋养我们的心灵，做一个有文化底蕴、灵魂高贵的人？这是我们每一个语文人思考的课题，也是我们语文教学走可持续发展道路的方向。

所以，我们认为，要深挖传统文化内涵，建立绿色校本教研，营造校园文化，滋养学生心灵，促进可持续发展。它不但易激发学生的学习兴趣，促进听说读写能力的整体发展，而且能促进语文课程与其他课程的沟通、书本学习与实践活动的紧密结合，使学生在琴舞书画吟唱中进行多学科的融合，促进学生语文素养的全面提高。它还能激发语文教师教学的热情，深入挖掘语文教材中蕴含的文化因素，沟通教材内外、课堂内外和学校内外，重视跨学科、跨领域的学习和运用。教师在继续保证学科专业知识这一"主食"的基础上，大力补充各科文化知识"杂粮"，成为一专多能、视野宽阔，具有深厚文学功底和文化素养的有尊严、有品位的诗意的语文专业者。

本次师生一起挖掘文化资源的文化实践活动，让我们感受到了浓浓的文化研究氛围，并深切地体会到校本教研给校园带来的可喜变化，它给学生提供发挥潜能的舞台，给经验丰富的老师带来前所未有的挑战，给朝气蓬勃的年轻老师带来专业成长的机会，给课堂带来生机勃勃的气息。我们将进一步开展我们的绿色校本教研，希望在挖掘端午节的传统文化实践活动中，给我们师生带来更多的体验和收获。

传统文化的绿色校本教研和实践活动使我们仰望星空，它就是我们"生命至上"的教育精神，是对学生生命的尊重和关爱的重申，是对至纯至美的语文教学理想境界的竭力追寻。传统文化的绿色校本教研和实践活动使我们脚踏实地，它是一种实实在在的教育行动，是以学生体验为主，分享成功的快乐，点燃希望之灯，激发创新精神，促进可持续发展。

鲜花在前面，我们在路上

——听周京昱老师的报告所想

董秀梅

在一次区高三语文教学活动中，我聆听了高考专家周京昱的报告。周老师从两个角度对 2011 年高考进行了分析：一是高考成绩，一是高考试题。

从高考成绩系列数据上，我们可以看到，随着新课改的深入，语文学科的命题越来越体现学生的综合素养，学生间的差距越来越大，两极分化越来越明显，用周老师的话来说：直看得老师潸然泪下，触目惊心！

高考成绩无疑牵动着千家万户，是老师和学生共同奋战三年乃至六年的结果，而语文成绩尤其是阅读题中的主观答题和作文更能反映我们学生的思维、情感态度和道德水准，岂是一个分数能说明问题的？我想令人潸然泪下、触目惊心的不仅仅是可怜的分数，更多的应是阅卷现场看到的一些让人哭笑不得、令人深思且费解的答案，以及由此想到的，我们平常的语文教学到底做了哪些有用的工作。

我不去妄评北京高考试题的难易度和科学性，毕竟那是我们众多专家在走过十年的自主命题之路后的成熟的思考，是集众人智慧的结晶。我只是想，我们的语文教学到底是为高考分数服务，还是为铸造有人文素养、有思想深度、有创新能力、有责任热情的一代阳光公民而努力？

在一切向分数看向效能看的今天，语文教师该如何做？

路曼曼其修远兮，语文教师将上下求索！

好在周京昱老师很快就告诉我们路在何方——看《课程标准》！

周老师以“语文高考到底考什么”为着眼点，向我们讲述了教师平常教学要围绕《课程标准》进行的重要性。

考试成绩是结果，而考试题型是“课标”精神的体现，重新审视考题，我们不难发现，处处皆有《课程标准》的身影！

解读“课标”，重新审视考题，其实每一种题型都藏着“课标”的精髓。比如，字音字形、文学常识、背诵默写考题，体现“课标”中要求学生在学习中形成“积累整合”能力；成语、语病、衔接考题，体现“课标”中要求学生在学习中提高“应用拓展”能力；文言文阅读、现代文阅读体现“课标”中要求学生在学习中具备“思考领悟”能力；诗歌考题体现“课标”中要求学生在学习中形成“感受鉴赏”能力；阅读延伸、作文体现“课标”中要求学生在学习中有“发现创新”能力。

“课标”是语文教学的指挥棒，领悟“课标”精神，有了明确的方向，语文教师在教学中是否高枕无忧呢？非也！

新形势下，语文教师更得修炼内功和掌握更多的诊断技术，才能真正诗意地栖息在语文天地里并为学生的幸福人生奠基。

修炼内功是指教师应进行大量的阅读和写作，在阅读中进一步开阔视野，加深文化涵养和文学素养，进一步提高自己的审美能力；而写作不仅是写生活感悟，写教学随笔，还要尽量与学生同步作文，在写作中净化心灵，做一个灵魂高洁的教师。语文教师只有按照语文学科的特点和规律加强自身的修养，才能真正带领学生走在学习语文的道路上。

诊断技术则是指教师应掌握很多的教学艺术，并能根据学生的情况，构建知识间的联系，丰富课程内容，使教学环节多元化。比如高考中的背诵默写题，它关联到文学常识，勾连文言虚词，涉及古诗鉴赏，还与阅读延伸、作文息息相关。我们可以针对学生在强行背诵而效果差的情况下，进行有针对性的鉴赏练习和写作的训练。

新课改的理念很多，无论观念如何变化，语文学科的特点不会变。倘若我们静下心来，认真研读“课标”，用心做好本职工作，平常每一节课的教学实实在在，每节课都让学生有所收获，到了高三时，就不会师生整天暗无天日地昏昏然、茫茫然地陷入题海中了。

我想若能如此，高考成绩揭晓后就不用再上演潸然泪下、触目惊心的一幕了，而是师生面对成绩嫣然一笑曰：于我心有戚戚焉！

真的会有那么一天吧——

鲜花在前面，我们在路上！

行走在书香墨韵中

——北京市古城中学语文组阅读活动总结

董秀梅

教育部《全日制义务教育语文课程标准》和《普通高中语文课程标准》的基本精神，是要培养新一代公民具备良好的人文素养和科学素养，具备创新精神、合作意识和开放的视野。“新课标”将中小学生的阅读和鉴赏放到重要的位置，并明确规定了不同阶段学生的阅读总量。为了让中学生“多读书，读好书，好读书，读整本的书”，同时也为了进一步拓展学生语文学习的天地，提高学生的语文素养，增加学生的语文积累，依循“新课标”的精神和要求，落实石景山区语文教研室要求，我校语文组全体教师在教研组五年规划——“作诗意的语文专业工作者”的愿景下，带领学生行走在书香墨韵中。一路走来，我们看到了小荷尖角的清新，听到了金石丝竹的放歌，闻到了翰墨飘香的芬芳，感受到书香盈袖的空灵。行走在书香墨韵中，我们的阅读活动可以总结为：胜日寻芳书卷中，暗香盈袖风景新，最是翰墨能致远，心灵一瓣书香浓。

一、胜日寻芳书卷中，暗香盈袖风景新

自从“阅读工程”提出以来，区语文教研室开展一系列经典阅读活动，在活动中，我们的阅读逐步走向系统化、科学化、个性化。在区教研室阅读精神的引领下，我们语文组结合区教研员指导的课题——“以写促读，读写结合”“语文教育资源的开发和运用”“专题教学课堂教学策略的研究”“运用圈点批注，提高阅读能力”在课堂和课外努力探索并开展了一系列的活动，使阅读日常化、生活化、生命化。

（一）以阅读课为载体，使阅读日常化

学校设有专门的阅读课，不同年级规定不同的阅读内容，注重培养学生的阅读习惯。如初一年级，张平、高芳老师要求学生画出名言警句、精彩片断、佳词妙句；初二年级，李军、毕秀洁、吕汇涓老师要求学生在文章旁边写出自己的见解和感受；初三年级，罗金艳、刘智梅、张信老师要求学生进行名著赏析与交流；高一年级，于娟、朱林国老师要求学生读诗歌、写诗评；高二年级，陈永莉、董秀梅老师要求学生每月读一本名著，并谈谈对同一问题的不同见解或由此引发的联想；高三年级，杨继生、武俊先、尹杜美老师引导学生通过语文论坛交流自主阅读成果，进行再创造地阅读，并结合“开讲啦”提高学生认识问题的能力。

在课堂上，我们创造一种氛围，使学生在润物细无声中心灵得到滋润。比如，吕汇涓老师讲授《藤野先生》，运用点评形式让学生在阅读中与藤野先生对话，从而认识藤野先生是一位没有民族偏见、正直、严谨、认真负责的学者。高芳老师的“生命局限 · 万物之美”经典阅读，教学生从一本书的主题语段入手进行阅读的方法，然后再阅读一整本书，感受海伦 · 凯勒的内心世界

和人物的精神。于娟老师讲授完《冯谖客孟尝君》，要求学生结合课文评价主要人物，学生各抒己见后，教师以孔子的“君子观”作为衡量信陵君是否为君子的尺度，对历史人物进行再认识，开阔视野的同时，培养学生的辩证思维。尹柱美老师教学《逍遥游》时，在学生交流自己的阅读感受后，真诚地谈自己的阅读收获，谈对庄子的认识，在师生的思想碰撞中，使得阅读进一步深入。

教师们的阅读教学，遵循“课标”的要求，即阅读是搜集处理信息、认识世界、发展思维、获得审美体验的重要途径。阅读教学是学生、教师、教材编者、文本之间的多重对话，是思想碰撞和心灵交流的动态过程。阅读中的对话和交流，是指向每一个学生的个体阅读。教师既是与学生平等的对话者之一，又是课堂阅读活动的组织者、学生阅读的促进者。

教师为学生的阅读实践创设良好环境，提供方法和平台，充分关注学生阅读需求的多样性、阅读心理的独特性，尊重学生个人见解，鼓励学生批判质疑，发表不同意见。阅读天地犹如一座百花园，每一朵奇葩正悄然怒放。

（二）以活动课为平台，使阅读生活化

课外阅读是我们阅读教学的重要组成部分，不同年级的老师根据教学内容，进行不同内容的阅读。

初一、初二年级结合学生的《语文读本》和《语文导报》适时推荐文化品位高、难易程度适当的课外读物，鼓励学生课外多读书，要求学生每月一本书，从四大名著读到《唐诗》《宋词》与金庸，并有计划有步骤地实施。

高一年级进行专题式阅读，如于娟老师带着学生从研究的视角读鲁迅的小说，在“重读鲁迅”专题阅读活动中，学生不仅了解了鲁迅作品的思想,更增长了个人精神财富。学生们读鲁迅,由衷地感慨:“我认为鲁迅离我们并不遥远,鲁迅是在中华民族内忧外患时期所产生出来的思想巨人和伟大的爱国者,鲁迅的精神是中华民族精神的结晶,是鼓舞中国人民创造新的历史的不竭动力。”

高二年级阅读具有计划性、系统性。每天写读书笔记并上交,每周讲评一次,每两周开一次读书交流会。学生的阅读涉及文化经典著作如《论语》《孟子》《庄子》等,小说如《边城》《老人与海》《莫泊桑短篇小说选》《欧·亨利短篇小说选》和《契诃夫短篇小说选》等,文学理论著作如朱光潜的《谈美书简》等。学生了解了现代散文、现代游记、现当代小说、网络文学和文化随笔等众多文学样式,课外阅读量达到每学期近八万字,学生所作的读书笔记最多有两万多字,班内四分之三的同学主持过读书会。目前学生正进行专题阅读,散文专题侧重议论抒情文如老舍的《想北平》、汪曾祺的《胡同文化》和说理论世文如钱钟书的《窗》、加缪的《西西弗的神话》,小说专题侧重“小说与抒情”和“小说与表现”,如孙犁的《荷花淀》、曹雪芹的《红楼梦》和鲁迅的《铸剑》、卡夫卡的《变形记》,文言专题侧重诸子百家和陶渊明、韩愈、苏轼等大家。

学校建有图书角,配备各种杂志和报纸,班级有图书柜,语文组在工作室设立阅读室。在此基础上,教师要求每个学生在家中的所有图书中选取一本自己认为最有意义的带来推荐给大家,可以是名人传记、历史故事、小说散文、百科全书……然后建立图书角,学生在中午或课余时间去阅读,选择一些感兴趣的书籍自由读,不作量的规定。

为了督促学生尽快阅读,语文组老师充分利用每周一次的阅读活动课开展多种活动,为学生创设交流的平台。有的年级要求学生对所读的内容进行统计归纳,在笔记本上做摘抄,列出所读篇目、章数,并写点评,小组内交流并推荐优秀的在全班分享。有的年级交流读后感,做读书小报,举办读书报告会、作品讨论会、美文诵读等活动。师生一起交流阅读成果,分享阅读乐趣,共同提高阅读能力。活动课这个平台给了学生充分展示自我的机会,也给学生带来了体验成功喜悦的机会。无论是主持读书会的学生,还是参与读书会的学生,都能渐渐地投入其中,这样的契机对激发学生的阅读兴趣有事半功倍之效。

为了将阅读生活化,语文组老师与学生一起改编课本剧,利用点滴时间排练,排练了《海的女儿》《皇帝的新装》《屈原》《花木兰》《天涯故事》《荆轲刺秦王》。其中,尹柱美、杨继生、高芳、董秀梅排练的话剧《屈原》和《花木兰》在区"经典伴我行"阅读活动中分获一等奖和二等奖,杨继生指导的《天涯故事》在区"经典伴我行"阅读活动中展示。而语文活动课的展示,带动更多的学生进一步深入地阅读。比如,董秀梅老师教学《雷电颂》时,进行演出展示学生的朗诵,再现屈原形象,许多学生观看活动展示后写下自己的感受,初二(6)班荆梦娇同学写道:"观看同学们的表演,《雷电颂》带给我的感受更加深刻。同学们的朗诵情感充沛,使我进一步体会到屈原爱国、坚贞不屈的精神。而这正是一种阅读的方法,在进一步的体会中更深入地领会中心思想。演绎的过程也是阅读的过程,正所谓'台上一分钟,台下十年功。'这短短的演绎是付诸努力和汗水的成果,流淌的汗水越多,演绎出的效果就越好。而这台下的汗水不也验证了'知识是需要日积月累的'吗?课堂上的时间远远不能满足我们学习上的需求,课下,我们同样需要阅读。"初二(5)班杨惠宁同学写道:"在他们绘声绘色的演出中,屈原的形象也呈现在了我们的眼前,这个流芳千古的爱国诗人，被同学们'带'到了演出大厅。他们忘我地朗诵着，每当一个同学朗诵完，台下的同学们就不由自主地鼓起掌来，有些同学的气势竟把我们震住了，活脱脱的屈原呀！我仿佛看见了屈原被囚禁在狱中的场面，他仰天长啸，嘲讽那些无德无能、欺民惑众的官僚统治集团，他向往光明，向往自由，向往没有污秽的地方！我仿佛也看见了那个崇敬屈原的女弟子婵娟被害的景象，多么正义的女子，就这样撒手人寰。通过这次活动，我对很多东西的理解更深了，期待着下一次……"

阅读活动课不仅在校内进行，我们还带领学生积极参加市、区"经典诵读活动"，2010 至 2013 年，学生们在区"经典诵读活动"获一等奖，师生一起在区"经典伴我行"活动中获一等奖，都进行了演出展示。2014 年朱林国与于娟老师组织学生参加首师大组织的"国际诗歌论坛"活动，参加北京市教委组织的纪念"12・9 红色经典诗歌"诵读活动，并在区阅读经典现场会上展示。在一次次校外的阅读活动中，我们师生对阅读的意义有了更深的理解。

通过阅读活动课，学生领悟文章丰富内涵，探讨人生价值和时代精神，树立积极向上的人生理想，增强民族使命感和社会责任感。师生在交流和思想碰撞中，在相互切磋中，加深领悟，共同提高。我们不仅欣喜地看到"小荷才露尖尖角"的清新，也为我们的生活有金石丝竹的放歌而感动。

（三）以实践课为舞台，使阅读生命化

语文教材是重要的文化载体，是文化展现的舞台。从教材里我们能够看到人类的生命流转，以及一幕幕亮丽的文化景观。《诗经》里流淌出的是远古先人浓烈而炽热的爱情吟唱；《论语》里有着儒家智慧的闪光；唐诗中呈现的是绚烂多姿的文化景致；

《红楼梦》更是中华文化的精粹集锦。如何在阅读中深入领会传统佳节的意蕴，做一个有文化底蕴、灵魂高贵的人？语文组老师积极开展节假日实践课，在展示的舞台上，在“读万卷书行万里路”中，把阅读融进我们的生命里。

在中秋节和端午节两个重大节日前夕，我们开展了“今夜月儿圆”和“永远的屈原”的阅读实践课活动。实践课给学生搭建了一个学习交流展示的平台，学生在教师营造的氛围里，读中秋、读屈原的诗歌，演绎屈原的形象，寄托美好的祝福，抒发花好月圆的愿景。学生们在既当观众又当演员的过程中，感受中国传统节日的文化底蕴，增强对传统节日文化的认同和保护传统节日文化的使命感。

“永远的屈原”阅读实践活动得到教育专家王桂英教授，教研员纪秋香、张菁、孙庆明老师以及校长的肯定。可持续发展教育专家王桂英教授说“这不是一台节目”，校长感叹“纪念屈原活动带给我们文学的美、文化的美、文明的美、思想的美、人生的美，尽管中国文化的美是那样的痛，但是正是这种痛带给人痛彻心扉的美！”纪秋香老师评价：“当许多同学都在为背诵《国殇》而着急，许多同龄的孩子根本不知道《橘颂》是什么时，古中老师借助文化活动的形式，让学生滔滔不绝地背诵，意气风发地展示。这不仅是与高贵灵魂的交流，更是对中国优秀人物近距离的触摸并传承其伟大的精神。”纪老师激励我们：“一个优秀的语文老师并不只是在课堂上教给了你什么，而应该带领你走在语文学习的路上。”张菁老师感动地说：“谢谢你们营造的这个美好的中午，沉浸其中，几度感动。能与你们同行，真好！”

我们还利用寒暑假进行“寻梦敦煌”和“品一江两湖，览人文湘楚”的实践活动。在沧桑敦煌前，我们读余秋雨的《道士塔》，在肃穆的黄帝陵前，我们吟咏毛泽东诗词《祭黄帝陵文》，在屈子祠前，我们诵读屈原的《离骚》，在橘子洲头我们高歌《沁园春·长沙》，在名胜古迹岳阳楼前我们吟诵《岳阳楼记》。“才饮长沙水，又食武昌鱼”，桃花源里，我们拜读陶渊明的人生哲学，武汉长江大桥上，我们赞叹“一桥飞架南北，天堑变通途”的伟力。

读万卷书，行万里路。阅读，不仅仅是读沉静的书，更应是阅读生命。阅读，不仅仅是读课本中的知识，更多的还应是挖掘历史和生活中优秀而鲜活的元素，开展丰富多彩的文化活动，提升人生境界的心灵之旅。一次阅读实践活动只是一次给生命以养分和滋润的机会，而我们带领学生走在语文学习的路上，行走在书香墨韵中，做幸福的守望者和创建者却是永恒的！

二、最是翰墨能致远，心灵一瓣书香浓

语文组全体老师为了进一步推进阅读的深入开展，积极寻找各种契合点，让学生在润物细无声的氛围中熏陶，并把阅读浸润在生命中。

（一）让每一面墙壁都散发墨香

我校教学楼第二层主要是语文专业工作室，进入第二层方厅，就不知不觉进入阅读天地，有孔子的故事和《论语》，有文学名著《红楼梦》，还有学生们不同时期精心制作有关阅读的海报和板报。如在“世界阅读日”当天，初二年级和高一年级学生在杨继生老师和董秀梅老师的指导下，在这里进行以“世界阅读日”为主题的推荐好书的海报和板报活动，在一张张图文并茂的好书宣传海报和一个个讲述自己读书的故事中，师生共同营造出“书香盈袖气自华”的氛围。

进入语文专业工作室，不同的老师营造不同的风格。有的

窗帘上是自己喜欢的诗歌或其中的名句,如《离骚》《诗经·蒹葭》《春江花月夜》《将进酒》等,有的窗帘上是梅兰竹菊,淡雅高洁。有的文化墙上是学生不同时期的练笔,如吕汇涓老师展示学生写的颁奖辞,张平老师展示学生的感恩日记,高芳老师展示学生节日写的诗词,杨继生、于娟老师展示学生自己的填词《钗头凤》《苏幕遮》,尹柱美老师展示学生的自创诗《青春的宣言》。有的展示学生推荐的书目或书法,如杨继生和于娟老师的文化墙上张挂着学生以绘画的形式诠释书的内容的作品。每一间工作室都有字幅飘香,如"博观约取,厚积薄发""诗书养性,文章育人""宁静致远"等。教师喜好不同,营造的氛围各异,或温馨,或清新,或恬淡。教师们让工作室在翰墨飘香中对学生们无言地宣告:生活的源头是书,写作的清泉是阅读。

(二)以写促读,激发学生的潜力

为了激发学生创作的欲望,语文组老师除了组织学生进行读书笔记、读书报告、读书小报交流会外,还创办不同形式的期刊,有武俊先老师指导的高二年级每月一期的佳作欣赏,尹柱美老师指导的专题刊物《我说——》,吕汇涓老师汇编的初一、初二年级优秀作文合刊,还有董秀梅老师的师生文集《三叶草》《嗣音》。

办学生期刊,得益于校长的大力支持和李嘉老师、孙继红老师的通力协助,学生出版自己的期刊,累计有近百人次成为期刊的主办者或创作者,学生阅读和写作的热情被极大地调动起来。尽管也有繁重的学习任务,但经过师生的共同努力,我们创办了不同类型的期刊:

《那是一首聆听心声的歌》是初一、初二优秀作文合刊,有考场优秀作文,有平时练习的优秀作文,还有拓展阅读专题的练笔。

《三叶草》、三期《嗣音》，有学生的作文，有教师的点评，还有教师的同题材作文。

《我说——》，每一期内容不同，有杂文，有诗歌，有电影观后感，有微电影创作实录，有儒道墨法四大家的解读，有青春的宣言。

《北京古城中学高二年级佳作欣赏》，每一期都体现了主办者独特的个性气质，总计创作八万余字，形式异彩纷呈，内容广泛深刻，专题各展其能——“经典，那历久弥香的芬芳”“点滴，惊艳了时光”“怒吼，爆发生命火焰”“以犀利之笔，对清浊现实”“微茫起罗裳，此情以花葬”“光辉映玉笔，笔锋显丹青”，等等。

每一篇文章都是一首心灵的歌，或幼稚，或老辣，或纯真，或揶揄，那一点一滴都是青春的痕迹，都是困惑的痕迹，都是思索的痕迹，都是绽放的生命之花。

无论是课内还是课外的阅读写作，都逐渐成为学生语文学习中一个必不可少的重要内容。更重要的是学生兴趣盎然地参与其中，他们不仅独立思考，质疑探究，思维严密，思想深刻，而且乐于进行交流和思想碰撞，在这样一次次的相互切磋中，不断加深领悟，共同提高。他们收获着快乐，体验着成功。

创办期刊，以写促读，不仅激发学生的写作潜力，最是翰墨能致远，也带给老师们感动与欣喜，心灵一瓣书香浓。学生主编和设计期刊，因指导教师不同，期刊呈现不同的风貌，或灵动，或沉静，或稚嫩，或深沉。在不同的期刊中，语文组老师带给大家的是百花齐放满园春的精神盛宴。每一次期刊与大家见面的时刻，都是生命的花开，满室的华彩！

回顾我校语文组的阅读工作，我只想说，鲜花在前面，我们在路上，而在有书陪伴的日子里，师生一起行走在书香墨韵中，共享阅读的芬芳，共享生命的快乐！

跋

我知道,《香中别有韵》只是撷取我们师生共同走过的繁花岁月中的一朵小花、一朵清梅,散发着丝丝缕缕的若有若无的清香。因为,学生的文章还很青涩,我的文章也很稚嫩,教学思考还很肤浅。在名牌学校异军突起的队伍中,在道行深厚的专家队列里,这本书真的不起眼,也不出色……但是,编著付梓就是为了激励我的学生们:虽然你们正处在花季,但是,你们的文章有山有水有天地;虽然你们只是一颗颗不起眼的小石头,但是,笔耕不辍中孕育着经天纬地的奇迹。

我很幸运,遇到一群可爱的学生。有的是从初一就教起,并一直跟随到高中,有的是在高一新加入的。无论是老相识还是新朋友,他们一走进我的课堂就像着了魔,期待的眼神、欣喜的目光驱使着我在每堂课使出浑身解数,也促使我拿起笔与他们共同记载我们的生活。虽然他们只是普通学校的学生,但是他们的禀赋和不竭的热情促使我不断探索与思考:我们的作文教学应该走怎样的路?怎样的作文才是洋溢着生命芬芳的作文?他们是一群普通的学生,更是一群可贵的文学青年,正如鲁迅先生曾评价一位普通的文学青年那样:“素园却并非天才,也非豪杰,当然更不是高楼的尖顶,或名园的美花,然而他是楼下的一块石材,园中的一撮泥土,在中国第一要他多。他不入于观赏者的眼中,只有建筑者和栽植者,绝不会将他置之度外。”他们的热情与热爱推动着我溯洄又溯游,只因为热爱着他们的所爱,才有了今天的师生文集《香中别有韵》!

我很幸运,遇到很多引领我成长的教研员——孙淑萍、杨红兵、纪秋香、张菁、孙庆明、南海涛老师,他们不仅带领我区教研队伍,身先士卒,在提升语文教学的艺术和绿色教育上呕心沥血,更是在一次次活动中历练我们,让我们感受到语文教学世界的广阔。尤其是南海涛老师,她不仅有着丰富的教学经验,更有着不断探索的教改精神,在开展教材打通、进行专题教学研究方面给了我们更广阔的视野。她的优雅、热情和博闻强识深深地影响我,故而,在教学之余,我在思考,怎样的课堂才是生命在场的课堂,怎样的作文才是有生命活力的作文!因为浅显的思考凝聚于笔端,并推动着我向青草更青处漫溯,才有了这本师生文集《香中别有韵》!

我很幸运,在教学生涯最关键的时候遇到赏识学生、关爱老师的领导,他们支持师生创办作文期刊,像呵护小草一样关心每位学生的成长。因为他们的关心、支持和激励,我们师生一起四年来坚持编写自己的读写期刊,从初中的《三叶草》到高中的《嗣音》,直至今天泛着青涩味的《香中别有韵》一书。每次拿到学生的期刊,张希武校长都要指出期刊的优点与不足,并期待下一期的作品。李先平校长每次看完期刊,都要与我交流学生的文章:"学生真棒,不仅文章写得好,点评语也相当精彩,有的从内容到写作手法来点评,逻辑性强;有的是以创作诗歌的形式来点评;有的引用名句来点评;还有的以另一篇文章来解读这一篇文章。培养学生具备这样的读写能力可不是一天的功夫!"欣喜之情溢于言表。

我很幸运,有着关爱我、鼓励我的亲人。我的先生也是教师,他的深沉与对教育的洞见让我醍醐灌顶,《香中别有韵》中收录的教学论文与教学随笔得益于与先生的思想碰撞，因深入地思考而能清晰地表达出来。我的姐姐是一名资深记者，见解深刻，视野开阔，文笔流畅。在繁忙的工作之余，每次读完我的教学小文，都会及时鼓励我。当看完本书的初稿时，姐姐写下一段话给了我莫大的鼓励和温暖："这两天，一有时间就看看妹妹的文字，看看她对作文课程的理解，深深觉得她的学生们很幸运：她不仅是位认真负责有使命感的老师，更是一位有能力、有胸襟、有方法和理解学生的老师，她的作文课，不仅教学生怎样写，更教学生写什么。深入浅出，灵活有趣，有思想有魂魄，有深度有高度，这是那些孩子作文的普遍表现。我在佩服这些孩子的同时，也感叹妹妹的点石成金。"亲人们的鼓励是我疲惫之际的一杯清茶，清香四溢，让人心神俱安，继续月朗茶香听松涛……

肥沃的土地、草木以及人的心灵，生命给予我们的我们怎能错过？在此，一并致谢那些给我们生命赐予月朗茶香的朋友们！

董秀梅

2015年9月